Escolaridad culturalmente sensible para estudiantes indígenas mexicanos

BILINGUAL EDUCATION & BILINGUALISM
Series Editors: **Nancy H. Hornberger** *(University of Pennsylvania, USA)* **and Wayne E. Wright** *(Purdue University, USA)*

Bilingual Education and Bilingualism is an international, multidisciplinary series publishing research on the philosophy, politics, policy, provision and practice of language planning, Indigenous and minority language education, multilingualism, multiculturalism, biliteracy, bilingualism and bilingual education. The series aims to mirror current debates and discussions. New proposals for single-authored, multiple-authored, or edited books in the series are warmly welcomed, in any of the following categories or others which authors may propose: overview or introductory texts; course readers or general reference texts; focus books on particular multilingual education program types; school-based case studies; national case studies; collected cases with a clear programmatic or conceptual theme; and professional education manuals.

All books in this series are externally peer-reviewed.

Se pueden encontrar detalles completos sobre cada libro de esta serie y sobre todas nuestras publicaciones en http://www.multilingual-matters.com o escribiendo a Multilingual Matters, BLOCK, The Fairfax, Pithay Court, Bristol, BS1 3BN, UK.

BILINGUAL EDUCATION & BILINGUALISM: 152

Escolaridad culturalmente sensible para estudiantes indígenas mexicanos

**William Perez y
Rafael Vásquez**

MULTILINGUAL MATTERS
Bristol • Jackson

DOI https://doi.org/10.21832/PEREZ1144
Library of Congress Cataloging in Publication Data
A catalog record for this book is available from the Library of Congress.
Library of Congress Control Number: 2025017609

British Library Cataloguing in Publication Data
A catalogue entry for this book is available from the British Library.

ISBN-13: 978-1-83668-114-4 (hbk)
ISBN-13: 978-1-83668-113-7 (pbk)

Multilingual Matters
UK: BLOCK, The Fairfax, Pithay Court, Bristol, BS1 3BN, UK.
USA: Ingram, Jackson, TN, USA.

Authorised Representative: Easy Access System Europe - Mustamäe tee 50, 10621 Tallinn, Estonia, gpsr.requests@easproject.com.

Website: https://www.multilingual-matters.com
X: Multi_Ling_Mat
Bluesky: @multi-ling-mat.bsky.social
Facebook: https://www.facebook.com/multilingualmatters
Blog: https://www.channelviewpublications.wordpress.com

Copyright © 2026 William Perez y Rafael Vásquez.

Reservados todos los derechos. Ninguna parte de este manuscrito puede ser reproducido de ninguna forma ni por ningún medio sin permiso del editor.

Multilingual Matters/Channel View Publications procura usar papeles naturales, de productos renovables y reciclables, hechos de maderas que crecen en bosques de desarrollo sostenible. Para la impresión de nuestros libros y para apoyar nuestra postura, hemos dado preferencia a impresores que tienen certificación de 'Cadena de custodia' FSC y PEFC. Los logos de FSC y PEFC aparecerán en los libros cuyo impresor haya obtenido la certificación correspondiente.

Typeset by Riverside Publishing Solutions.

Dedicación

Rienyën dedicar liebr re rata studyan ni na bunny Dizhsa, buny Mizh, quën ra P'urépechua ni nu Stados Unied.

Ña'a libro yo'o ku'un dedicado ndi'I na'a Zapoteco, Mixteco (na'a savi) P'urhépecha ná'a kuna estudiantes ña'a escuela ña Estado Unidos.

Arí takukukata, mindakatasti pari iamindu jorhenkurhiriecha, Sapotekuecha, Mixtekuecha ka P'urhépechacha, enkaksï parhikutini anapu k'umanchikua jorhentparakuaecharhu jorhenkurhijka.

Este libro está dedicado a todos los estudiantes Zapotecos, Mixtecos y P'urhépechas en escuelas en los EE. UU.

This book is dedicated to all the Zapotec, Mixtec and P'urhépecha students in US schools.

Contenidos

	Agradecimientos	ix
1	Estudiantes Indígenas Mexicanos en Escuelas de EE. UU.: Invisibles Ya No Más	1
2	Distinciones Étnicas	17
3	Intersección de Culturas, Multilingüismo e Identidades Transculturales: Un Marco Teórico para Comprender a Los Adolescentes Indígenas Mexicanos en las Escuelas Estadounidenses	31
4	Mixtecos	51
5	Zapotecos	80
6	P'urhépechas	99
7	Conclusión	121
	Apéndice A	137
	Sobre los Autores	158
	Glosario	159
	Referencias Bibliográficas	162
	Índice	179

Agradecimientos

Gracias a todos los estudiantes, educadores y líderes comunitarios que proporcionaron valiosas perspectivas para ayudarnos a desarrollar una mejor comprensión de los problemas clave. Apreciamos enormemente la confianza de todos los estudiantes mixtecos, zapotecos y p'urhépechas que participaron en el estudio. Estamos particularmente agradecidos a Sandy Young, Arcenio López, Margaret Sawyer, Felipe López, Marcial Santiago Vásquez, Guadalupe Toumayan, Paul Carmen, Verónica García-Hect, Kelly Aguda y Eric Riegert.

Estamos eternamente agradecidos al mejor equipo de investigación multicultural y multilingüe del mundo: Melissa Mesinas, Jenny López, Manuel Silva, Cynthia Alcántar, Heidi Coronado, Iliana Pérez, Jessica Valenzuela, María Meléndrez y Mayra Sandoval. Gracias, Rosie McEwan, por ayudar a que este proyecto encuentre un hogar en Multilingual Matters. Además, gracias a Nancy Hornberger y Wayne Wright por brindarnos la oportunidad de publicar nuestra investigación en la serie *Bilingual Education and Bilingualism*. Es un honor y un privilegio.

Estamos profundamente agradecidos a los mentores académicos que han apoyado nuestra labor. En particular, agradecemos a Ray Buriel, Amado Padilla, Guadalupe Valdés, Danny Solórzano y Daryl Smith. También agradecemos a todos los académicos que han alentado nuestra investigación y nos han proporcionado valiosos y perspicaces consejos y orientación. Expresamos nuestra gratitud específicamente a Patricia Gándara, Carola Suárez-Orozco, Marcelo Suárez-Orozco, Catherine Cooper, Barbara Rogoff, Margarita Azmitia, Kris Gutiérrez, Na'ilah Nasir, Tatyana Kleyn, Marjorie Faulstich-Orellana, Robert Teranishi, H. Sammy Alim, Jonathan Fox, Gaspar Rivera-Salgado, Luis Urrieta, Margarita Machado-Casas, Manuel Pastor, Lucrecia Santibañez, Ronda Brulotte, Victor Valle, Jennifer Najera, Edward Olivos y José Calderón.

El trabajo de este libro también se enriqueció gracias a las conversaciones con estudiantes de posgrado, recientes doctores y académicos en etapas tempranas de su carrera que han comenzado a ampliar el pequeño pero creciente cuerpo de investigación sobre estudiantes indígenas. Entre ellos se incluyen Saskias Casanova, Elizabeth González, Adam Sawyer, Maru

Hernández Morales, Gabriela Kovats, Brenda Nicolás y Christian Omar Vásquez.

También agradezco el apoyo del equipo de liderazgo de la Loyola Marymount University y la Facultad de Educación. En particular, gracias al Portavoz Thomas Poon, la Vice Portavoz Kat Weaver, la Decana Michelle Young y el Decano Bryant Alexander. Grandes agradecimientos y apreciación a mis colegas facultativos: Magaly Lavadenz, Ernesto Colin, Yvette Lapayese, Elvira Armas, Manuel Ponce, Kyo Yamashiro, Lauren Cassella, Joy Ee, Franca Dell'Olio, Tisa Aceves, Emily Fisher, Karie Huchting, Becky Stephenson, Marta Sánchez, Edmundo Litton, Mary MaCallough, Bill Parham, Fernando Estrada, Sheri Atwater, Dolores Delgado Bernal, Linda Tillman, Antonio Felix, Keisha Goosby, Maia Hoskin, Cynthia Alcántar, Christopher Cormier, Dawn Richards, Kenzo Sung y Joaquín Noguera.

Finalmente, un profundo agradecimiento a mis padres, Isabel Perez y Miguel Angel Perez. Gracias por su apoyo y amor.

William Perez

Estoy muy agradecido a todos los estudiantes que se abrieron para compartir sus historias y saberes, quienes esencialmente compartieron sus vidas conmigo. Sus historias han sido validantes de muchas formas en las experiencias que enfrenté al crecer, pero también ilustran las heridas que siguen existiendo en las comunidades y entre jóvenes indígenas. Espero que las historias en este libro puedan ser afirmativas para ellos y brinden la visibilidad necesaria para apoyar su escolarización; muchas de las historias contadas no habrían sido posibles sin el Proyecto de Organización Comunitaria Mixteco/Indígena y Arcenio López – gracias por abrirnos las puertas y por el increíble trabajo que realizan. También agradezco enormemente los esfuerzos del Grupo Folklórico Guish-Bac, quienes abrieron espacios para permitir el reclutamiento de jóvenes para este estudio. Muchas gracias a Gabriel Gómez y Natividad Santiago.

También estoy muy agradecido a mi coautor William, quien desde el primer día ha estado firme con su apoyo y comprometido a trabajar juntos para llevar este libro a su culminación. Ha hecho un esfuerzo adicional para apoyarme y ofrecerme mentoría. También estoy agradecido por el aseguramiento que recibí al principio de mis estudios de pregrado y por aquellos que luego me tomaron bajo su ala: Armando Vázquez-Ramos, Edith Vásquez, Felipe López, Ray Buriel, David Drew, Cecilia Ríos-Aguilar, Patricia Baquedano-López, Arturo Ruiz López, H. Samy Alim, Luis Urrieta, Richard Durán, Susy Zepeda, Irene Vásquez, José Moreno, Yvette Flores, Inés Hernández-Ávila, Patricia Quijada y Natalia Deeb-Sossa.

No hay palabras para poder agradecer a mi familia que incondicionalmente ha apoyado mis metas. Gracias a mis padres Amelia y Rafael, que se han sacrificado para darme todo. Mis abuelos, Domitila, Severiano, Guadalupe y Pablo siguen nutriéndome con sus enseñanzas. Agradezco a Christian y Eilene que han apoyado mis trabajos. Yunash y Doni son la definición del amor, ¡las quiero mucho!

Rafael Vásquez

1 Estudiantes Indígenas Mexicanos en Escuelas de EE. UU.: Invisibles Ya No Más

En 2010, un grupo de estudiantes indígenas mexicanos del condado de Ventura, California, formaron el Grupo Juvenil Tequio. El 17 de mayo de 2012, el Grupo Juvenil Tequio realizó una conferencia de prensa en Oxnard, California, para lanzar una campaña llamada 'No me llames oaxaquita'. El grupo se formó con el apoyo del Proyecto de Organización Comunitaria Mixteco/Indígena (MICOP, por sus siglas en inglés), una organización sin fines de lucro fundada en 2001 para ayudar a los trabajadores agrícolas indígenas del área, en su mayoría *mixtecos* de Oaxaca, México, que ahora representan aproximadamente el 15% de la población del condado. El evento llamó la atención al uso generalizado de los epítetos raciales y étnicos despectivos *oaxaquita* ('oaxaqueño chiquito') e *indito* ('**indio** chiquito') que los estudiantes inmigrantes mexicanos no indígenas utilizan para acosar a sus compañeros indígenas en la escuela por hablar su lengua indígena. El contraste entre los orígenes lingüísticos y étnicos de los miembros del Grupo Juvenil Tequio y sus compañeros de escuela mexicanos no indígenas ilustra ampliamente los desafíos sociales y educativos que enfrentan los estudiantes inmigrantes *zapotecos*, mixtecos y *p'urhépechas* en las escuelas estadounidenses que no reconocen la diversidad lingüística y cultural de los jóvenes de origen mexicano. Este libro examina de cerca sus trayectorias educativas y de identidad étnica.

En la conferencia de prensa, estudiantes indígenas y sus padres compartieron experiencias personales de la discriminación diaria que enfrentaban en las escuelas. Denunciaron el abuso que muchas veces pasó desapercibido o fue minimizado por profesores y administradores. La campaña instó a los distritos escolares locales a adoptar políticas anti-acoso que prohíban el uso de los términos despectivos *oaxaquita* e *indito*, a formar comités para combatir el acoso y a ofrecer clases sobre la cultura e historia indígena mexicana. Con el apoyo de educadores, administradores, miembros de juntas escolares y activistas comunitarios, la campaña contra el acoso ganó atención nacional y fue ampliamente cubierta por los medios de comunicación. Los jóvenes indígenas aparecieron en televisión y radio en un esfuerzo por educar al público en general sobre esta forma mayoritariamente oculta de discriminación étnica. Los jóvenes y sus simpatizantes lograron que la mayoría de los distritos escolares de la región adoptaran políticas anti-acoso.

El idioma jugó un papel central en la discriminación y el acoso contra los estudiantes indígenas mexicanos. Hablar una lengua indígena fue una fuente principal de acoso étnico y racial por parte de sus homólogos mexicano-estadounidenses. Los esfuerzos del Grupo Juvenil Tequio resaltaron una forma rara vez reconocida pero importante de discriminación 'interétnica' mexicana. En términos más generales, estos esfuerzos subrayaron la ignorancia generalizada sobre las lenguas y culturas de los inmigrantes indígenas mexicanos. El Grupo Juvenil Tequio también contrarrestó la idea errónea común entre los estadounidenses y la mayoría de los hispanos de que la comunidad de inmigrantes mexicanos en los Estados Unidos es homogénea. Esta visión dominante de los inmigrantes mexicanos como un grupo monolítico, monolingüe (o bilingüe inglés–español) ignora la diversidad multiétnica y multilingüe de México. Esta ideología estadounidense bastante provinciana de homogeneidad mexicana está de acuerdo con las ideologías discriminatorias y hegemónicas sostenidas tanto por los mexicano-estadounidenses como por los inmigrantes mexicanos no indígenas sobre la inferioridad indígena – constituye un contexto complejo y desafiante para la escolarización de los jóvenes indígenas mexicanos.

Cuando los estudiantes indígenas mexicanos ingresan a las escuelas públicas, se supone que son hispanohablantes cuando en realidad estos estudiantes pueden hablar una lengua indígena. La identificación errónea envía a los estudiantes mensajes negativos que pueden afectar su identidad étnica y, al final, su rendimiento académico y sus trayectorias educativos. Dentro de los enclaves de inmigrantes mexicanos, los indígenas mexicanos son estereotipados como tercos, indignos de confianza, flojos e intelectualmente inferiores. También reciben un trato negativo debido a su color de piel 'obscuro'. Para evitar la discriminación, estos estudiantes se abstienen de hablar su lengua indígena y, en lugar de identificarse como indígenas, utilizan el término más general *mexicano* (Stephen, 2007).

El estudio de García Coll y Marks (2009) sobre la identidad y las trayectorias de desarrollo académico de los estudiantes adolescentes camboyanos, portugueses y dominicanos desafió nociones monolíticas de inmigrantes a los Estados Unidos al mostrar que es un proceso mucho más matizado e individualizado influenciado por complejos contextos y factores históricos. Su estudio tomo en cuenta las condiciones de premigración, como el origen nacional, la guerra, el empobrecimiento y los orígenes urbanos/rurales. Para desafiar las nociones de homogeneidad lingüística y cultural de inmigrantes del mismo país de origen (es decir, México), nuestra investigación agrega a la lista de condiciones de premigración, la marginación histórica y contemporánea que es exclusiva de las poblaciones indígenas del mundo. De manera similar a los hallazgos de García Coll y Marks sobre los adolescentes dominicanos, nuestra investigación es uno de los pocos estudios que demuestra empíricamente la influencia de los vínculos y actividades transnacionales en el multilingüismo e identidades etnoculturales. Ampliamos los hallazgos de García Coll y Marks al mostrar que, para los estudiantes de origen mexicano, los vínculos transnacionales tienen un efecto diferente en las identidades étnicas y académicas dependiendo de las características lingüísticas y culturales. Para los jóvenes de origen mexicano que no son indígenas, el contacto transnacional influye en su sentido de 'mexicanidad', pero para aquellos que son indígenas, influye en su sentido de 'indígeneidad'. Nuestro estudio introduce nuevo vocabulario en la literatura de investigación sobre el desarrollo y la sociolingüista, como **Guelaguetza**, *tequio*, *Oaxacalifornia* y ***usos y costumbres***, para ayudar a comprender el proceso de ser y convertirse en 'indígena' entre los jóvenes de origen mexicano. En general, nuestros hallazgos llenan una brecha crítica de conocimiento sobre los procesos de desarrollo del lenguaje y la identidad en la creciente población inmigrante indígena en las escuelas estadounidenses. Nuestra investigación identifica tanto procesos generales como específicos de la comunidad que contribuyen a nuestra comprensión de cómo las ecologías lingüísticas y las ideologías raciales moldean las trayectorias de identidad multilingües y étnicas.

Contexto Global

El aumento global de la migración internacional tiene implicaciones importantes para el desarrollo de niños y adolescentes. Los cambios económicos y sociales a nivel mundial han intensificado la migración más que nunca y han dado un nuevo significado a la llamada era de la migración (Castles y Miller, 2004). La mayor parte del trabajo académico sobre migración interna o internacional no ha examinado este proceso entre la población indígena del mundo, cuyas cifras se aproximan a los 370 millones y que habla más de 4000 de los 6700 idiomas estimados en el mundo (UN, 2023). Hasta hace poco, las poblaciones indígenas no habían sido consideradas parte de los flujos migratorios internacionales debido a una visión generalizada de los *pueblos* indígenas como grupos estáticos congelados en el tiempo y el espacio, profundamente apegados a sus tierras y costumbres, y resistentes a adaptarse al cambio (Stephen,

2007). En los últimos 30 años, ha habido una transformación de los territorios indígenas a medida que sus poblaciones migran cada vez más fuera de las fronteras nacionales como parte del fenómeno migratorio global (Oyarce *et al.*, 2009). Por ejemplo, en América Latina, una región con 671 grupos indígenas reconocidos por sus paises de origen, ha habido un aumento significativo de la migración internacional (Martínez, 2003). En Bolivia, aproximadamente un 20% de la población vive en el extranjero, incluidos grupos indígenas de Cochabamba que han emigrado al área de Washington, DC, así como a varias ciudades de Argentina (Kollnig, 2020; Strunk, 2013). Los indígenas otavaleños y saraguros de Ecuador están emigrando a España en cantidades cada vez mayores y han establecido comunidades en Sevilla y pueblos circundantes (Cruz Zúñiga, 2007). En Colombia, el 50% de la población indígena vive en zonas fronterizas donde constantemente va y viene a través de las fronteras (Martínez, 2003). Los movimientos transfronterizos también son importantes en la región asiática del Mekong y en África entre los mbororo de Camerún y los pastoralistas indígenas de Kenia (Kaunga, 2007; Njobdi, 2007).

El aumento de la migración internacional de los pueblos indígenas plantea nuevas preguntas y expande los límites analíticos de las teorías contemporáneas sobre migración y desarrollo adolescente en relación con el desarrollo de la identidad etnocultural y el multilingüismo. ¿Cómo afecta la migración internacional a las prácticas de socialización de los padres indígenas y a las identidades de los jóvenes indígenas? Mientras que la migración implica una separación, también es un proceso mediante el cual las comunidades indígenas se convierten en parte de una cadena de espacios discontinuos y diferentes experiencias sociales a través del tiempo y las fronteras internacionales. Por lo tanto, la migración implica nuevos desafíos y recursos para la adaptación de las identidades indígenas, que se están desplazando hacia espacios de mayor multiculturalismo.

Uno de los principales procesos que examinamos de cerca en este libro es el desarrollo de la identidad multilingüe y etnocultural. Aunque los entendimientos previos sobre la identidad indígena típicamente han vinculado la identidad cultural con la tierra natal o el territorio ancestral, la participación de los pueblos indígenas en la migración internacional o redes transnacionales ha complicado la centralidad de lugar en las discusiones sobre la identidad indígena (Stephen, 1996). En particular, una mayor movilidad global significa una imaginación social más amplia de lugar y pertenencia entre los inmigrantes indígenas a medida que las relaciones locales con el espacio 'original' de una comunidad se desplazan (Baremboin, 2013). Estas nuevas formas de identidad indígena urbana que surgen en contextos migratorios sugieren que los pueblos indígenas son miembros de un mundo globalizado y no necesariamente permanecen atados a un lugar geográfico particular para conservar su autenticidad como indígenas (Delugan, 2010; Forte, 2010). Los pueblos indígenas están arraigados y desarrollan sus prácticas culturales a través de experiencias transnacionales y transculturales (Forte, 2010). La migración y la consiguiente interacción intercultural conducen no sólo a la separación, la discriminación y la exclusión, sino también a la reafirmación o recreación de la identidad a través de nuevos aprendizajes y experiencias interculturales. Todas estas prácticas tienen profundas implicaciones para los procesos de desarrollo y escolarización de los adultos jóvenes indígenas de todo el mundo. Al centrarse en la migración internacional y las experiencias educativas estadounidenses de jóvenes de tres diferentes grupos indígenas mexicanos – zapotecos, mixtecos y p'urhépechas – nuestro trabajo busca contribuir a la comprensión de los procesos de desarrollo de la identidad étnica y académica para informar futuras investigaciones sobre jóvenes inmigrantes indígenas en un contexto global.

Hasta la fecha, pocos estudios han examinado las experiencias de estudiantes indígenas inmigrantes mexicanos en escuelas estadounidenses. California es ahora el estado con la mayor población nativa americana en los Estados Unidos debido, en parte, al aumento de la población indígena mexicana, pero los estudiantes indígenas han pasado prácticamente desapercibidos para los investigadores y formuladores de políticas educativas (Velasco Ortiz, 2008). Además, no ha cambiado mucho diez años después de que el Grupo Juvenil Tequio lanzara la campaña 'No me llames oaxaquita'. En 2022, la evidencia de una continua discriminación intraétnica llegó a los titulares nacionales después de que una grabación filtrada capturara a tres miembros latinos del Concejo Municipal de Los Ángeles usando términos despectivos para referirse a los inmigrantes indígenas mexicanos. Los llamaban 'gente pequeña, baja y oscura', y 'feo' (Zahniser et al., 2002). El hecho de que los funcionarios electos latinos tengan ideologías racistas sobre sus constituyentes es más que preocupante ya que crean y promulgan leyes y políticas. Esta realidad plantea muchas preguntas inquietantes sobre las condiciones de los inmigrantes indígenas mexicanos, su integración a la sociedad estadounidense y el bienestar de sus hijos.

La investigación educativa sobre los jóvenes inmigrantes indígenas es fundamental porque la escuela es la institución principal que da forma a la adaptación de los nuevos estudiantes inmigrantes a la cultura estadounidense. Las prácticas y políticas escolares pueden facilitar o inhibir este proceso (Stephens, 1995). Nuestros hallazgos resaltan algunos de los problemas socioculturales que experimentan los jóvenes indígenas mexicanos en las escuelas estadounidenses al explorar las complejas intersecciones del idioma, la identidad etnoracial, la inmigración y los vínculos transnacionales. Este libro también proporciona información sobre la diversidad multicultural y multilingüe de los inmigrantes latinoamericanos en los Estados Unidos, así como una nueva contribución teórica a la naturaleza multidimensional del idioma y la identidad étnica. El crecimiento de la población indígena inmigrante mexicana requiere investigación para identificar estrategias efectivas para garantizar el éxito académico de los estudiantes indígenas en el sistema educativo estadounidense.

Este libro amplía y desafía las nociones previas sobre el desarrollo de la identidad y el multilingüismo entre las poblaciones inmigrantes de México que residen en los Estados Unidos. Propone una nueva perspectiva teórica que es más apropiada y dinámica para las experiencias de estos grupos poco estudiados.

Tendencias Predominantes en las Teorías sobre el Desarrollo de la Identidad

Cross y Cross (2008) propusieron el término *identidad étnico-racial* (ERI, por sus siglas en inglés) para representar la formación de la identidad juvenil, porque los jóvenes no ven sus identidades raciales, étnicas o culturales como separadas. Umaña-Taylor *et al.* (2014) postulan que las distinciones que los académicos de la identidad generalmente han hecho entre identidades raciales y étnicas pueden ser menos relevantes para las identidades intersectadas de las nuevas generaciones de jóvenes, que abarcan una perspectiva más global (Hermans y Dimaggio, 2007; Warner y Shields, 2013). García Coll *et al.* (1996) argumentan que la heterogeneidad dentro de los grupos étnicamente minoritarios debe ser central en los marcos teóricos del desarrollo infantil, ya que el grupo panétnico 'Latinx' incluye subgrupos diversos, como los indígenas mexicanos, los dominicanos negros y los argentinos de ascendencia europea blanca. Por ejemplo, un joven indígena mexicano puede basarse en experiencias de discriminación en los Estados Unidos, su herencia étnica de México y las tradiciones culturales e idioma indígena al identificarse como zapoteco. Por lo tanto, en este estudio hemos adoptado el meta-constructo ERI de Umaña-Taylor *et al.* (2014) para referirnos a la ERI de los estudiantes indígenas.

Aunque la raza y la etnia se consideran constructos distintos, evidencia reciente sugiere una superposición significativa entre la raza y la etnia (Casey-Cannon *et al.*, 2011) y su relación con el desarrollo positivo (Iwamoto y Liu, 2010). Como constructo, la ERI intenta reflejar tanto los antecedentes étnicos como raciales de los individuos. El meta-constructo ERI se operacionaliza en función de los marcos actuales de identidad étnica y racial (Cokley, 2005; Cross, 1995; Knight *et al.*, 1993; Phinney, 1992; Quintana, 1998; Sellers *et al.*, 1998; Umaña-Taylor *et al.*, 2004). Las vidas de los jóvenes indígenas mexicanos inmigrantes en los Estados Unidos están inmersas en comunidades transfronterizas cuyo tejido social (por ejemplo, relaciones culturales, económicas, políticas y emocionales) se extiende a través de la frontera nacional de Estados

Unidos-México (Besserer, 2002, 2004; Rivera-Salgado, 1999; Stephen, 2007). Con el tiempo, el tejido social de las comunidades transnacionales se ha vuelto tan fuerte en su alcance e impacto que los hijos nacidos en EE. UU. de padres migrantes indígenas desarrollan identidades étnicas con fuertes lazos con la comunidad de origen de sus padres o su pueblo, incluso si nunca han visitado (Besserer, 2002; Cruz-Manjarrez, 2013; Stephen, 2007). Estos jóvenes entienden sus vidas como 'transfronterizas' porque así se lo han enseñado y afirmado por sus padres. Por ejemplo, Besserer (1998) encontró que es común que los jóvenes nacidos en los Estados Unidos afirmen ser de San Juan Mixtepec, aunque nunca hayan estado allí (Besserer, 1998). Para estos jóvenes, ser mixteco (un mixteco de San Juan Mixtepec) no necesariamente requiere haber nacido en San Juan Mixtepec.

La socialización étnica familiar es una influencia clave en la formación de la ERI (Hughes *et al.*, 2006; Parke y Buriel, 1998; Umaña-Taylor *et al.*, 2009, 2013). Casanova (2011) descubrió que los adolescentes inmigrantes yucateco-mayas en los Estados Unidos aprenden sus tradiciones culturales y su idioma a través de los relatos que cuentan sus padres y familiares sobre sus propias experiencias y a través de la transmisión oral de la historia de la cultura maya. Sus padres les hablan sobre aprender el idioma y sobre lugares mayas de los que sentirse orgullosos, como las pirámides y otras áreas históricas de Yucatán.

Los estudios han encontrado que las fuertes relaciones con los padres están positivamente relacionadas con la ERI entre los jóvenes étnicamente minoritarios (Huang y Stormshak, 2011). Urrieta (2013) estudió familias de un pueblo indígena p'urhépecha en México y descubrió que los padres transmiten formas indígenas de conocimiento a sus hijos nacidos en los EE. UU. mediante visitas de regreso a sus pueblos de origen (Urrieta y Martínez, 2011). Urrieta (2013) se refiere a estas formas de conocimiento como '**saberes** de herencia indígena' y argumenta que su persistencia es evidencia de la continuidad cultural indígena y la adaptación exitosa dentro del contexto de la migración y las redes transnacionales que han existido durante décadas. Sin embargo, el desarrollo de la ERI varía de muchas maneras. Por ejemplo, Kovats (2010) descubrió que muy pocos hijos de padres mixtecos se identificaban con los pueblos de origen de sus padres en México, especialmente aquellos nacidos en los Estados Unidos. Estos hallazgos sugieren que, mientras los adultos recrean sus pueblos en los Estados Unidos para sostener su identidad indígena o construir una nueva identidad indígena transnacional, no está claro si el mismo enfoque da como resultado que sus hijos se identifiquen públicamente como indígenas.

El contexto escolar también juega un papel central en la formación de la ERI (Kiang *et al.*, 2010). Los diferentes contextos escolares (por ejemplo, segregación, diversidad, ideologías lingüísticas) pueden aumentar la saliencia de la identidad étnica (Huang y Stormshak, 2011). La prominencia de la ERI denota el grado en que la raza o etnia son relevantes para el autoconcepto de los individuos en un contexto social particular (Sellers *et al*., 1998). Específicamente, en contextos donde la ERI es más saliente, puede influir en sus interpretaciones y acciones durante un evento particular (Stryker y Serpe, 1982). Por ejemplo, Casanova (2011) descubrió que para los jóvenes yucateco-mayas, sus identidades mexicana, indígena y estadounidense pueden volverse más o menos relevantes en diferentes contextos dependiendo de la socialización familiar y de cómo los demás los ven. Además de aprender un nuevo idioma, adaptarse a nuevos entornos y aprender las prácticas culturales y las normas de la sociedad estadounidense, los adolescentes mayas en los Estados Unidos deben averiguar cómo encaja su cultura maya entre sus identidades sociales americanas, mexicanas, latinas y otras. Casanova (2011) encontró que un compromiso más fuerte con la identidad maya se asociaba con niveles más bajos de aculturación para los adolescentes, destacando la negociación que llevan a cabo para navegar dentro de las culturas dominantes latina y estadounidense.

Otro componente importante de la ERI es el apego emocional que los jóvenes sienten hacia su grupo étnico-racial. Esto se conoce de diversas maneras como afirmación (Umaña-Taylor *et al*., 2004), aprecio privado (Sellers *et al*., 1998) y estima grupal (French *et al*., 2006). El apego emocional positivo a la membresía de un grupo etnoracial es un componente clave de la ERI y está asociado con un ajuste positivo en el desarrollo (Rivas-Drake y Witherspoon, 2013).

Los adolescentes mexicanos con un alto aprecio por su grupo étnico son más felices y menos ansiosos (Kiang *et al*., 2006). El aprecio étnico sirve como un amortiguador contra las demandas estresantes. Quintana *et al*. (2010) sugieren que factores familiares, intraétnicos e interétnicos influyen en el proceso de identidad étnica que da lugar a tres autoconceptos: (1) un yo cultural, (2) un yo que trasciende la etnia y (3) un yo que podría ser estigmatizado como minoría. Los adolescentes que son conscientes de la estigmatización y discriminación no parecen internalizar estos estereotipos, pero los datos sugieren que algunos pueden sucumbir al sentido de un yo de minoría estigmatizada cuando carecen de apoyo que nutra sus recursos lingüísticos y culturales (Quintana *et al*., 2010).

Una forma interrelacionada pero distintiva de apego emocional en la ERI es el aprecio público. Se refiere a las percepciones de los jóvenes sobre las actitudes de los demás hacia su grupo étnico-racial (Sellers *et al*., 1998). Al igual que otros aspectos de la ERI, el aprecio público está relacionado con la discriminación percibida (Seaton *et al*., 2009; Sellers *et al*., 2006) y el ajuste académico (Rivas-Drake, 2011). Los jóvenes sin apoyos que refuercen un bajo aprecio público pueden ser más propensos a ocultar o negar su origen etnoracial (Driedger, 1976).

La negación de la identidad también puede ocurrir debido a una combinación de bajo apego emocional y baja centralidad o importancia de la ERI. La negación de la identidad puede resultar cuando las dinámicas sociales, como ser consciente de los estereotipos sociales negativos sin ninguna afirmación sobre los recursos lingüísticos y culturales de una persona, obligan a los individuos a negar su ERI. Casanova (2011) encontró que los adolescentes yucatecos-mayas reconocen la vulnerabilidad de la cultura maya, ya que cada vez menos jóvenes aprenden y abrazan la cultura y el idioma. Están orgullosos de su cultura, pero se avergüenzan de identificarse como yucatecos-mayas porque no quieren ser criticados, juzgados o discriminados.

Investigaciones previas sugieren un proceso de evolución de las percepciones sobre la cultura y la identidad entre los jóvenes indígenas (Stephen, 2007). Crecen escuchando a sus padres hablar su lengua indígena y participando en festivales de sus comunidades en México. Pero también escuchan música popular estadounidense como el *hip-hop* y el *heavy metal*. Estas influencias transnacionales han llevado a algunos jóvenes a ser pioneros en el rap trilingüe en español, inglés y mixteco. Un estudio reciente del Equipo de Cronistas Oaxaqueños (2013) describió el proceso por el cual un grupo de jóvenes adultos oaxaqueños de 15 a 25 años creó un grupo juvenil, Autónomos, para preservar su cultura indígena e idioma a través del arte y el *hip-hop*.

Multilingüismo

Como señala Hornberger (2002), las 'ecologías lingüísticas' y los contextos sociolingüísticos en los que crecen los jóvenes indígenas e inmigrantes no son simplemente bilingües o multilingües, son mucho más complejos (Makoni *et al.*, 2007; McCarty *et al.*, 2013). Los jóvenes indígenas e inmigrantes muestran y disfrazan competencias lingüísticas mientras interactúan y desafían ideologías raciolingüísticas, al mismo tiempo que co-crean nuevas ideologías translingüísticas, oportunidades de aprendizaje de idiomas y dinámicas interactivas fluidas a su alrededor (Mendoza-Denton, 2008; Rosa y Flores, 2017). Las comunidades indígenas, al igual que las comunidades inmigrantes, comúnmente negocian tensiones relacionadas con la pérdida y revitalización de la lengua heredada, el mantenimiento de formas indígenas de conocimiento y los recursos culturales, así como el fomento de relaciones intergeneracionales fuertes dentro y fuera de la escuela (González *et al.*, 2005; Urrieta, 2013; Wong-Fillmore, 1991). Incluso en contextos indígenas que parecen homogéneos y remotos, las dinámicas de cambio lingüístico, educación, migración y culturas de compañeros pueden reflejar de manera importante las que se encuentran dentro de las redes sociales de inmigrantes en áreas urbanas diversas (Wyman, 2012, 2013a, 2013b).

Según Skutnabb-Kangas (2000), los sistemas educativos operan bajo la premisa de ideologías de deficiencia cultural que devalúan el patrimonio lingüístico y cultural de los estudiantes minoritarios. Los estudiantes indígenas multilingües que ingresan a las escuelas públicas de EE. UU. se caracterizan típicamente como 'limitados en inglés'. Esta etiqueta resalta la importancia del idioma inglés y denota el idioma nativo de los estudiantes como un obstáculo para el éxito educativo y como un déficit. Los maestros a menudo desalientan a los padres indígenas el uso de su lengua indígena, alegando que interfiere con el éxito académico de sus hijos (Machado-Casas, 2009; Machado-Casas y Flores, 2011). Sin intervención alguna, estas formas complejas de racismo a menudo resultan en la pérdida gradual del idioma indígena entre los jóvenes indígenas. Las ricas experiencias lingüísticas de los jóvenes inmigrantes indígenas a menudo se ven complicadas por la ignorancia y discriminación en entornos escolares y comunitarios que construyen su emergente trilingüismo como un déficit en lugar de un recurso.

Las ideologías raciolingüísticas ignoran los recursos translingüísticos de los jóvenes inmigrantes, particularmente aquellos que a menudo sirven como intermediarios lingüísticos para sus familias (Buriel et al., 1998). Ellos traducen para sus familias con las escuelas, médicos, bancos y dueños de tiendas (Dorner et al., 2007; Orellana, 2009). Los intermediarios lingüísticos regularmente traducen, interpretan y median información lingüística y cultural para sus padres, compañeros y otros adultos (Buriel et al., 1998). Un estudio de estudiantes inmigrantes mexicanos encontró que la intermediación lingüística podría ser estresante, pero también valoraban el beneficio para su repertorio lingüístico y su papel en la familia y la comunidad como defensores y tutores (Dorner et al., 2008). Como trilingües emergentes, los jóvenes indígenas participan en la intermediación lingüística en tres lenguas diferentes. Valdés (2003) argumenta que, al igual que otros niños que demuestran un talento mental por encima del promedio, los niños que actúan como intermediarios lingüísticos deberían ser considerados 'dotados' debido a su extraordinario uso de lenguas y habilidades interpersonales. A pesar de la estigmatización lingüística generalizada, muchos jóvenes indígenas han aprendido a navegar por la vida social en los Estados Unidos a través de una impresionante muestra de aprendizaje de idiomas que no siempre es reconocida por el sistema escolar.

Más allá de sus recursos socioculturales, los hablantes bilingües, trilingües y multilingües demuestran un rendimiento cognitivo superior al de los monolingües (Katzman et al., 1983; Kave et al., 2008). El multilingüismo podría funcionar como una estructura cerebral flexible innata que sirve como una reserva cerebral (Buckner, 2004; Christensen et al., 1997; Manly et al., 2005; Scarmeas y Stern, 2003; Stern, 2002). El multilingüismo también podría aumentar el control cognitivo o la capacidad de cambiar entre tareas, lo que podría reducir los efectos adversos del envejecimiento cognitivo (Bialystok *et al.*, 2004). Estos beneficios cognitivos pueden estar mediados por la edad de adquisición del idioma, el nivel de competencia, la frecuencia de uso del idioma o las características tipológicas de los diversos idiomas adquiridos (Kave *et al.*, 2008).

Los estudios sobre el multilingüismo sugieren que la competencia en dos idiomas ayuda en la adquisición de lenguas adicionales. Por ejemplo, las personas bilingües que dominan el español y una lengua indígena pueden aprender inglés más rápidamente que los hablantes monolingües de español o de lenguas indígenas (O'Donnell, 2010; Ruiz y Barajas, 2012). En comparación con otros estudiantes de inglés, los estudiantes indígenas parecen adquirir el inglés más rápido. Los estudiantes trilingües usan el inglés con mayor frecuencia en clase que los estudiantes bilingües. Dado que los estudiantes trilingües tienen una historia lingüística más amplia, pueden aprender lenguas adicionales con mayor facilidad, ya que pueden utilizar las habilidades metalingüísticas adquiridas en el aprendizaje de idiomas previos (O'Donnell, 2010). También podría ser el resultado de la aptitud lingüística de los niños indígenas, dada la exposición a múltiples lenguas diversas (Ruiz y Barajas, 2012). Por ejemplo, el zapoteco y muchas otras lenguas indígenas son lenguas tonales. Una lengua tonal es aquella en la que el tono o la entonación con la que se pronuncia una palabra puede afectar el significado de la palabra. Es decir, dos palabras con la misma serie de consonantes y vocales pueden tener significados diferentes dependiendo del contorno de tono o entonación utilizado para pronunciarlas. En las lenguas tonales, el tono es una característica fonémica, lo que significa que es una característica fundamental y significativa de los sonidos del habla en esa lengua. El inglés y el español son lenguas de acento, donde la colocación del acento (una mayor énfasis o sonoridad) sobre una sílaba en particular dentro de una palabra puede diferenciar el significado. Este acento puede afectar el significado de una palabra o la estructura de una oración, dependiendo de dónde se coloque (Hyslop, 2021).

La migración rural-urbana e internacional y las prácticas escolares influyen en las oportunidades de aprendizaje de idiomas de los jóvenes indígenas inmigrantes (Fishman, 2001; Krauss, 1997; Wyman, 2013a). Las visiones sociales negativas, la falta de apoyo educativo y la percepción de los estudiantes de que su lengua indígena no es útil contribuyen a la pérdida de lenguas indígenas (O'Donnell, 2010). Los estudiantes indígenas que tienen éxito en la educación a menudo se ven obligados a abandonar su lengua e identidad (Flores-Crespo y Nebel, 2005). O'Donnell (2010) descubrió que muchos estudiantes trilingües en México no veían el valor de sus habilidades en su lengua indígena y no la consideraban importante para sus metas personales y profesionales. Mesinas y Perez (2016) encontraron resultados similares entre los jóvenes zapotecos urbanos de la región de Los Ángeles.

En las familias indígenas, existen diversos factores que influyen en las decisiones de los padres sobre qué lenguas deben aprender sus hijos (Pérez, 2009; Pérez Báez, 2013). Algunos padres deciden no enseñarles a sus hijos su lengua indígena, con la esperanza de que esto disminuya sus experiencias de discriminación y aumente sus oportunidades económicas y profesionales (Menchaca Bishop y Kelley, 2013; Pérez Báez, 2013; Perry, 2009). Estos padres ven el idioma como un marcador de identidad, por lo que usan el idioma como un medio para recrear las identidades de sus hijos, esperando elevar su estatus social (Barriga, 2008; Menchaca Bishop y Kelley, 2013; Pérez, 2009).

Traer a los niños indígenas a Estados Unidos acentúa la pérdida de lengua (Perry, 2009). La práctica de hablar en la lengua materna a los niños disminuye tan pronto como la familia se establece en Estados Unidos. Mines et al. (2010) encontraron que, para los recién llegados, más de dos tercios hablan con sus hijos exclusivamente en su lengua materna. Sin embargo, una vez establecidos en Estados Unidos durante tres o más años, la tasa cae a menos de la mitad, mientras que el resto habla solo español o una mezcla de español y la lengua indígena con sus hijos. Dentro de las familias indígenas, rápidamente se vuelve más común que los padres y los hijos se comuniquen en una segunda lengua para ambos lados, mayormente, en español.

Para los jóvenes zapotecos, la pérdida de la lengua indígena puede comenzar a ocurrir en la segunda generación, independientemente de cuánta socialización lingüística hayan recibido antes de emigrar (Mesinas y Perez, 2016). Este cambio es más rápido que para los mexicanos de habla española, quienes mantienen su competencia en la lengua heredada hasta la tercera generación (Rumbaut, 2009). El cambio lingüístico ocurre alejándose del zapoteco y favoreciendo primero el español en la comunicación entre padres e hijos, y luego el inglés en la comunicación entre hermanos (Pérez Báez, 2013). Solo los niños que han tenido alguna socialización en zapoteco en México antes de la migración lo usan en la interacción con sus hermanos, además del español y el inglés (Pérez Báez, 2013). Los padres que hablan zapoteco con sus hijos informan pesimismo acerca de su capacidad para influir en la adquisición lingüística de sus hijos, lo que debilita su determinación para implementar intervenciones lingüísticas que fomenten el trilingüismo zapoteco-inglés-español (Pérez Báez, 2013). Mesinas (2012) encontró que entre los padres que hablaban zapoteco, el 54% intentan enseñarles zapoteco a sus hijos.

Los padres indígenas que deciden no enseñar su lengua a sus hijos siguen estando orgullosos de su competencia en su lengua indígena (Menchaca Bishop y Kelley, 2013). Aunque ven el multilingüismo como algo valioso, se les engaña al hacerles creer por parte del personal escolar que sus hijos no son capaces de aprender múltiples idiomas 'bien'. Menchaca Bishop y Kelley (2013) encontraron que los padres indígenas creían que el número ideal de idiomas que sus hijos podían aprender era dos. Priorizaban el aprendizaje de inglés y español para sus hijos porque veían estos idiomas como los más beneficiosos económica y socialmente. En general, su comprensión del idioma, el poder y las ideologías raciolingüísticas influyó significativamente en sus opiniones sobre los idiomas que sus hijos deberían adquirir (LeBaron, 2012; Menchaca Bishop y Kelley, 2013).

La categorización despectiva de las lenguas indígenas como 'dialectos' en México contribuye a actitudes negativas sobre su valor e importancia, incluso dentro de las comunidades indígenas. Entre los hablantes mixtecos, el término para su lengua es *tu'un nda'vi*, que se traduce como 'la lengua pobre'. Por el contrario, el término mixteco para el español es *tu'un jaan*, que significa 'la lengua rica' (Gutierrez-Najera, 2010). Investigaciones anteriores encontraron que para los jóvenes inmigrantes mayas yucatecos de México, el uso de la lengua maya (tanto con la familia y amigos como en la escuela) predice más angustia debido a la discriminación percibida por sus compañeros y adultos, más experiencias de discriminación percibida por compañeros y más experiencias de angustia percibida por compañeros (Casanova, 2011).

El Estudio

Para ampliar trabajos previos, el análisis presentado en este libro se basa en datos de tres grupos indígenas representativos de los inmigrantes indígenas mexicanos en los Estados Unidos. La mayoría de los inmigrantes indígenas en los Estados Unidos provienen de cinco grupos etnolingüísticos distintos: zapotecos, mixtecos, p'urhépechas, mayas y nahuas. Estos grupos también se encuentran entre los más grandes grupos de indígenas en México, que tiene una población indígena total de 23.2 millones. En México, los mixtecos son el tercer grupo más grande, con 819,000 personas; los zapotecos son el cuarto más grande con 813,000 personas; y los p'urhépechas ocupan el lugar 12º con 221,000. Aunque no forman parte de este estudio, los nahuas son el grupo indígena más grande en México, con 2.8 millones de personas, mientras que los mayas ocupan el segundo lugar con una población de 1.6 millones. Aunque los zapotecos y los mixtecos han logrado establecer instituciones culturales y compartir una identidad pan-indígena 'oaxaqueña', los p'urhépechas tienen menos y más pequeños enclaves indígenas que faciliten el proceso de migración.

Los hallazgos presentados aquí se basan en un estudio de dos años de estudiantes mexicanos de preparatoria provenientes de tres orígenes indígenas diferentes: zapoteco, mixteco y p'urhépecha. Los participantes fueron reclutados de tres tipos de comunidades diferentes (rural, suburbana y urbana) en el sur de California, donde se han asentado grandes cantidades de inmigrantes indígenas mexicanos, incluyendo Coachella, Oxnard y Los Ángeles. El equipo de investigación incluyó asistentes de investigación bilingües (inglés y español) de pregrado y posgrado provenientes de orígenes mixtecos, zapotecos y p'urhépechas. Además de los datos de encuestas de estudiantes indígenas mexicanos ($n = 155$) y no indígenas ($n = 120$), se recolectaron datos de entrevistas en profundidad de 50 estudiantes indígenas y se realizaron meses de observaciones de campo, así como entrevistas informales con maestros y miembros de organizaciones comunitarias y estudiantiles indígenas para obtener múltiples perspectivas y desarrollar una comprensión más profunda de los numerosos desafíos que enfrentan los jóvenes indígenas.

El instrumento de encuesta se dividió en tres partes distintas. La Parte 1 incluyó diversas medidas de logro académico, motivación académica y aspiraciones educativas. La Parte 2 incluyó varias escalas psicológicas empíricamente probadas que miden la identidad étnica, las actitudes escolares, el uso de los idiomas (inglés, español e idioma indígena) y el estrés psicológico. En la Parte 3, los estudiantes reportaron sobre su información demográfica y antecedentes, como características socioeconómicas, el nivel educativo de los padres y la composición familiar.

Para la fase de recolección de datos cualitativos del estudio, se realizaron entrevistas en profundidad y semi-estructuradas. En promedio, las entrevistas duraron aproximadamente de una a dos horas. El conjunto inicial de preguntas se generó a través de varias entrevistas de prueba. Al concluir la fase de prueba piloto, se seleccionaron las preguntas finales para las entrevistas. En la primera parte de la entrevista, se pidió a los participantes que describieran sus experiencias educativas en la educación primaria, secundaria y preparatoria. La segunda parte de la entrevista se centró en las implicaciones sociales, psicológicas y educativas de ser indígena. En la última sección de la entrevista, se pidió a los participantes que describieran sus actitudes hacia la educación y sus aspiraciones futuras. Todas las entrevistas fueron transcritas y codificadas para identificar temas analíticos. Juntos, los datos etnográficos, de entrevistas y de encuestas proporcionan una perspectiva profunda y amplia sobre las trayectorias académicas e identitarias étnicas únicas de los estudiantes indígenas.

El Libro: Estudiantes Indígenas Mexicanos

Estudios anteriores suelen utilizar categorías amplias de origen etnoracial o nacional para comparar los procesos de desarrollo y los resultados educativos entre los inmigrantes. Si bien estudios previos sobre adolescentes inmigrantes mexicanos a veces consideran el nivel generacional, el estatus migratorio o el origen socioeconómico, no consideran otros contextos culturales (indígenas/no indígenas) y lingüísticos (monolingües, bilingües, trilingües) (por ejemplo, Gonzales, 2015; Portes y Rumbaut, 2001; Suárez-Orozco y Suárez-Orozco, 1995).

El Capítulo 2 proporciona una descripción de la población indígena mexicana en los Estados Unidos, así como una discusión de los factores que distinguen a los inmigrantes indígenas de la comunidad mexicana no indígena en los Estados Unidos. El Capítulo 3 describe el marco teórico que guió nuestros análisis e introduce los conceptos de identidades transculturales y prácticas translingüísticas. Centrándonos en los mixtecos, zapotecos y p'urhépechas por separado, los Capítulos 4 a 6 analizan las prácticas culturales y las experiencias transnacionales que influyen en las identidades etnoraciales y el multilingüismo de los jóvenes indígenas, y cómo gestionan estas identidades y prácticas lingüísticas en la comunidad y la escuela para confrontar prejuicios y discriminación. Mostramos que la discriminación no solo es perpetrada por los mexicanos nacidos en los Estados Unidos, sino también por los mexicanos no indígenas hacia sus contrapartes indígenas. Como resultado, algunos adolescentes indígenas no usan etiquetas indígenas para autoidentificarse y, en cambio, aprenden de sus padres a adoptar la etiqueta más generalizada de 'mexicano', una estrategia que Machado-Casas (2012) describe como la 'pedagogía del camaleón'. Estos capítulos también examinan las múltiples dimensiones de las identidades étnicas de los adolescentes indígenas mexicanos. Muchos, particularmente aquellos nacidos en los Estados Unidos, expresan una orientación tricultural y un profundo sentido de ser americanos, mexicanos e indígenas. También teorizamos sobre la formación de identidades diaspóricas para los adolescentes inmigrantes indígenas, cuya identidad puede estar ligada a una comunidad de origen específica a través de actividades transnacionales. Por ejemplo, los adolescentes indígenas a menudo describen su identidad cultural/lingüística usando etiquetas que no son reconocidas en los Estados Unidos, como 'tlacolulense', 'oaxaqueño' o 'zapoteco', en lugar de 'mexicano' o 'latino'. Nuestros hallazgos sugieren que la 'etnicidad' podría necesitar ser reconceptualizada para comprender mejor las dimensiones culturales y lingüísticas de las identidades sociales de los adolescentes indígenas. Sugerimos que las nociones de identidad étnica inmigrante basadas en etiquetas de los Estado-nación pueden tener una validez predictiva limitada para algunos adolescentes. Investigamos las experiencias multilingües de los estudiantes indígenas, incluyendo el uso de su lengua indígena, el trilingüismo, la intermediación lingüística y el translenguaje. Hasta donde sabemos, somos los primeros investigadores en encontrar que el trilingüismo puede tener ventajas adicionales más allá de las que se encuentran entre los adolescentes y jóvenes adultos bilingües. Las últimas secciones de los Capítulos 4 a 6 exploran la relación entre la identidad indígena y el rendimiento académico. Nuestros hallazgos indican que las características cognitivas y socioemocionales individuales no determinan de manera exclusiva la identidad y los resultados académicos. El Capítulo 7 proporciona un resumen de los hallazgos principales, resalta la necesidad de investigaciones adicionales en esta área y hace recomendaciones sobre cómo las escuelas pueden promover trayectorias de desarrollo positivo para los estudiantes inmigrantes indígenas. Por último, se proporciona una descripción de los instrumentos de investigación, los métodos, un glosario y tablas de datos en los apéndices.

2 Distinciones Étnicas

Indígenas Inmigrantes Mexicanos

La investigación sobre los latinos en los Estados Unidos ha estado dominada por estudios de grupos nacionales (por ejemplo, mexicanos y guatemaltecos) que asumen una experiencia homogeneizada y descuida discutir las diferencias raciales, étnicas y culturales dentro de estos grupos más amplios. A pesar de la creciente presencia de inmigrantes indígenas en los Estados Unidos, sigue habiendo poca discusión sobre estos grupos dentro de las comunidades de inmigrantes latinos. Los pocos estudios sobre inmigrantes indígenas mexicanos en los Estados Unidos recomiendan que los investigadores reconsideren los marcos nacionalizados para comprender las poblaciones latinas (Fox y Rivera-Salgado 2004; Oboler, 1995, 2006; Stephen, 2007). Este capítulo comienza con una discusión de las características que distinguen a los indígenas mexicanos de sus homólogos no indígenas a pesar de su origen nacional compartido. Los indígenas mexicanos hablan una o más de las 68 lenguas indígenas identificadas que se hablan en México. Muchos no hablan español con fluidez, tienen un bajo nivel educativo y viven en la pobreza (Poole, 2004). Los pueblos indígenas de México han enfrentado exclusión social y política durante más de 500 años. Como resultado, históricamente han sido relegados al fondo del sistema de estratificación etnoracial de México. En los Estados Unidos, los indígenas mexicanos son discriminados por los mexicanos no indígenas por ser indígenas y por los no hispanos por ser inmigrantes mexicanos (Stephen, 2007). Para evitar la discriminación, los indígenas mexicanos tanto en Estados Unidos como en México adoptan una estrategia de no divulgación al no hablar su lengua indígena en público o usar una etiqueta de identidad indígena, sino usar la etiqueta de identidad más general 'mexicano'. Como resultado, quién es considerado indígena es un proceso complicado.

Definiendo poblaciones indígenas

Hoy en día, la creencia general en México es que los indígenas viven en pueblos pequeños y aislados, tienen conjuntos de leyes tradicionales, hablan una lengua indígena, prefieren la vestimenta indígena tradicional, mantienen celebraciones indígenas y practican una forma de catolicismo influenciada por antiguas tradiciones religiosas (Villarreal, 2010). Aunque muchos creen que sólo aquellos que se comportan de acuerdo con estos patrones culturales específicos deben ser considerados indígenas, otros argumentan que la identidad indígena mexicana es ahora principalmente una cuestión de autopercepción y autoidentificación, ya que muchas personas que se consideran indígenas no encajan en el estereotipo y viven en grandes ciudades, como la Ciudad de México y Los Ángeles (Lopez y Munro, 1999).

Las distinciones entre categorías étnicas o raciales comenzaron a ser cuestionadas y disputadas en el siglo XX, poco después de la Revolución Mexicana. A principios del siglo XX, el gobierno mexicano comenzó a promover una nueva ideología nacionalista que categorizaba a todos los mexicanos como **mestizos** (Bonfil Batalla, 1996; Brading, 1988; de la Peña, 2006; Knight, 1990; Lomnitz, 1992). El secretario de Educación y destacado intelectual José Vasconcelos abogó por que la ideología *mestiza* uniera a los mexicanos bajo una única identidad nacional y condujera al país hacia una nueva era moderna (Vasconcelos, 1925). Según la nueva ideología racial indígena, la cultura indígena era considerada inferior a la cultura *mestiza* (Brading, 1988; Doremus, 2001; Gamio, 1982; Marino Flores, 1967). Como resultado, los formuladores de políticas buscaron cambiar las prácticas culturales de los indígenas mexicanos a través de intervenciones educativas y otros programas gubernamentales de 'aculturación' (Knight, 1990).

Inicialmente, las políticas gubernamentales se centraron en asimilar a las poblaciones indígenas a la cultura y sociedad mexicana dominante a través de la enseñanza del idioma español y reformas agrarias (Castañeda, 2004; Fox y Rivera-Salgado, 2004; Stavenhagen, 2002). A mediados del siglo XX, los programas de *indigenismo* (asimilación indígena) adoptaron un enfoque más integral. Las agencias de *indigenismo* centraron sus esfuerzos de integración cultural en regiones geográficas con altas poblaciones indígenas denominadas *regiones de refugio* (Sariego-Rodriguez, 2003).

El sistema educativo jugó un papel central en los esfuerzos del gobierno por asimilar a las poblaciones indígenas (Nagengast *et al.*, 1992). En la escuela indígena, los estudiantes indígenas fueron resocializados y se les enseñaron valores 'modernos'. Para acelerar la asimilación de los estudiantes a la cultura dominante, sólo se enfatizó el idioma español en un enfoque educativo monolingüe conocido como castellanización (Garduño *et al.*, 1989; Schmelkes, 2001). La subordinación de las lenguas indígenas mexicanas continúa en el habla cotidiana actual, donde se las conoce despectivamente como 'dialectos' (Kovats, 2010).

Desde la década de 1930, el gobierno mexicano ha utilizado el uso de lenguas indígenas como criterio principal para identificar a los pueblos indígenas (González Navarro, 1970). Investigaciones anteriores con poblaciones indígenas de origen mexicano generalmente han utilizado criterios lingüísticos y de autoidentificación como indicadores fundamentales de la etnicidad indígena (Aguirre International, 2005; Alderete *et al.*, 2000; Donlan y Lee, 2010; Gabbard *et al.*, 2008). En 2000, la forma larga del censo mexicano incluyó por primera vez una medida de autoidentificación del origen étnico al preguntar a los residentes del hogar si pertenecían a un grupo indígena.

En una variedad de disciplinas académicas, los investigadores definen más comúnmente a los pueblos indígenas como aquellos que tienen una continuidad histórica y territorial con civilizaciones preinvasores y precoloniales, hablan o alguna vez hablaron una lengua indígena, se consideran separados de otros grupos en las sociedades contemporáneas en sus territorios de origen, no son actualmente el grupo social dominante y se dedican a preservar sus tierras y transmitir su identidad étnica a las generaciones futuras de acuerdo con sus propias prácticas culturales, instituciones sociales y sistemas legales (Corntassel, 2003). En lugar de simplemente utilizar la autoidentificación o la lengua indígena, muchos investigadores utilizan criterios más completos para categorizar a los individuos como indígenas, incluido si los padres o abuelos hablan una lengua indígena o si los individuos viven en una comunidad indígena (Clarke, 2000; Friedlander, 1975; Harris, 1964; Knight, 1990; Marino Flores, 1967; Mörner, 1967; Villarreal, 2010). Aunque el Subcomité de las Naciones Unidas para la Prevención de la Discriminación y la Protección de las Minorías adoptó una definición formal de *pueblos indígenas* en 1982, el proceso de conteo e identificación de las comunidades indígenas continúa siendo debatido.

Poblaciones indígenas en México

Los pueblos indígenas de América Latina suman entre 40 y 50 millones. México tiene la población indígena más grande con 23 millones, lo que representa alrededor del 19% de la población mexicana total (Instituto Nacional de Estadística, Geografía e Informática – INEGI, 2020). Según el censo mexicano de 2020, los quince grupos indígenas más grandes en orden decreciente son nahua, maya, tzeltal, tzotzil, mixteco, zapoteco, otomí, totonaco, chol, mazateco, huasteco, mazahua, tlapaneco, chinanteco y p'urhépecha. (INEGI, 2020). La Tabla 2.1 muestra la población total de cada uno de estos grupos. Los estados de Oaxaca, Puebla, Veracruz, Chiapas y Yucatán tienen la mayor densidad de población indígena (INEGI, 2020).

La población indígena en México enfrenta una variedad de desafíos socioeconómicos. En 2018, el 70% vivía en la pobreza y el 28% vivía en la pobreza extrema. En contraste, las tasas nacionales de pobreza y pobreza extrema fueron del 39% y 5% respectivamente

Table 2.1 Los 15 principales grupos etnolingüísticos en México, 2020

Grupo	Población	Cambio porcentual 2010–2020
Total no indígena	112,497,368	+16
Total indígena	7,364,645	+7
Náhuatl	1,651,958	+4
Maya	774,755	–3
Tzeltal	589,144	+24
Tzotzil	550,274	+28
Mixteco	526,593	+6
Zapoteco	490,845	+7
Otomí	298,861	+4
Totonaca	256,344	+2
Chol	254,715	+15
Mazateco	237,212	+3
Huasteco	168,729	+1
Mazahua	153,797	+12
Tlapaneco	147,432	+16
Chinanteco	144,394	+5
P'urhépecha/Tarasco	142,459	+11

Nota: Los datos no indígenas e indígenas se basan en información de 2020 del Instituto Nacional de Estadística, Geografía e Informática, que incluye a personas de ≥3 años que no hablan o sí hablan, respectivamente, una lengua indígena.

(CONEVAL, 2019). El censo mexicano define 'analfabetos' como aquellos que tienen 15 años o más y no saben leer ni escribir un texto breve en español. Según ese criterio, más del 20% de los indígenas mexicanos son considerados 'analfabetos' españoles, en comparación con el promedio nacional del 4% (INEGI, 2020). El estado de Oaxaca tiene la mayor población de pueblos indígenas de México (INEGI, 2020). El 80% de los oaxaqueños viven por debajo del nivel oficial de pobreza de México y de acuerdo con el INEGI (2020) uno de cada ocho oaxaqueños (11.8%) es 'analfabeto' en español, más del doble del promedio nacional.

Las disparidades educativas entre estudiantes indígenas y no indígenas reflejan la marginación histórica, social y económica y las ideologías raciolingüísticas opresivas sobre los pueblos indígenas (Gorbold, 2009). En México hay 2.3 millones de indígenas en edad escolar y la mayoría asiste a escuelas en comunidades 'rurales' que a menudo carecen de libros de texto, materiales educativos y maestros debidamente capacitados (CONEVAL, 2022). Los estudiantes indígenas tienen más probabilidades que los no indígenas de trabajar fuera del hogar, repetir un grado y vivir en hogares que tienen menos materiales de lectura (Hernandez-Zavala et al., 2006; Shapiro y Patrinos, 2004).

Hablantes de lenguas indígenas

Además de la mala calidad de la instrucción y la falta de recursos, el sistema educativo en México ha contribuido significativamente al declive de los hablantes de lenguas indígenas (Gorbold, 2009). En la escuela, los estudiantes indígenas continúan experimentando diversas presiones para descuidar aspectos de su herencia y cultura indígena, como el idioma, a cambio del desarrollo de habilidades y conocimientos relacionados con las oportunidades económicas. Los estudiantes que abandonan sus comunidades en busca de educación formal pueden tener dificultades para desarrollar o mantener aspectos de su herencia indígena, como las costumbres y tradiciones sociales, económicas, culturales, políticas, lingüísticas. Durante la mayor parte del siglo XX, las políticas de integración del gobierno mexicano solo permitieron la instrucción educativa en español y los estudiantes fueron castigados por hablar sus idiomas maternas. Esto provocó una precipitada disminución de las lenguas indígenas en todo el país (Nahuatl Institute for Global Studies, 2004). En 2000, la población indígena de habla indígena era aproximadamente del 7%, por debajo del 8% en la década de 1990, el 10% en 1950 y el 14% en 1930 (INEGI, 2010; Hernandez-Zavala et al., 2006).

Actualmente, hay siete millones de hablantes de las 68 lenguas indígenas de México (INEGI, 2020). Si bien aproximadamente cinco millones son bilingües, casi un millón no hablan español. Según el censo de 2020, el 22% de los indígenas de México hablaban náhuatl, el 11% hablaba maya y el 7% hablaba mixteco y zapoteco. En el estado de Oaxaca, de donde son originarios la mayoría de los inmigrantes mixtecos y zapotecos en Estados Unidos, más del 31% de la población habla una de las 16 lenguas indígenas, incluidas el chinanteco, el huave, el mazateco, el mixe, el mixteco y el zapoteco. Estas lenguas también tienen 177 variantes regionales, lo que convierte a Oaxaca en el estado lingüísticamente más diverso de México. El mixteco y el zapoteco son los dos grupos lingüísticos más grandes, con alrededor de 520,000 y 490,000, respectivamente (ver Tabla 2.1).

En Oaxaca, la disminución de los hablantes de lenguas indígenas varía según las ciudades y regiones. En algunas poblaciones, la mayoría de los residentes siguen hablando lenguas indígenas. Por ejemplo, en el municipio de Ixpantepec Nieves, el 70% de los residentes habla mixteco (Instituto Nacional para el Federalismo y el Desarrollo Municipal, 2005). Los residentes del poblado se saludan con *chaa*, un saludo mixteco informal. Los taxistas y pasajeros suelen conversar en mixteco. Incluso en el ayuntamiento la mayoría de las conversaciones son en mixteco. El zapoteco que se habla en San Lucas Quiaviní, Oaxaca, contiene muchos préstamos de español ya que sus hablantes han estado en contacto con hispanohablantes durante más de 400 años (Lopez y Munro, 1999). Los

Figure 2.1 Zapotecos de comunidades vecinas en el histórico mercado dominical de Tlacolula, Oaxaca. © William Pérez

hablantes bilingües suelen intercambiar entre zapoteco y español, a veces usando ambos idiomas en una sola oración (Figura 2.1).

En México las lenguas indígenas están devaluadas (Nagengast et al., 1992; Schmelkes, 2001). No se consideran idiomas adecuados y, a menudo, se les denomina 'dialectos'. La devaluación de las lenguas indígenas ha contribuido en gran medida a la disminución del uso de las lenguas indígenas cuando los niños y adultos determinan que es mejor abandonar su lengua indígena. Aunque más de la mitad de los 1.3 millones de estudiantes de las escuelas oaxaqueñas hablan una lengua indígena, es posible que los jóvenes no reciban apoyo para mantenerla. Por ejemplo, un estudio de una comunidad oaxaqueña encontró que el zapoteco lo hablan el 80% de los residentes entre 55 y 59 años, pero sólo el 65% de los que tienen entre 15 y 19 años (Ruiz-Mallén et al., 2009). De manera similar, Gorbold (2009) encontró una tasa mucho mayor de padres oaxaqueños que hablaban una lengua indígena en comparación con sus hijos, quienes sentían que era más importante desarrollar y comprender su identidad mexicana en la escuela. Estas ecologías lingüísticas continúan cuando las familias migran a los Estados Unidos (Hornberger, 2002). Algunos padres deciden no enseñar mixteco a sus hijos (Kovats, 2010).

Otros intentan transmitir la lengua mixteca, pero sus hijos pueden estar influenciados por ideologías raciolingüísticas sociales que cuestionan la importancia de mantenerla (Rosa, 2019).

Migración a Estados Unidos

Los indígenas mexicanos enfrentan una marginación extrema en México. Esto se ha visto exacerbado por la disminución de la producción agrícola, la disminución de la demanda de productos artesanales, la falta de servicios sociales básicos, las presiones demográficas y los conflictos religiosos, que han obligado a los indígenas a emigrar a los Estados Unidos en busca de mejores oportunidades económicas (Linares, 2008; Poole, 2004). Como resultado, en los últimos 30 años un número de pueblos indígenas mexicanos que no tenían una historia de migración internacional comenzaron a emigrar a Estados Unidos (Huizar Murillo y Cerda, 2004). Inicialmente, la mayoría de los inmigrantes indígenas eran temporales, pero el mayor riesgo y costo de cruzar la frontera han resultado en un asentamiento a largo plazo en Estados Unidos.

Durante la década de 1990, la población de inmigrantes indígenas de los estados central y sur de Oaxaca, Puebla, Guerrero e Hidalgo aumentó significativamente (Bazán, 2010). A partir del año 2000, los investigadores comenzaron a identificar trabajadores indígenas inmigrantes empleados en las industrias agrícola, de empaque y de servicios en todo Estados Unidos, incluidos Alaska, Arizona, California, Colorado, Florida, Georgia, Illinois, Nueva York, Carolina del Norte, Oregón, Carolina del Sur, Texas y Washington (Huizar Murillo y Cerda, 2004). De 1989 a 2004, el porcentaje de inmigrantes indígenas mexicanos en Estados Unidos aumentó del 6% al 11% (Fox y Rivera-Salgado, 2004). Actualmente, los hablantes mixtecos, zapotecos, náhuatl, p'urhépecha, triqui, otomíes, chinantecos y mayas de tzeltal, tzotzil y mam se encuentran entre los grupos indígenas de más rápido crecimiento que migran a los Estados Unidos (Durand *et al.*, 2001; Rivera-Salgado, 2005; Varese, 2003). Estudios han identificado mayas de Yucatán y Chiapas en California y Texas; hñahñus y nahuas del centro de México en Texas y el Medio Oeste; y mixtecos de Puebla en Nueva York (Rivera-Salgado, 2005). En Durham, Carolina del Norte, existe una comunidad de 4,000 totonacos y nahuas de la sierra norte del estado de Puebla (Cortina, 2008). Los aproximadamente 100,000 trabajadores agrícolas mexicanos en Oregón incluyen chinantecos, mayas, mixes, mixtecos y zapotecos (Stephen, 2007). Otro estudio identificó a personas chamulas y zinacantecos que residen en California, Oregón y Texas (Rus y Guzmán

López, 1996). Los datos del gobierno mexicano también muestran la migración a Estados Unidos de los pueblos indígenas chocho, kanjobal, mixe, pame y popoloca (Instituto Nacional Indigenista, 2000).

Contando a los inmigrantes indígenas de América Latina, California ha superado a Oklahoma como el estado con la mayor población indígena de Estados Unidos (Velasco Ortiz, 2008). Los indígenas latinos en California sumaban alrededor de 460,000 en 2021 (US Census Bureau, 2021). Aunque la mayor concentración de indígenas mexicanos se encuentra en el condado de Los Ángeles, con casi 54,000 en 2010, otros condados experimentaron aumentos significativos de población entre 2000 y 2010, incluido el condado de Monterrey (aumento del 70%) y el condado de Kern (aumento del 65%). En la década de 1990, la proporción de indígenas mexicanos que trabajaron como trabajadores agrícolas en California casi se duplicó del 6% al 11% (Rivera-Salgado, 2005). En 2004, los indígenas mexicanos constituían el 20% de la fuerza laboral agrícola en California (Aguirre Internacional, 2005). En total, hay al menos un millón de inmigrantes indígenas en Estados Unidos (Holmes, 2006). Para al menos dos tercios de estos inmigrantes mexicanos, el español no es su primera lengua. Un estudio de trabajadores agrícolas zapotecos, nahuas, triquis, mixtecos y mayas encontró bajos niveles de escolarización formal y uso del idioma español e inglés. Tenían un promedio de menos de cinco años de escolaridad, casi el 41% reportó poco o ningún uso del idioma español y más del 90% reportó que no podía hablar inglés (Donlan y Lee, 2010).

Discriminación e ideologías lingüísticas en los enclaves de inmigrantes mexicanos

En Estados Unidos, los indígenas mexicanos experimentan una gran marginación y discriminación por parte de inmigrantes mexicanos no indígenas más establecidos (Farquhar et al., 2008; Holmes, 2006; Stephen, 2007). Entre los migrantes mexicanos, las diferencias entre indígenas y no indígenas o *mestizos* no pasan desapercibidas. Los *mestizos* a menudo se refieren a ellos como 'atrasados' y menosprecian su cultura y lengua indígena. Las diferencias fenotípicas percibidas, como la piel oscura y la baja estatura, alimentan una mayor discriminación. Los mexicano-estadounidenses los llaman *oaxaquitas*, una forma diminuta de la palabra utilizada para menospreciar a los indígenas oaxaqueños. Al igual que los p'urhépechas, muchos oaxaqueños se abstienen de utilizar su lengua indígena en público para evitar estratégicamente la discriminación. De manera similar, los indígenas oaxaqueños a menudo niegan ser de Oaxaca porque se considera que el origen oaxaqueño sugiere un origen indígena (Lopez y Munro, 1999). Como resultado de todas estas experiencias, es menos probable que los indígenas mexicanos se integren a los enclaves de inmigrantes mexicanos. Las barreras adicionales incluyen una mayor probabilidad de ser indocumentado y de llegar recientemente a los Estados Unidos (Aguirre International, 2005; Farquhar *et al.*, 2008; Holmes, 2006). Dentro del contexto más amplio de las relaciones anglo–mexicanas, los inmigrantes indígenas también son víctima de abusos, siendo particularmente susceptibles porque no hablan inglés ni español.

Los indígenas mexicanos son 'reracializados' según su 'mexicanidad' en una categoría de origen nacional que supone homogeneidad racial y lingüística mexicana y vuelve invisible su origen indígena (de Genova, 2005; Rosa, 2019; Stephen, 2007). La migración a los Estados Unidos también ha introducido a los indígenas mexicanos en una nueva jerarquía lingüística donde el inglés es el idioma dominante y su idioma indígena se considera inferior tanto al español como al inglés. Muchos padres no animan a sus hijos a hablar zapoteco en público porque sienten que hablar inglés y español les brindará mejores oportunidades. Como resultado, muchos de estos niños criados en Estados Unidos luchan por comunicarse con sus abuelos que hablan principalmente zapoteco (Lopez y Munro, 1999).

Una vez que los padres indígenas y sus hijos llegan a los Estados Unidos, pueden sentir que perder su identidad étnica y su idioma es inevitable (Manalo-Coehlo, 2008). Fishman (1967) teorizó que, entre los inmigrantes desplazados y sus hijos, el idioma del grupo local dominante desplaza a los idiomas inmigrantes. En otras palabras, el idioma utilizado en el trabajo y la escuela pasa a ser el idioma utilizado en el hogar. El estudio de Peñalosa (1986) sobre una comunidad maya guatemalteca trilingüe en Los Ángeles encontró aculturación social a la comunidad latina de habla hispana y, en menor medida, a la anglosajona de habla inglés. El español era necesario para mantenerse en contacto con la comunidad latina circundante y el inglés era necesario para ser parte de la cultura nacional más amplia. Peñalosa concluyó que la comunidad se encontraba en un estado de trilingüismo de transición español/maya/inglés, alejándose del bilingüismo español/maya y acercándose al bilingüismo español/inglés. Una década después, Light (1995) regresó a la misma comunidad y descubrió que se seguían hablando lenguas mayas y español, pero como había predicho Peñalosa, el uso del inglés había aumentado, y muchos jóvenes hablaban principalmente inglés tanto dentro como fuera de la comunidad. En un estudio más reciente sobre mayas guatemaltecos en Estados Unidos, Gladwin (2004) encontró que el 75% hablaba una lengua maya pero que sólo la mitad de sus hijos lo hacían. Los encuestados estaban divididos en sus actitudes hacia las lenguas mayas. El 58% quería que sus hijos aprendieran una lengua maya. El 42% restante no quería que sus hijos aprendieran una lengua maya, alegando razones como no ser importante, la lengua era demasiado difícil, no había necesidad de su uso en Estados Unidos y no les gustaba la lengua. De manera similar, un estudio reciente de zapotecos en Los Ángeles de la comunidad de Yalálag, Oaxaca, encontró que aunque la mayoría continúa hablando zapoteco a diario, los nacidos en Estados Unidos solo podían entenderlo (Cruz-Manjarrez, 2013). Los yalaltecos nacidos en Estados Unidos (aquellos cuyos padres son de Yalálag) generalmente hablan español con sus padres y familiares e inglés o español con amigos de su edad. Cruz-Manjarrez (2013) también encontró que los padres inmigrantes yalaltecos creían que era más importante para sus hijos aprender español que zapoteco. A pesar de hallazgos anteriores que sugieren cambios lingüísticos entre familias indígenas multilingües, las investigaciones sobre redes transnacionales sugieren que el proceso es más complejo.

Transnacionalismo Sociocultural

Hasta hace poco, los indígenas mexicanos en Estados Unidos y México se identificaban principalmente con su comunidad natal (Cruz-Manjarrez, 2013). Algunos expresaban una identidad regional y era raro expresar una identidad etnolingüística. El énfasis en una orientación de identidad étnica basada en la comunidad altamente localizada en Oaxaca tiene raíces históricas que se remontan al declive del imperio zapoteco y su capital, Monte Albán, después del año 700EC, lo que resultó en una 'balcanización' de Oaxaca en numerosos asentamientos geográficamente separados (Flannery y Marcus, 1983). Después de la conquista española, las poblaciones indígenas fueron reubicadas en comunidades consolidadas separadas. Como resultado, actualmente Oaxaca tiene 570 cabeceras municipales, casi la mitad de todas las de México. Las políticas que se remontan a la época colonial y poscolonial han dado como resultado un sentido de identidad altamente localizado. Esas tendencias comenzaron a cambiar y evolucionar debido al aumento de la migración a los Estados Unidos (Kearney, 1986).

Los asentamientos permanentes y la densidad demográfica han dado lugar a una 'masa crítica' de indígenas oaxaqueños, particularmente en California (Kearney, 1986; Kearney y Nagengast, 1989). Como resultado, los inmigrantes indígenas mexicanos, particularmente mixtecos y zapotecos, han comenzado a establecer comunidades transnacionales que recrean elementos de sus comunidades natales en los Estados Unidos a través de un proceso de transnacionalismo sociocultural (Itzigsohn y Giorguli Saucedo, 2002). Estas prácticas transnacionales tienen como objetivo construir un sentido de pertenencia comunitaria y cultural a través de diversas formas de organización social y expresión cultural, que van desde organizaciones cívicas políticas como periódicos binacionales, programas de radio indígenas y traducción y preservación de lenguas indígenas hasta la celebración pública de fiestas religiosas y festivales tradicionales oaxaqueñas de música y danza (Figura 2.2) (Besserer, 2002,

Figura 2.2 Zapotecos y *mixtecos* celebrando sus tradiciones culturales en Los Ángeles, California. © William Pérez

2004; Gil Martínez, 2006; Kearney, 1995, 2000; Lestage, 1998; París Pombo, 2008; Rivera-Salgado, 2005; Stephen, 2007).

Los académicos se han referido a las nuevas comunidades transnacionales creadas por inmigrantes indígenas mexicanos para vincular sus vidas en California con sus comunidades natales en México como 'Oaxacalifornia' (Kearney, 1995). En estas comunidades transnacionales, los indígenas oaxaqueños han comenzado a redefinir sus identidades etnoraciales y nacionales (mexicanas/estadounidenses). El aumento de las organizaciones sociales, cívicas y políticas crea un entorno en el que las identidades colectivas preexistentes se articulan en un nuevo contexto diaspórico y, en el proceso, transforman a los propios inmigrantes indígenas. Los rituales públicos, como la celebración de los santos patrones de la comunidad natal, sirven para afirmar y reforzar identidades étnicas recién definidas que han surgido en sus comunidades transnacionales. Las Asociaciones y Clubes de Oriundos desempeñan un papel importante en la construcción de comunidades y el intercambio cultural al sostener los vínculos que conectan las comunidades de origen en México con nuevas comunidades de asentamiento en los Estados Unidos (Rivera-Salgado, 2005). Prácticamente todos los oaxaqueños en Estados Unidos y México están profundamente conectados en redes de comunidades transnacionales que se extienden a lo largo de la frontera entre Estados Unidos y México (Kearney y Nagengast, 1989).

Quizás el ejemplo más importante de un ritual público que ha surgido debido a procesos transnacionales sea la recreación por parte de la diáspora oaxaqueña en Estados Unidos del festival *Guelaguetza*. Es uno de los eventos culturales más importantes de Oaxaca, México. En la ciudad de Oaxaca, la *Guelaguetza* es el evento turístico anual más importante. Aunque *Guelaguetza* es una palabra zapoteca que se refiere a reciprocidad o ayuda mutua, en contextos transnacionales se ha redefinido para referirse a la celebración de danzas y tradiciones musicales indígenas. El festival destaca las distintas tradiciones de danza y música de las regiones geográficas de Oaxaca. Desde 1987 la Organización Regional de Oaxaca celebra cada año la *Guelaguetza* en Los Ángeles (Rivera-Salgado, 2005). Actualmente, la *Guelaguetza* se celebra anualmente en todo Estados Unidos, no sólo en ciudades de California como Bakersfield, Fresno, Los Ángeles, Oxnard, San Diego, San José, San Marcos, Santa Cruz, Santa María y Santa Rosa sino cada vez más en ciudades en otros estados, como Seattle, Washington; Poughkeepsie, Nueva York; Salem, Oregón; Odessa, Texas; y Atlantic City, Nueva Jersey (Fox, 2013; Rivera-Salgado y Rabadán, 2020). Estos eventos culturales públicos a gran escala son indicativos de la amplia distribución geográfica de las comunidades indígenas en los Estados Unidos.

Las competiciones deportivas también son eventos públicos importantes en las comunidades transnacionales oaxaqueñas. La Copa Juárez es un torneo en Los Ángeles organizado anualmente por la Unión de Comunidades Serranas de Oaxaca (Rivera-Salgado, 2005). Los equipos de baloncesto participantes representan a más de 40 comunidades oaxaqueñas. En el valle central de California, algunos mixtecos y zapotecos juegan un juego de pelota precolombino llamado 'pelota mixteca'. El resurgimiento de este juego entre las comunidades transnacionales de inmigrantes es significativo ya que el número de jugadores ha disminuido en Oaxaca.

Los eventos religiosos públicos también han aumentado entre los indígenas mexicanos en California (Rivera-Salgado, 2005). La sección de eventos comunitarios del periódico binacional *Impulso de Oaxaca* enumera el calendario de la misa mensual oaxaqueña que incluye un grupo de danza oaxaqueña y una banda de música. El calendario enumera numerosas celebraciones religiosas a lo largo del año. Otros ejemplos de actividades públicas basadas en la fe incluyen procesiones callejeras para varios santos patrones dirigidas por bailarines oaxaqueños acompañados por una banda de música que toca canciones tradicionales llamadas *jarabes*. Estos ejemplos ilustran la interconexión entre prácticas religiosas e identidad étnica (Rivera-Salgado, 2005).

Los inmigrantes indígenas participan en un constante intercambio cultural transnacional entre los Estados Unidos y sus comunidades de origen en México. Las celebraciones tradicionales, que son de gran importancia para las comunidades indígenas, se conservan con fondos provenientes de los ingresos obtenidos en los Estados Unidos. Aquellos que han tenido éxito financiero en los Estados Unidos a menudo se ofrecen como **mayordomos** (patrocinadores) de las celebraciones en honor al santo patrón de su comunidad. Tanto los inmigrantes que viven permanentemente como los que trabajan temporalmente en los Estados Unidos regresan a sus pueblos durante las festividades municipales (Rivera-Salgado, 2005).

A través de continuos viajes de ida y vuelta y el flujo constante de información, dinero y bienes entre las comunidades de origen en México y las comunidades de asentamiento en los Estados Unidos, los pueblos indígenas se interconectan para formar una única comunidad transnacional (Rivera-Salgado, 2005). Este proceso está impulsado, en gran parte, por reglas distintas de membresía que se aplican estrechamente en la mayoría de las comunidades indígenas de México. Los derechos de membresía generalmente dependen del cumplimiento del servicio comunitario obligatorio y de las contribuciones materiales. Los inmigrantes indígenas mexicanos que residen en los Estados Unidos no están liberados de sus obligaciones sociales con su pueblo y deben cumplir con responsabilidades comunitarias, incluyendo **tequio** (trabajo comunitario), **servicio** (servicio comunitario), **cargos** (oficina pública) y **comités** (comités municipales) (Acevedo y Restrepo, 1991; Cohen, 1999). Algunos contratan reemplazos para cumplir con sus compromisos de tequio y/o cargo (Cohen, 2010).

En los últimos años, los requisitos de membresía se han vuelto más flexibles en algunas comunidades en respuesta a la migración. Sin embargo, algunas comunidades siguen siendo estrictas y expulsan a quienes no cumplen con sus obligaciones mediante un proceso que se ha denominado 'muerte cívica' (Kearney y Besserer, 2004; Mutersbaugh, 2002). A través de sus asambleas comunitarias, varias comunidades mixtecas y zapotecas en Oaxaca con fuertes flujos migratorios han redefinido su conceptualización de membresía para mantener a quienes han emigrado a los Estados Unidos involucrados en el proceso político local. Los inmigrantes que residen en los Estados Unidos pueden mantener sus vínculos, derechos y obligaciones comunitarios siempre que sirvan a los *cargos* (cargos electos) que les asigna la asamblea comunitaria.

Resumen y Conclusión

Los pueblos indígenas han desarrollado un lenguaje de autodefinición a través del diálogo con otros y, a veces, en la lucha contra ellos (Taylor, 1994). Su lucha política por el reconocimiento ha implicado la validación de su autodefinición y el rechazo de etiquetas históricamente atribuidas (Whitten, 2007). En lugar de renunciar a sus identidades después de migrar a los Estados Unidos, el proceso fortalece su identidad indígena (Fox y Rivera-Salgado, 2004). Su identidad redefinida se convierte en una fuente crítica de cohesión en sus comunidades transnacionales y una influencia significativa en su compromiso político y social en Estados Unidos y México.

Al articular su sentido de 'indígeneidad', los inmigrantes mexicanos reconocen que su experiencia como pueblos indígenas es contemporánea y difiere de la de generaciones pasadas. Su afirmación de la identidad étnica no se basa en conceptos de continuidad, como si fueran los mismos que los pueblos indígenas de hace siglos, sino en el cambio y la hibridación. La migración y los cambios históricos han dado origen a nuevas interpretaciones sobre lo que significa ser un inmigrante indígena. La construcción de identidades étnicas indígenas abarca imágenes, rasgos y estereotipos que pueden parecer contradictorios pero que quienes se identifican como indígenas consideran características definitorias de 'indígeneidad' (Bolanos, 2010). Para los inmigrantes indígenas mexicanos en los Estados Unidos cuyas prácticas culturales han cambiado con el tiempo y el lugar, esto no ha disminuido su 'sentido de distinción étnica' (Barth, 1969; Cornell y Hartman, 2007). La resistencia de las identidades indígenas entre las personas involucradas en la migración internacional plantea varias preguntas sobre el proceso de formación de la identidad étnica, las prácticas que la definen y cómo la identidad étnica está influenciada por procesos transnacionales que resultan en formas de ser transculturales y translingüísticas.

3 Intersección de Culturas, Multilingüismo e Identidades Transculturales: Un Marco Teórico para Comprender a Los Adolescentes Indígenas Mexicanos en las Escuelas Estadounidenses

Usualmente consideramos las culturas, las etnias y la inmigración como categorías demográficas que se aplican por igual a las personas dentro de un grupo y permanecen estables en el lugar y en el tiempo. Las categorías demográficas pueden ser útiles para describir muestras y monitorear la inclusión y la atrición educativo (Hernandez, 2004). Sin embargo, las categorías demográficas pueden agrupar a personas que se sienten muy diferentes entre si y desprecian a quienes se ven a si mismos como miembros de más de un grupo (Stephen, 2007). Estos riesgos son especialmente relevantes para comprender cómo los jóvenes forjan sus identidades y caminos a través de la escuela en sociedades multiculturales.

En lugar de mal usar las categorías demográficas tratándolas como explicaciones, Whiting (1976) desafió a los académicos a 'desempacar' sus significados multidimensionales para descubrir los procesos y experiencias que resumen estos conceptos. En la misma línea,

Weisner *et al.* (1988) advirtieron contra asumir que quienes comparten orígenes nacionales o étnicos tienen experiencias culturales comunes. Actualmente, la mayoría de las investigaciones sobre migración, lengua e identidad se basan en gran medida en el entendimiento contemporáneo de las fronteras de los Estados nacionales (Angeles Trujano, 2008). La población inmigrante mexicana en Estados Unidos refleja cada vez más la diversidad étnica de la sociedad mexicana, pero los teóricos sociolingüísticos educativos y de desarrollo de identidad aún no la han reconocido. Hay poca investigación sobre las poblaciones de inmigrantes indígenas y los patrones que toman al adaptar y negociar sus múltiples culturas: indígena, mexicana y americana (Cornelius *et al.*, 2007).

El desarrollo identitario y el multilingüismo de los adolescentes indígenas mexicanos en Estados Unidos son fenómenos multifacéticos que están profundamente entrelazados con dimensiones socioculturales, lingüísticas y psicológicas que pueden entenderse mejor a través de un lente transcultural y translingüística que considera las complejidades de sus experiencias como inmigrantes e individuos indígenas (Casanova, 2011, 2016, 2019; García, 2009; Nicolás, 2012, 2017, 2021). El marco descrito en este capítulo integra varias perspectivas para proporcionar una comprensión holística de estos complejos procesos basándose en el trabajo de la identidad etnoracial y los académicos sociolingüísticos educativos.

En primer lugar, estas identidades de los adolescentes están moldeadas por la convergencia de sus experiencias indígenas, mexicanas y estadounidenses, lo que requiere un examen del desarrollo de su identidad a través de un lente transcultural (Suárez-Orozco *et al.*, 2018). Este lente reconoce la mezcla de culturas y el surgimiento de una identidad nueva y dinámica que trasciende las fronteras nacionales y étnicas (Rogoff, 2003; Urrieta, 2009). En segundo lugar, su multilingüismo va más allá de ser bilingüe o trilingüe; implica una práctica translingüística (Perez *et al.*, 2016). García (2009) postula que la práctica translingüística es la norma para los hablantes multilingües que navegan por diferentes paisajes lingüísticos. Para los adolescentes indígenas mexicanos, esto implica negociar entre su lengua indígena, el español y el inglés en su vida diaria. Integrando estas perspectivas, proponemos un marco teórico que refleja la naturaleza fluida, interconectada y de múltiples capas del desarrollo de la identidad y el multilingüismo entre los adolescentes indígenas mexicanos en Estados Unidos. Este marco proporciona un lente integral para comprender y valorar los recursos lingüísticos y culturales que estos adolescentes aportan, desafiando las perspectivas deficitarias y las suposiciones racializadas (Rosa, 2019).

El marco teórico transcultural y translingüístico propuesto subraya la importancia de ver el desarrollo de la identidad y el multilingüismo como procesos dinámicos, socioculturalmente integrados e intersecccionales moldeados por factores individuales, interpersonales y socioculturales. Estos adolescentes negocian y construyen activamente sus identidades y prácticas lingüísticas dentro de sus contextos socioculturales y educativos. Dada la complejidad del desarrollo de la identidad y el multilingüismo, también es esencial incorporar influencias a nivel micro en este marco teórico. Este marco teórico integra así influencias a nivel macro, meso y micro para ofrecer una comprensión matizada de los procesos complejos, dinámicos e interseccionales de desarrollo de identidad y multilingüismo entre los adolescentes indígenas mexicanos que crecen y se educan en los EE. UU. Subraya la agencia del adolescente en la negociación y construcción activa de sus identidades y prácticas lingüísticas dentro de estos contextos de múltiples capas.

Construcción de Identidad Transnacional

El trabajo de Baquedano-López y Gong (2022) sobre inmigrantes mayas yucatecos, la investigación de Nicolás (2012, 2017) y Mesinas y Perez (2016) sobre jóvenes zapotecos, los escritos académicos de Urrieta sobre familias p'urhépechas (2009, 2015), la investigación de Kovats (2010) y Kovats Sánchez (2018) sobre estudiantes mixtecos proporciona un punto de partida útil para comprender la construcción de identidad transnacional de los adolescentes indígenas mexicanos. Estos adolescentes navegan por sus identidades a través de fronteras, moldeadas por sus experiencias tanto en Estados Unidos como en México. Sus identidades no son estáticas, sino dinámicas y en evolución, moldeadas por sus interacciones dentro de diferentes contextos culturales y lingüísticos, incorporando elementos de sus experiencias indígenas, mexicanas e inmigrantes. Los adolescentes indígenas mexicanos a menudo mantienen conexiones con su país de origen, lo que resulta en experiencias transnacionales que dan forma a sus identidades e idiomas. Negocian entre sus conexiones con sus comunidades indígenas en México y sus nuevas vidas en Estados Unidos, creando identidades transnacionales que incorporan elementos de ambos contextos (Barillas-Chón, 2010, 2019, 2021).

Identidad como actuación

La identidad no es una entidad estática, sino más bien un acto performativo que se construye y reconstruye continuamente en las interacciones sociales. Los adolescentes indígenas mexicanos desempeñan sus identidades a través del uso de su lengua, comportamientos y papeles sociales, que están moldeados por sus contextos culturales indígenas y estadounidenses. La interfaz del translenguaje de García (2009), la identidad transnacional de Baquedano-López (2021) y los conceptos de identidad cultural de Urrieta (2017) subraya la relación simbiótica entre lenguaje e identidad. Las prácticas lingüísticas no son simplemente herramientas de comunicación, sino también poderosos marcadores de identidad. A medida que estos adolescentes navegan por sus realidades multilingües, su uso del lenguaje juega un papel crucial en la construcción y negociación continua de sus identidades.

Contexto social, cultural y sociopolítico de Estados Unidos

La teoría ecocultural integra perspectivas ecológicas y culturales para postular que todas las familias buscan adaptarse a los entornos culturales donde viven a través de sus rutinas o actividades cotidianas, como los quehaceres del hogar, las comidas o la tarea (Gallimore *et al.*, 1993; Tharp y Gallimore, 1988; Weisner, 1984).

La teoría de los sistemas ecológicos de García Coll *et al.* (1996) proporciona un marco fundamental para considerar las influencias socioculturales y económicas en el desarrollo de los niños minorizados. La interacción entre diferentes sistemas – individual, familiar, escolar, comunitario y social – juega un papel crucial en el desarrollo de su identidad y el uso del lenguaje. Esta perspectiva sostiene que el desarrollo de la identidad y el multilingüismo deben entenderse dentro del contexto de la estratificación social, los procesos culturales, las políticas de inmigración y las jerarquías raciales y lingüísticas. De manera similar, el trabajo de Suárez-Orozco y colegas (2018) amplía el modelo de García Coll *et al.* (1996), para incluir eventos significativos actuales como una crisis global de refugiados, un clima sociopolítico de 'nación deportación' y una mayor xenofobia para teorizar aún más sobre cómo los jóvenes inmigrantes indígenas se ven afectados. Las identidades híbridas están moldeadas por fuerzas de nivel macro y prácticas lingüísticas.

El trabajo de Rosa y Flores (2017) y Rosa (2019) sobre ideologías raciolingüísticas llama la atención sobre la intersección de raza y lenguaje en las experiencias de adolescentes. Sostienen que las prácticas lingüísticas a menudo están racializadas, y que las habilidades lingüísticas de los estudiantes de color se ven a través de una lente deficitaria basada en suposiciones racializadas. Los sistemas ecológicos de García Coll y las teorías de las ideologías raciolingüísticas de Rosa y Flores juntos subrayan el racismo sistémico que enfrentan estos adolescentes. Experimentan marginación no sólo a nivel individual, sino también a nivel de estructuras institucionales y sociales que reproducen jerarquías raciales y lingüísticas.

Sistema educativo estadounidense

Suárez-Orozco *et al.* (2018) y García Coll *et al.* (1996) enfatizan el papel de los sistemas e instituciones educativas en la formación de identidad y la adquisición del lenguaje. Las escuelas a menudo desempeñan un papel importante en la configuración de las identidades y competencias lingüísticas de los estudiantes, tanto a través de la educación formal como a través del 'plan de estudios oculto' de las normas sociales y culturales. Las escuelas son lugares donde los adolescentes interactúan con ideologías y prácticas lingüísticas dominantes y donde tienen oportunidades de afirmar sus identidades y lenguas indígenas. Sin embargo, las escuelas también pueden ser lugares de marginación y discriminación para los estudiantes indígenas.

Las escuelas, los vecindarios, los medios de comunicación y otras instituciones sociales impactan directamente a los niños para promover o inhibir su desarrollo biológico y psicológico (García Coll *et al.*, 1996; García Coll y Szalacha, 2004; Suárez-Orozco *et al.*, 2018). Los contextos inhibidores son aquellos con recursos inadecuados e ideologías institucionales que entran en conflicto con la cultura familiar para obstaculizar el desarrollo de las competencias de los niños (García Coll y Magnuson, 2000; Harry, 1992). Por el contrario, los contextos promocionales son aquellos con suficientes recursos e ideologías de alta calidad que afirman los valores y objetivos de los niños y sus familias (García Coll *et al.*, 1996; García Coll y Szalacha, 2004).

Las escuelas pueden inhibir o promover entornos para los niños inmigrantes dependiendo de la cantidad de recursos asignados para abordar sus necesidades de desarrollo y el grado en que están segregados en el campus. Una escuela segregada que carece de profesores y materiales de aprendizaje de alta calidad puede considerarse un entorno inhibidor. Aunque una escuela integrada donde los estudiantes no están segregados puede ofrecer más recursos, aún puede ser un ambiente inhibidor si expone a los niños a una mayor discriminación por parte de otros que son diferentes a ellos (García Coll *et al.*, 1996; García Coll y Szalacha, 2004). Los estudiantes minorizados en aulas disonantes pueden experimentar una disminución en la autoestima y el compromiso académico si creen que el éxito académico denota la aceptación de ideologías institucionales que los categorizan como inferiores. Por el contrario, una escuela que responda adecuadamente a las necesidades sociales, emocionales y educativas de los niños puede considerarse un entorno promotor, ya que las relaciones entre compañeros de la escuela y docentes o la 'conexión escolar' (Blum *et al.*, 2000; McNeely *et al.*, 2002; Roeser *et al.*, 1998) están asociados con un mayor rendimiento académico (Connell y Wellborn, 1991; Eccles y Midgley, 1989). Una escuela segregada puede ser un entorno promotor si apoya el bienestar emocional y el éxito académico al proteger a los niños de los prejuicios y la discriminación en un contexto agradable donde están rodeados de estudiantes de orígenes similares y experiencias compartidas. Tharp (1989) encontró que la compatibilidad cultural entre la familia y la escuela tiene un impacto positivo en el compromiso académico de los estudiantes.

Los barrios también son contextos importantes del desarrollo de los niños y también pueden promover e inhibir. Al igual que las escuelas segregadas, es posible que los barrios segregados puedan apoyar el desarrollo de los niños protegiéndolos de las influencias sociales negativas (Rodriguez, 1975; Tatum, 1987). Los barrios aislados pueden fomentar una mayor cohesión social, lo que se ha descubierto que está relacionado con niveles más bajos de violencia vecinal (Sampson *et al.*, 1997). Los barrios empobrecidos pueden inhibir el desarrollo de los niños debido a la falta de actividades de enriquecimiento. Los padres pueden aislar a sus hijos en casa para mantenerlos a salvo del crimen y la violencia, pero también inhibir inadvertidamente su desarrollo social al limitar sus oportunidades de interactuar con sus compañeros (Jarrett, 1997). Al igual que las escuelas integradas, los vecindarios integrados de clase media pueden poseer todos los recursos necesarios, pero es posible que la comunidad no pueda proteger a los niños inmigrantes de la discriminación que pueden experimentar tanto dentro como fuera del vecindario (Rodriguez, 1975; Tatum, 1987).

Aprendizaje cultural transnacional

Las redes transnacionales desempeñan un papel fundamental en el aprendizaje cultural. El concepto de Rogoff de aprender a través de la observación y la participación enfatiza la importancia de las interacciones sociales en el aprendizaje. Los adolescentes indígenas mexicanos aprenden sus idiomas y prácticas culturales no sólo a través de una instrucción explícita sino también a través de su participación activa en actividades sociales, interactuando con sus familias, compañeros y comunidades más amplias en Estados Unidos y México (Baquedano-López y Gong, 2022; Rogoff, 2003). Estos adolescentes aprenden y mantienen sus prácticas culturales a través del compromiso activo no sólo dentro de sus contextos sociales inmediatos sino también con sus conexiones transnacionales, reforzando su herencia e identidad indígena. Según Urrieta (2009), las influencias a nivel micro, como la socialización familiar y las experiencias personales, también desempeñan un papel crucial en la configuración de la identidad y la adquisición del lenguaje de un individuo. Estas influencias a menudo están influenciadas por las experiencias de racialización y la herencia cultural de los adolescentes indígenas mexicanos. El trabajo de Baquedano-López y Gong (2022) enfatiza aún más cómo las narrativas y prácticas culturales a nivel familiar y comunitario influyen en la formación de la identidad y el uso del lenguaje de los adolescentes (García Coll *et al.*, 1996; Rogoff, 2003; Urrieta, 2009). El concepto de identidad transnacional de Baquedano-López y Gong (2022) destaca los contextos de múltiples capas que dan forma a estas experiencias entre los adolescentes. Sus identidades y prácticas lingüísticas evolucionan a través de interacciones

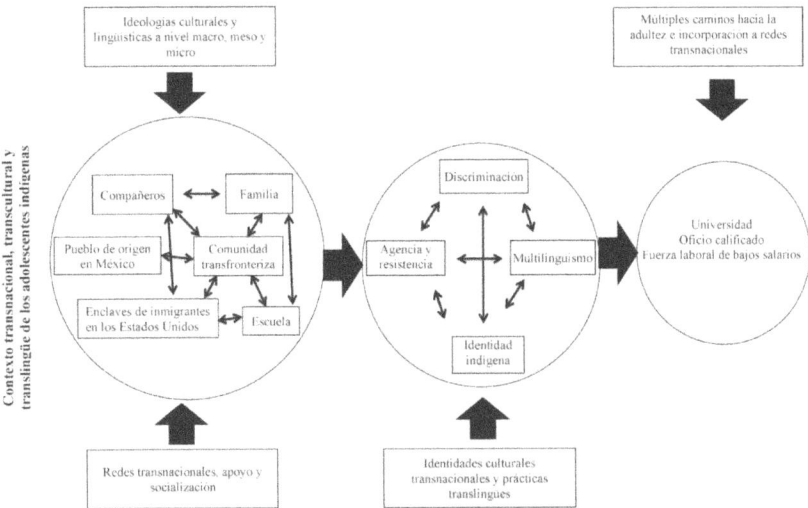

Figura 3.1 Modelo conceptual de la identidad racioétnica transcultural y el desarrollo translingüe de los jóvenes indígenas

dentro de varios sistemas – individual, familiar, escolar, comunitario y social – que encarnan elementos de sus experiencias indígenas, mexicanas e inmigrantes.

Para ampliar los marcos teóricos presentados en esta sección, en los Capítulos 4 a 6 nos centraremos en cuatro dimensiones psicosociales de la experiencia de los adolescentes indígenas mexicanos en los Estados Unidos: marginalidad y estigma, actitudes culturales e identidad indígena, multilingüismo y valores y prácticas educativas. La Figura 3.1 proporciona un resumen de nuestro marco conceptual. En nuestro modelo postulamos que el tipo de marginalidad y estigma, el proceso de formación de la identidad étnica y los tipos de multilingüismo y valores y prácticas educativas son cualitativamente diferentes y distintos de los de los inmigrantes mexicanos no indígenas y otros estudiantes étnicos minorizados en estudios de investigación anteriores. Por lo tanto, planteamos la hipótesis de un tipo diferente de relación entre estas características psicosociales y los caminos educativos. En la siguiente sección analizamos investigaciones previas sobre estas cuatro dimensiones que son centrales para nuestro marco conceptual.

Multilingüismo Dinámico

Los entornos sociolingüísticos donde crecen los jóvenes indígenas e inmigrantes no son sólo bilingües o multilingües, sino que son mucho más complejos (Hornberger, 2002; Makoni *et al.*, 2007; McCarty *et al.*, 2013). Los jóvenes indígenas e inmigrantes muestran y disfrazan competencias lingüísticas mientras interactúan, disputan y co-construyen ideologías lingüísticas, oportunidades de aprendizaje de idiomas y la dinámica interaccional fluida que los rodea (Mendoza-Denton, 2008). Las comunidades indígenas, al igual que las comunidades de inmigrantes, comúnmente negocian tensiones relacionadas con la pérdida de lenguas heredadas, dando esperanzas de mantener fondos únicos de conocimiento y fomentar fuertes relaciones intergeneracionales de confianza dentro y fuera de la escuela (González et al., 2005; Wong-Fillmore, 1991). Incluso en entornos indígenas que son aparentemente homogéneos y remotos, la dinámica del cambio de idioma, la escolarización, la migración y las culturas de presión de los compañeros puede reflejar de manera importante la que se encuentra dentro de las redes sociales de inmigrantes en diversas áreas urbanas (Wyman, 2012, 2013a, 2013b).

Un marco teórico transcultural y translingüístico proporciona una comprensión integral del desarrollo de la identidad y el multilingüismo de los adolescentes indígenas mexicanos en los Estados Unidos. Este marco reconoce la compleja interacción de sus experiencias culturales, lingüísticas y de inmigración en la configuración de sus identidades y repertorios lingüísticos. En el contexto de la experiencia de estos adolescentes, el modelo continuo de alfabetización bilingüe sugiere que su desarrollo alfabetizador involucra no sólo su lengua indígena y el español sino también el inglés y la interacción entre estos idiomas da forma a sus prácticas de alfabetización.

El concepto de multilingüismo en estos adolescentes se comprende mejor a través de la noción de bilingüismo dinámico y heteroglosia de Flores y Schissel (2014), que reconoce la naturaleza fluida y dinámica del bilingüismo en contextos multilingües y enfatiza las múltiples voces, lenguas y dialectos que los hablantes multilingües aportan en sus repertorios lingüísticos. Además, el trabajo de Hornberger (2007) sobre alfabetización bilingüe, transnacionalismo, multimodalidad e identidad proporciona un marco para comprender el desarrollo de la alfabetización de estos adolescentes en múltiples idiomas. Este modelo postula que el desarrollo de la alfabetización bilingüe es un proceso dinámico que involucra varios factores lingüísticos, cognitivos y socioculturales (Hornberger y Link, 2012).

Ecología del lenguaje

Según Skutnabb-Kangas (2000), los sistemas educativos operan bajo la premisa de ideologías de deficiencia cultural que devalúan la herencia lingüística y cultural de los estudiantes minorizados. Los estudiantes indígenas multilingües que ingresan a las escuelas públicas de EE. UU. generalmente se caracterizan como 'con dominio limitado del inglés'. Esta etiqueta plantea la importancia del idioma inglés y denota el idioma materno de los estudiantes como un impedimento para el éxito educativo. Los maestros a menudo desaniman a los padres indígenas de usar su lengua indígena, alegando que interfiere con el éxito académico de sus hijos (Machado-Casas, 2009; Machado-Casas y Flores, 2011). Estas complejas formas de racismo a menudo resultan en una pérdida gradual de la lengua indígena entre los jóvenes indígenas. Las ricas experiencias lingüísticas de los jóvenes inmigrantes indígenas a menudo se ven complicadas por una ignorancia y discriminación que construyen su trilingüismo emergente como un déficit más que como una ventaja.

Centrándose en cómo los contextos pueden promover las lenguas indígenas, el concepto de Hornberger (2009) de 'ecología de la lengua' es una construcción metafórica útil que establece paralelismos entre el ecosistema natural y el paisaje lingüístico. Así como un ecosistema comprende diversas especies que interactúan dentro de un entorno específico, una ecología lingüística implica que múltiples lenguas coexistan e interactúen dentro de un medio social. Esta perspectiva reconoce las lenguas como entidades vivas que evolucionan, se adaptan y en ocasiones se ponen en peligro o se extinguen, influenciadas por factores sociopolíticos y culturales.

De manera similar a la noción de raciolingüística de Rosa (2019), la idea de 'ecología de lengua' se extiende mucho más allá de la mera catalogación de lenguas dentro de una comunidad. Profundiza en las intrincadas relaciones entre estos idiomas, las dinámicas de poder en juego y las consecuencias de estas dinámicas a nivel individual y comunitario. Este enfoque es particularmente significativo en sociedades multilingües donde varias lenguas están en constante interacción, a menudo con estatus y poder desiguales, de modo que las ideologías lingüísticas privilegian ciertas lenguas sobre otras. Pero los contextos locales micro, meso y macro con la frontera Estado-nación de EE. UU. son solo una parte de las ecologías lingüísticas de los jóvenes inmigrantes. Las redes e influencias transfronterizas también juegan un papel clave.

Socialización lingüística transnacional

Dados los contextos transnacionales dentro de los cuales viven muchos adolescentes indígenas mexicanos (Kearney, 2000; Stephens, 2007; Velasco Ortiz, 2005), el desarrollo de su identidad y el multilingüismo también están influenciados por sus conexiones con su tierra natal y la comunidad global. Estas conexiones transnacionales pueden moldear su socialización y sus prácticas lingüísticas de manera dinámica. El lenguaje no es sólo una herramienta de comunicación sino también un medio de socialización en normas, valores e identidades culturales. Los adolescentes indígenas mexicanos son socializados en sus lenguas y culturas indígenas, así como en inglés y la cultura estadounidense, a través de sus interacciones con familiares, compañeros, maestros y otras personas en los EE. UU. y México (Baquedano-López, 2021; Baquedano-López y Méndez, 2023; Barillas-Chón, 2010). Ampliando los conceptos de translenguaje y bilingüismo dinámico, nuestro marco ve el multilingüismo como una práctica fluida y dependiente del contexto en lugar de un atributo fijo (García, 2009; Martínez y Mesinas, 2019).

Los adolescentes indígenas mexicanos adquieren sus idiomas no sólo a través de una instrucción explícita sino también a través de la inmersión en interacciones sociales multilingües dentro de sus familias, comunidades y redes transnacionales. El concepto de translenguaje de García (2009) proporciona un marco para comprender las prácticas multilingües de estos adolescentes. Navegan por un panorama lingüístico complejo, aprovechando todo su repertorio lingüístico, que puede incluir lenguas indígenas, español e inglés. El translenguaje enfatiza la naturaleza fluida y dinámica de sus prácticas lingüísticas, reconociendo el valor de todos los recursos lingüísticos que aportan a su comunicación (García, 2009). El translenguaje reconoce que los individuos bilingües no compartimentan sus idiomas, sino que utilizan todo su repertorio lingüístico de una manera fluida e interconectada. Hornberger (2001) encuentra que el desarrollo multi-alfabetización va más allá de la adquisición de habilidades de alfabetización en múltiples idiomas; implica el desarrollo de una comprensión más profunda de las prácticas culturales y sociales asociadas con estos idiomas. Para los adolescentes indígenas mexicanos, sus prácticas de alfabetización en sus lenguas indígenas, español e inglés están conectadas con sus identidades y prácticas culturales.

Marginalización Sistémica, Agencia y Resistencia

Los modelos ecológicos e interaccionistas de desarrollo infantil sugieren que el desarrollo de los niños está moldeado no sólo por la familia sino también por las instituciones sociales (García Coll *et al.*, 1996; García Coll y Szalacha, 2004). El modelo integrador de competencias de desarrollo sugiere además que el desarrollo cognitivo, emocional y conductual de los niños se ve profundamente afectado por la estratificación socioeconómica, el racismo, la discriminación y por contextos escolares y comunitarios que promueven o inhiben el desarrollo positivo.

El modelo integrador de competencias de desarrollo también conceptualiza la diversidad cultural como un recurso de desarrollo (García Coll *et al.*, 1996; García Coll y Szalacha, 2004). Algunas de las cualidades que se han observado en las familias inmigrantes y que tienen una influencia positiva en el desarrollo de los niños incluyen la cohesión familiar, la obligación familiar, el orgullo étnico y una alta valoración de la escolarización. Navegar por múltiples sistemas culturales y lingüísticos parece generar múltiples beneficios para el desarrollo. Cada vez más, los estudios muestran que el bilingüismo puede respaldar el crecimiento cognitivo al mejorar las habilidades metalingüísticas y el dominio del idioma (Diaz y Klinger, 1991). Además, los niños bilingües exhiben una mayor adaptabilidad y capacidad de afrontamiento y la capacidad de empatizar con personas de diferentes orígenes (Ramirez, 1983). Los niños bilingües demuestran resiliencia mientras navegan con éxito por los múltiples mundos que encuentran en el hogar, la escuela y los vecindarios (Cooper *et al.*, 1995, 1998). García Coll *et al.* (1996) sostienen que las concepciones de competencia para el desarrollo deberían incluir habilidades adicionales, como la capacidad de los niños para funcionar en contextos multiculturales y hacer frente al racismo, la discriminación y la segregación. Sugieren que los niños necesitan competencias tanto culturales específicas como biculturales para aprender los códigos apropiados para ambas culturas (García Coll *et al.*, 1995; LaFromboise *et al.*, 1993). Cooper (2003) y Cooper *et al.* (2002) sostienen que, para desarrollar las competencias para funcionar en dos o más culturas, los jóvenes inmigrantes necesitan el apoyo de individuos clave en sus múltiples mundos sociales.

Nuestro modelo conceptual de desarrollo juvenil considera los prejuicios, el racismo, la discriminación y la opresión como centrales para comprender las experiencias de los adolescentes indígenas (García Coll *et al.*, 1996). Examinamos las influencias socioculturales e históricas mutuas en los contextos actuales y las estructuras familiares, papeles, valores y socializaciones raciales/étnicas en el desarrollo de los adolescentes indígenas. La forma en que los adolescentes percibieron la discriminación fue crucial para comprender el desarrollo de los jóvenes indígenas, ya que la discriminación étnica y racial está constantemente presente en las vidas de los jóvenes inmigrantes indígenas mexicanos en los medios de comunicación, las escuelas, las políticas gubernamentales y los diálogos nacionales (Castañeda, 2004; Fox y Rivera-Salgado, 2004; Portes y Rumbaut, 2001; Suárez-Orozco y Suárez-Orozco, 2001).

La discriminación étnica y racial consiste en un trato injusto basado en prejuicios y conceptos erróneos raciales y étnicos (García Coll *et al.*, 1996). Los adolescentes minorizados experimentan estereotipos étnicos y raciales negativos en sus escuelas con sus compañeros y profesores (Tatum, 1997). Hasta cierto punto, los adolescentes minorizados internalizan estos estereotipos, un proceso que tiene consecuencias para el desarrollo y la comprensión de la propia identidad étnica o racial (García Coll *et al.*, 1996; Tatum, 1997). Para los estudiantes de origen indígena, los insultos racializados contra ellos están muy extendidos (Barrillas-Chón, 2010; Gálvez-Hard, 2006; Kovats, 2010; Ruiz y Barajas, 2012; Stephen, 2007). Los estudiantes indígenas continúan experimentando el legado histórico de opresión de México a medida que persisten los prejuicios anti-indígenas entre los mexicanos no indígenas que emigran a los Estados Unidos. Así, el desarrollo de los adolescentes indígenas está moldeado por las influencias mutuas de influencias socioculturales e históricas sobre los contextos y estructuras familiares, papeles, valores y socializaciones raciales/étnicas (García Coll *et al.*, 1996).

Los jóvenes indígenas mexicanos enfrentan discriminación en sus múltiples mundos, pero a menudo carecen de apoyo que los ayude a afrontar la situación. Por ejemplo, Casanova (2011) encontró que el estrés y la depresión eran mayores entre los jóvenes inmigrantes yucatecos-maya en Estados Unidos en comparación con aquellos que permanecen en los pueblos de origen en México. Los adolescentes yucatecos-mayas que viven en los Estados Unidos son llamados nombres racialmente insultantes, se burlan de su apariencia, se burlan de ellos por hablar español con un 'acento' yucateco-maya y son vistos como poco inteligentes en comparación con los adolescentes inmigrantes mexicanos no indígenas (Casanova, 2011; Farr, 2006; Serrano-Carreto y Fernandez-Ham, 2003). Casanova (2011) también encontró que los adolescentes yucatecos-mayas en los Estados Unidos experimentaron más discriminación entre compañeros y adultos y se sintieron más molestos y angustiados debido a la discriminación por parte de compañeros y adultos que los adolescentes inmigrantes mexicanos no indígenas. Estos hallazgos resaltan el impacto perjudicial no solo de la discriminación intergrupal de varios grupos de adolescentes no latinos sino también de la discriminación intragrupo que experimentan los adolescentes indígenas de compañeros mexicanos no indígenas.

Aparición de una conciencia crítica

Estudios anteriores indicaron que los inmigrantes adultos indígenas ocultaban su lengua y cultura para obtener oportunidades sociales y económicas, como los trabajadores zapotecos que se rizaban y pintaban el cabello para cambiar su apariencia indígena o afirmaban ser sólo hispanohablantes o ser de estados distintos de Oaxaca (Smith, 1995). Aunque estaban orgullosos de quiénes eran y de dónde venían, disfrazaron su identidad ante la discriminación. Otro estudio encontró que los p'urhépechas adultos generalmente no hablan p'urhépecha en público y no usan ropa que pueda indicar su origen indígena (Swanson *et al.*, 2006). Algunos sintieron que no importa cuánto lo intenten, su identidad indígena se revela en el momento en que hablan español con un 'acento' indígena. En un estudio, los inmigrantes adultos mayas parecían preferir ocultar su lengua e identidad indígena para evitar ser devaluados por otros (LeBaron, 2012). Al igual que p'urhépechas, algunos mayas sintieron que era prácticamente imposible ocultar su origen indígena porque la gente siempre lo sabrá *por su apariencia y su forma de hablar.*

Trabajos recientes indican que los adolescentes indígenas mexicanos han comenzado a desarrollar una conciencia crítica mientras navegan por sus experiencias de marginación y discriminación. Esta conciencia crítica, que incluye una comprensión de las desigualdades sociales y un deseo de cambio social, puede moldear sus identidades y prácticas lingüísticas. Por ejemplo, la conciencia de la estigmatización y la discriminación no siempre conduce a la internalización de estereotipos negativos, lo que sugiere una interacción compleja de factores internos, externos y contextuales que influyen en el desarrollo de la identidad étnica de adolescentes y la consolidación de identidades múltiples en autoconceptos (Quintana et al., 2010). Las influencias familiares, intraétnicas e interétnicas dan forma al surgimiento de autoconceptos étnicos que pueden ser culturales, trascender la etnicidad, o estigmatizarse. Los adolescentes mexicanos con un alto respeto por su grupo étnico son más felices y menos ansiosos, lo que sugiere un papel protector de la identidad étnica como amortiguador contra demandas estresantes (Kiang et al., 2006). De manera similar, el descuento proactivo de los estereotipos y la discriminación se relaciona positivamente con los sentimientos de los estudiantes de mayor confianza en su futuro (Phinney y Chavira, 1995).

Los procesos de identidad étnica y la discriminación percibida pueden diferir para los adolescentes indígenas mexicanos. Por ejemplo, para los adolescentes yucatecos-maya, la identidad étnica no parece influir en la cantidad de discriminación que perciben (Casanova, 2011). Los estudios han identificado la identidad étnica como 'blindaje' de discriminación percibida; por lo tanto, tener una identidad étnica fuerte sirve para desvincular a los adolescentes del agotador y angustioso proceso de percibir discriminación (Gonzalez, 2009; Kiang et al., 2006; Mossakowski, 2003; Padilla, 2008; Romero y Roberts, 2003). Los adolescentes indígenas no parecen procesar la discriminación percibida de la misma manera y, por lo tanto, la identidad étnica puede no funcionar como un amortiguador para ellos (Casanova, 2011).

Agencia y Resiliencia

A pesar de los desafíos que enfrentan, los adolescentes indígenas mexicanos a menudo demuestran resiliencia y agencia en el desarrollo de su identidad y adquisición del lenguaje. Afirman sus identidades indígenas, mantienen sus lenguas indígenas y crean nuevas identidades híbridas que integran elementos de sus culturas indígena y anglosajona (Figura 3.2). Por ejemplo, según Machado-Casas (2012), las familias indígenas de América Latina adoptan identidades multiculturales fluidas para camuflarse y protegerse de la discriminación. Machado-Casas sugiere que los padres indígenas instruyen a sus hijos a adaptarse socialmente a diferentes individuos y situaciones. Machado-Casas llama a esta estrategia 'pedagogía del camaleón'. Los padres enseñan a sus hijos a cambiar y ajustar siempre su comportamiento como un

Figura 3.2 Jóvenes indígenas participan en eventos culturales oaxaqueños en Los Ángeles, California. © William Pérez

camaleón. Pueden utilizar su lengua indígena en casa, pero fuera sólo deben hablar español o inglés. Fuera del hogar, el comportamiento camaleónico es necesario para acceder a los recursos y encajar. La pedagogía del camaleón incluye aprender lo que es un espacio 'seguro' y cuándo emplear una identidad fluida para pasar por no indígena, pero no necesariamente indica una perpetuación de un sentido internalizado de inferioridad o vergüenza (Machado-Casas, 2012). Los inmigrantes indígenas confían en la pedagogía del camaleón en sus transacciones socioculturales y lingüísticas diarias (Machado-Casas, 2012). Con base en sus experiencias pasadas en México y como inmigrantes en los Estados Unidos, los padres indígenas socializan a sus hijos para aprender a navegar en múltiples espacios e idiomas para que puedan funcionar en múltiples mundos como individuos transnacionales y adaptarse a diferentes entornos equipados para enfrentar un trato opresivo en la sociedad.

Para evitar la discriminación, los estudiantes indígenas mexicanos intentan pasar desapercibidos en la escuela. Estudios anteriores han encontrado que los estudiantes no le dicen a su maestro que la familia habla mixteco o que son de Oaxaca (Ruiz y Barajas, 2012). De manera similar, Smith (1995) encontró que las encuestas sobre el idioma escolar de los niños zapotecos enumeran el idioma materno como español a pesar de que viven en hogares donde la mayor parte de la comunicación es en zapoteco. Kovats (2010) también encontró que en varias escuelas primarias de una comunidad con una alta población de habla mixteco, solo el 2%–3% de los estudiantes de inglés informaron que el mixteco se hablaba en casa. Por lo tanto, es probable que incluso entre los pocos distritos escolares que han desarrollado políticas para contar a los estudiantes indígenas, muchos más estudiantes provengan de orígenes indígenas de lo que se indica en el informe demográfico de las escuelas (Kovats, 2010). Esta representación falsificada intencionada también hace que sea extremadamente difícil saber cuántos inmigrantes indígenas hay en los Estados Unidos, y mucho menos de qué grupo lingüístico (Smith, 1995).

En el patio de recreo, los estudiantes indígenas intentan hacerse pasar por mexicanos y abstenerse de hablar su idioma para evitar la discriminación y el acoso de sus compañeros y estas mismas estrategias se utilizan dentro del aula para permanecer invisibles, lo que crea un nuevo conjunto de desafíos. Su estrategia de supervivencia es no contarle a nadie sobre sus antecedentes, incluidos los profesores (Kovats, 2010). Stephen (2007) encontró que en las preparatorias que apoyan a los estudiantes indígenas mexicanos, los jóvenes con identidad nacional y étnica tienen más probabilidades de expresar abiertamente tales identidades. En las escuelas con una mayoría de inmigrantes mexicanos, es más probable que estén socialmente segregados y sean pocos abiertos a reconocer sus raíces indígenas (Stephen, 2007).

La discriminación étnica y racial también consiste en exclusiones sistemáticas de recursos específicos y límites al acceso a esos recursos (García Coll *et al.*, 1996). Por lo tanto, la discriminación étnica y racial no es sólo una ideología o prejuicio personal, sino que se institucionaliza a través de políticas, políticas y prácticas que favorecen a las personas o grupos en el poder y ponen a las minorías raciales/étnicas en desventaja (Tatum, 1997). La rica diversidad lingüística y étnica entre los inmigrantes mexicanos es en gran medida invisible en las escuelas públicas estadounidenses. El sistema escolar ve a los estudiantes mexicanos como un grupo homogéneo y asume que todos son *mestizos* de habla hispana. Cuando las escuelas utilizan categorías demográficas genéricas, pueden pasar por alto identidades importantes (indígenas) y conexiones de la vida de los jóvenes en la escuela con sus familias y comunidades que pueden respaldar sus caminos de desarrollo (Cooper *et al.*, 2005). Muchas escuelas luchan por llegar a los padres inmigrantes indígenas que hablan algo de inglés y español. La falta de comprensión cultural agrava este desafío al excluir las preocupaciones de los estudiantes indígenas y sus familias (Kovats, 2010).

El concepto de arquitectura lingüística de Rosa (2019) enfatiza las dimensiones sociopolíticas del multilingüismo. Sostiene que las prácticas multilingües están moldeadas por estructuras sociales y políticas más amplias, que son particularmente relevantes para los adolescentes indígenas mexicanos que navegan por los paisajes lingüísticos de Estados Unidos. Las experiencias de lengua e identidad de los adolescentes indígenas mexicanos están moldeadas por percepciones sociales de raza y estas percepciones pueden marginar las lenguas e identidades indígenas (Flores y Rosa, 2015).

La intersección de las ideologías raciolingüísticas de Flores y Rosa (2015), la resistencia cultural de Urrieta (2009), la teoría de los sistemas ecológicos de García Coll *et al.* (1996) y el concepto de doble marginación de Baquedano-López y Gong (2022) iluminan la naturaleza sistémica de la marginación y la agencia de estos adolescentes para resistirlo. Se enfrentan a desafíos no sólo a nivel individual sino también a nivel de estructuras sociales, pero emplean activamente sus prácticas culturales y sus idiomas como formas de resistencia, afirmando sus identidades y desafiando las ideologías dominantes. Estas prácticas multilingües de los adolescentes no son simplemente herramientas de comunicación sino también poderosos marcadores de identidad, desafiando las perspectivas deficitarias que a menudo afectan a los estudiantes de color.

Implicaciones para el acceso y el éxito educativo

Los valores y comportamientos que expresan apoyo mutuo, lealtad y obligación en la vida familiar desempeñan un papel central en muchas tradiciones culturales. En estas tradiciones culturales conocidas como familismo, se espera que los adolescentes muestren apoyo, respeto y deferencia hacia los miembros de la familia, especialmente hacia sus padres y mayores (Azmitia *et al.*, 2009; Baca Zinn, 1982; Fuligni, 2007). Se considera que los logros o fracasos de los adolescentes traen orgullo o vergüenza, respectivamente, a sus familias y comunidades en lugar de significar su autonomía o independencia de ellas. El familismo ha sido considerado un beneficio para las familias inmigrantes y étnicas minorizadas, especialmente aquellas con antecedentes de inmigración, empobrecimiento y/o racismo (Fuligni, 2007; Harrison *et al.*, 1990). El sentido de obligación que sienten los jóvenes inmigrantes de obtener buenos resultados en la escuela y asistir a la universidad para 'devolverle algo' a sus familias y comunidades es una expresión de valores familiares (Phinney *et al.*, 2005). Nicolás (2012) encontró que entre los jóvenes universitarios zapotecos, la mayoría eran los primeros en su familia o incluso en su pueblo en acceder a la educación superior y, como resultado, sentían la obligación de continuar trabajando para el mejoramiento de su comunidad.

El sistema educativo etiqueta a los mexicanos indígenas con inglés limitado como estudiantes aprendices del inglés. Hay dos suposiciones que a menudo entran en juego: primero, que estos estudiantes hablan únicamente español en casa y, segundo, que las estructuras y programas educativos ya existentes son adecuados para sus multi-alfabetizaciones que varían dependiendo de la socialización del idioma en casa y los años de escolaridad en México y/o Estados Unidos (Velasco, 2010). Muchos niños indígenas son colocados en programas de educación bilingüe creados originalmente para estudiantes que tienen una base de alfabetización en español o inglés y que provienen de familias familiarizadas con la lectura y la escritura (Velasco, 2010). Dado que la lengua indígena de los estudiantes no está representada en estas aulas, se ven obligados a aprender español e inglés simultáneamente. En un estudio anterior, estudiantes inmigrantes mexicanos yucatecos-mayas indicaron que aprender inglés como segunda o tercera lengua era su mayor desafío (Casanova, 2010).

Desarrollar tres idiomas simultáneamente sin ningún apoyo es un desafío significativo para los estudiantes y puede impedir el éxito académico (Pacheco, 2010). En un estudio, los resultados de un examen estatal de California titulada *California Standards Test*, indicaron que la mayoría de los estudiantes mixtecos se encontraban a un nivel de dominio muy por debajo del básico y ninguno se encontraba en el nivel competente o avanzado. El empobrecimiento y la multi-alfabetización limitada de los padres complican aún más su rendimiento académico (Pacheco, 2010).

Los estudiantes indígenas de nuestro estudio hablan lenguas que no son mutuamente inteligibles y que pertenecen a diferentes grupos lingüísticos. El mixteco y el zapoteco son lenguas tonales, mientras que el p'urhépecha es una lengua de acentuación (Velasco, 2010). Los niños indígenas que provienen de las culturas zapoteca, mixteca y p'urhépecha tienen una rica tradición oral, donde es común la transmisión de historias, épicas y mitos (Roscoe, 1977). La tradición oral se basa en gran medida en la memoria, los dispositivos mnemotécnicos y el ritmo y la entonación como herramientas para contar narrativas que han sufrido pocas modificaciones a lo largo de generaciones (Havelock, 1977). Para los estudiantes indígenas, la exposición continua a la escritura desencadena una transformación del mundo del sonido al mundo de la vista (Ong, 2002). La integración de la escritura en una cultura transforma la forma en que se estructuran y procesan las narrativas y sus características contrastan con las narrativas orales. Los niños provenientes de culturas orales requieren docentes que puedan mediar en su transición lingüística (Velasco, 2010).

El apoyo al aprendizaje del idioma inglés es particularmente escaso para los estudiantes p'urhépecha cuyas familias se han establecido en nuevas ciudades de destino de inmigrantes en la región sureste de los Estados Unidos (Leco Tomás *et al.*, 2013). En Burnsville, Carolina del Norte, la mayoría de los niños p'urhépecha tienen habilidades multilingües emergentes, no sólo en inglés sino también en p'urhépecha y en español (Leco Tomás *et al.*, 2013; Swanson *et al.*, 2006). En las conferencias de padres, los padres que hablan p'urhépecha informan que usan solo español, pero para la mayoría, la alfabetización emergente en inglés y español, así como el estatus de indocumentado, son barreras importantes. Debido a dificultades económicas, niños de tan solo 10 años abandonan la escuela para trabajar junto a sus padres (Cortina, 2008; Leco Tomás *et al.*, 2013).

Sabemos muy poco sobre los caminos de los jóvenes indígenas mexicanos hacia la educación superior. Los padres quieren que a sus hijos les vaya bien en la escuela para que no tengan que trabajar en el mismo tipo de trabajos manuales, pero la falta de información y los conceptos erróneos sobre el proceso son desafíos. A lo largo de los años, sólo unos pocos adultos jóvenes han podido asistir y graduarse de la universidad entre las comunidades p'urhépechas en la región sureste de los Estados Unidos (Leco Tomás *et al.*, 2008). Tomás y sus colegas descubrieron que muchos jóvenes p'urhépechas no recibieron ninguna información o asistencia para comprender cómo la universidad podría ser un camino hacia una vida mejor. Un joven en su estudio expresó pesimismo sobre el acceso a la educación superior, '[La universidad] no es para nosotros. Es muy difícil ir a la universidad. Necesitas mucho dinero. Tienes que solicitar préstamos bancarios y luego tienes que devolverlos durante muchos años.' Aún no está claro cuándo los desafíos, como los episodios racistas, sirven como motivador o como obstáculo (Sellers *et al.*, 2006). Estas tendencias sugieren la necesidad de identificar 'caminos de segunda oportunidad' para los jóvenes que abandonan la escuela debido a la falta de información, el racismo o la necesidad de trabajar para mantener a sus familias.

Pedagogía inclusiva para apoyar los recursos culturales y las fortalezas adaptativas

Suárez-Orozco (2001) postula que el proceso de aculturación impacta el desarrollo de la identidad, enfatizando las fortalezas adaptativas que los inmigrantes aportan a sus nuevos contextos culturales. Los adolescentes indígenas mexicanos aportan importantes recursos culturales al desarrollo de su identidad y adquisición del lenguaje. Estos recursos incluyen sus lenguas indígenas, prácticas culturales y conexiones comunitarias. Las escuelas y otras instituciones pueden apoyar el desarrollo de los adolescentes reconociendo y valorando estos recursos. La ecología del lenguaje de Hornberger (2002), las ideologías raciolingüísticas de Flores y Rosa (2015) y el aprendizaje a través de la participación de Rogoff (2003) exigen colectivamente un enfoque pedagógico inclusivo y receptivo. Esto implica reconocer y valorar los diversos recursos lingüísticos y culturales de estos adolescentes, desafiar los supuestos racializados y fomentar ricas oportunidades de aprendizaje que afirmen sus identidades e idiomas. El trabajo de Flores y Rosa (2015) sobre ideologías raciolingüísticas desafía las perspectivas deficitarias y los supuestos racializados que a menudo influyen en las percepciones de las habilidades lingüísticas de los estudiantes de color.

Resumen y Conclusión

En conclusión, el desarrollo de la identidad y el multilingüismo de los adolescentes indígenas mexicanos en las escuelas estadounidenses se pueden entender mejor a través de un marco transcultural y translingüístico que reconozca la compleja interacción de factores culturales, lingüísticos y sociales en la configuración de las identidades y prácticas lingüísticas de estos adolescentes. Destaca las múltiples capas de influencia, desde estructuras sociales a nivel macro hasta experiencias individuales a nivel micro, y reconoce la agencia de los adolescentes en la navegación de estas influencias para construir sus identidades y prácticas lingüísticas. Este marco proporciona un enfoque integral y matizado para comprender las experiencias de los adolescentes indígenas mexicanos en los EE. UU., arrojando luz sobre las diversas formas en que negocian sus identidades y el uso del lenguaje dentro de sus contextos de múltiples capas. Este marco también enfatiza el papel activo de los adolescentes en la negociación y construcción de sus identidades y prácticas lingüísticas dentro de sus contextos socioculturales y educativos. Este marco ampliado reconoce las complejidades y los desafíos del desarrollo de la identidad y el multilingüismo para los adolescentes indígenas mexicanos en los EE. UU., al mismo tiempo que destaca la resiliencia, la agencia y los beneficios culturales que estos adolescentes aportan a sus experiencias. También enfatiza la importancia de entornos de apoyo que afirmen las identidades y lenguas indígenas, fomenten la conciencia crítica y valoren las experiencias transnacionales de los adolescentes indígenas mexicanos.

Al integrar estas perspectivas, nuestro marco propuesto enfatiza la naturaleza fluida, dinámica e interconectada del desarrollo de la identidad y el multilingüismo entre los adolescentes indígenas mexicanos en los EE. UU. Este marco reconoce los contextos transnacionales, culturales y sociopolíticos que dan forma a sus experiencias y valora los diversos recursos lingüísticos y culturales que aportan a sus comunidades. Al integrar estas dimensiones adicionales, el marco obtiene una comprensión más holística y matizada de las experiencias de los adolescentes indígenas mexicanos. El desarrollo de su identidad y el multilingüismo no son procesos aislados, sino que están interconectados e integrados en sus contextos culturales, sociales y políticos.

Por lo tanto, este marco integral puede informar prácticas y políticas educativas culturalmente sensibles e inclusivas, afirmando las identidades y lenguas de los adolescentes indígenas mexicanos en los EE. UU. El marco exige un enfoque basado en ventajas que valore los recursos lingüísticos y culturales que aportan estos adolescentes, desafiando las perspectivas deficitarias y las suposiciones racializadas.

4 Mixtecos

La región mixteca en México cubre partes de los estados de Guerrero y Puebla y, en mayor proporción, el estado de Oaxaca (Mindek, 2003). Los mixtecos comenzaron a emigrar a Estados Unidos en la década de 1940 como parte del Programa Bracero (Poole, 2004). A partir de la década de 1960, un número cada vez mayor abandonó sus hogares en la región mixteca de Oaxaca en busca de trabajo agrícola estacional en el noroeste de México y el suroeste de Estados Unidos. Debido a cambios en las políticas migratorias estadounidenses durante la década de 1980, como la Ley de Control y Reforma Migratoria (IRCA, por sus siglas en inglés) de 1986, se alteró el estatus legal de los trabajadores agrícolas mixtecos en California, Oregón y Washington, lo que resultó en el asentamiento permanente de grandes comunidades mixtecas en Estados Unidos (Velasco Ortiz, 2005).

Desde 1980 se estima que 100,000 mixtecos se han establecido en Estados Unidos (Poole, 2004). En California, las estimaciones de hablantes mixtecos varían entre 82,000 y 125,000 (Young et al., 2019). Las áreas de California con grandes poblaciones mixtecas incluyen el Valle de Santa María y Guadalupe en el condado de Santa Bárbara, Sacramento, Madera, Fresno, Selma, Kerman, Arvin/Lamont, Oxnard y San Diego (Burns, 2006; Magagnini, 2002). Los mixtecos generalmente migran a zonas rurales y trabajan principalmente en la industria agrícola (Rivera-Salgado, 1999; Runsten y Kearney, 1994; Zabin et al., 1993). Suelen trabajar en el cultivo de flores, cítricos, aguacates, tomates, fresas y viveros y por periodos de tiempo más cortos en diferentes localidades porque siguen temporadas de cosecha. A menudo son objeto de violaciones laborales mientras trabajan en el campo (Poole, 2004).

En este capítulo discutiremos nuestros hallazgos para estudiantes mixtecos. La primera sección proporciona una descripción de las comunidades de origen y las características demográficas de los estudiantes. A continuación, presentamos hallazgos organizados en torno a las cuatro dimensiones clave de nuestro modelo conceptual de desarrollo psicosocial de los jóvenes indígenas: identidad etnorracial transcultural, multilingüismo dinámico y agencia y resiliencia. En la discusión de los análisis cuantitativos, comparamos los tres grupos para resaltar diferencias y similitudes. Seguimos el mismo enfoque en los Capítulos 5 y 6.

Todas las tablas a las que se hace referencia en el resto del libro se encuentran en el Apéndice A. La Tabla A.1 describe la demografía de los padres y los hogares de los encuestados del estudio. Utilizando una versión modificada de la clasificación de categorías ocupacionales de Hollingshead (1957, 1971), las ocupaciones de madres y padres de los participantes se clasificaron utilizando una escala de 0 (padre que se queda en casa) a 5 (ejecutivos superiores, gerentes comerciales). En todos los grupos, el prestigio ocupacional de madres y padres era bajo. Aproximadamente una de cada cuatro madres mixtecas era ama de casa. Las madres mixtecas tenían el mayor porcentaje de empleo a tiempo completo. Los padres mixtecos tenían la tasa de empleo a tiempo completo más alta. La mayoría de las madres mixtecas reportaron niveles bajos de uso del idioma inglés. De manera similar, los padres mixtecos reportaron niveles más bajos de uso del idioma inglés que los padres zapotecos. Los padres indígenas tenían más probabilidades de provenir de áreas rurales/suburbanas. En todos los grupos, el tamaño promedio de los hogares varió entre 5.6 a 6.3. La mayoría de los participantes vivían en un hogar con dos padres.

Al resumir las características demográficas de los jóvenes, en promedio, los participantes tenían alrededor de 15 años de edad. Menos de la mitad (44%) de los mixtecos nacieron en México y emigraron a los Estados Unidos a los 9 años o más. Entre los nacidos en México, los mixtecos eran mayores cuando emigraron por primera vez a los Estados Unidos (media [M] = 9.2 años) en comparación con los zapotecos (M = 6.5 años) y los p'urhépechas (M = 6.4 años). Aproximadamente tres cuartas partes de los zapotecos (74.7%) nacieron en Estados Unidos. Aproximadamente la mitad de los mixtecos (49%) asistieron a la escuela en México. Entre los que asistieron a la escuela en México, los mixtecos reportaron 4.3 años de escolaridad antes de emigrar (ver Tabla A.2).

En las escuelas estadounidenses a las que asistían estudiantes mixtecos, el 79% de los profesores eran blancos. Todos los estudiantes indígenas asistieron a escuelas con tasas de estudiantes con almuerzo gratis o reducido que varió entre el 67% y el 75%. También asistieron a escuelas extremadamente segregadas, como lo indica la alta población estudiantil latina en cada campus (ver Tabla A.3).

Una comparación de las características demográficas de las comunidades de origen de los encuestados en México indica que el porcentaje de poblaciones comunitarias mixtecas que son indígenas (85%) fue muy alto (Instituto Nacional de Estadística, Geografía e Informática, 2020). Las comunidades de origen mixtecas también tuvieron la caída más baja de residentes indígenas entre 2000 y 2010.

El porcentaje de hablantes de lenguas indígenas de las comunidades de origen mixtecas (43.56%) no difirió significativamente de las comunidades de origen zapoteca y p'urhépecha. Muchas comunidades y pueblos de México con altas poblaciones indígenas tienen hablantes de diferentes idiomas. Entre todos los hablantes de lenguas indígenas en las comunidades de origen mixteco, el 77.24% hablaba mixteco. Además, el segundo porcentaje más alto de hablantes de lenguas indígenas fue del 6.10%. Como se muestra en la Tabla A.5, las segundas lenguas indígenas más frecuentes en las comunidades de origen mixtecas fueron el zapoteco, el mazateco, el chinanteco, el triqui y el náhuatl. Casi el 89% de los pueblos mixtecos utilizaron el sistema indígena conocido como *usos y costumbres*, tasa que fue más del doble que la de los zapotecos (Instituto Estatal Electoral y de Participación Ciudadana de Oaxaca, 2022). La Tabla A.4 también muestra comparaciones de los niveles de pobreza de las comunidades, el nivel educativo y las tasas de 'analfabetismo' en español. Las comunidades de origen mixtecas tuvieron las tasas de pobreza más altas con un 84.28%. También tuvieron el nivel educativo más bajo entre todos los grupos (4.10 años de escolaridad). Con un 21.36%, las tasas de 'analfabetismo' en español de las comunidades mixtecas fueron las más altas. En general, los jóvenes mixtecos originaron de comunidades con altas poblaciones mixtecas y altos porcentajes de hablantes de lengua mixteca, pero también niveles muy bajos de logro educativo acompañados de niveles de pobreza muy altos. Dado el momento de recolección de datos de los estudiantes, las cifras del censo mexicano reportadas en la Tabla A.4 son de 2010, ya que coinciden mejor cronológicamente. La Figura 4.1 proporciona un mapa del estudio de la región de origen de los participantes mixtecos en México y el área de asentamiento de sus familias en los Estados Unidos.

La separación familiar fue una experiencia común para la mayoría de los estudiantes. Un entrevistado mixteco compartió que sus padres viven en México y que él y sus hermanos viven con su tío, quien es su figura paterna. Habla con su madre por teléfono dos veces al mes. La separación familiar fue una dificultad emocional, como señaló una joven mixteca: 'Fue difícil porque mis padres estaban aquí y yo en México. Tuve que quedarme con mi abuela … Los extrañé mucho.' Las separaciones también influyeron en la dinámica familiar y los vínculos emocionales, como lo explica un joven mixteco: 'Mi familia no somos cercanos. Mi hermano siempre está haciendo lo suyo y mis otros hermanos están allí [en Oaxaca] con mi mamá. Realmente no nos juntamos.'

Las dificultades económicas fueron particularmente destacadas para los jóvenes mixtecos. La mayoría se refirió o describió las dificultades de sus padres al trabajar en los campos agrícolas. Una joven mixteca compartió una historia particularmente vívida sobre el trabajo en el campo junto a su madre:

Figura 4.1 Mapa que indica el origen geográfico de los estudiantes mixtecos en México y su destino de asentamiento en los Estados Unidos.

> Fue horrible. El primer día, Dios mío, estaba tan dolorida. No pude levantarme al día siguiente. … Trabajé la mayor parte del verano. No me gustó porque me corté con las *navajas* que tenías que usar para cortar los extremos y ponerlas [fresas] en la caja. Había mucho polvo. Tengo malas alergias.

Debido a los exigentes horarios de trabajo de sus padres, los estudiantes describieron el tiempo limitado que pasaban con ellos. Cuando los padres llegan a casa, suelen estar muy cansados, por lo que se van directamente a dormir y no interactúan mucho con sus hijos.

Quizás debido a los peligros del trabajo agrícola, varios entrevistados mixtecos afirmaron que uno de los padres había muerto, generalmente el padre, durante su infancia y que nunca lo habían conocido o no lo recordaban porque eran demasiado jóvenes. Un joven compartió que su experiencia migratoria comenzó después del fallecimiento de su madre:

> Nací en Oaxaca. Cuando murió mi madre, mi padre nos trajo a Baja, California. Primero nos trajo a mi hermana pequeña y a mí a Sinaloa y luego volvimos por mis hermanos. Entonces mis hermanos vinieron aquí [Estados Unidos] y después de un año mis otros tres hermanos y yo cruzamos.

A pesar de los desafíos de las separaciones familiares, los padres que trabajan muchas horas en condiciones físicamente exigentes y viviendas llenas de gente, muchos informaron de fuertes vínculos familiares y respeto mutuo.

Identidad Racioétnica Transcultural

Las prácticas de socialización de los padres que enfatizaron la importancia de la lengua y la cultura indígena son importantes en la formación de la identidad étnica. La socialización de lenguas indígenas es un mecanismo importante para inculcar orgullo en los orígenes indígenas de los jóvenes. Como afirmó un estudiante mixteco:

> Mi papá me hizo un trato: si aprendía inglés, me enseñaría mixteco. Mi primo me está enseñando mixteco. Para practicar a veces me llama por teléfono camino al trabajo y me habla en mixteco. Puedo hablar con él, pero no mucho.

Otros estudiantes se identificaron como mixtecos debido a los esfuerzos de su familia por enfatizar la identidad indígena. Los padres utilizan una variedad de estrategias para impartir la importancia de mantener vínculos con su cultura y herencia indígena. Algunos padres llevan a sus hijos a eventos comunitarios para que puedan desarrollar un sentido de experiencias compartidas y solidaridad. Por ejemplo, una joven compartió lo siguiente:

> Todo el mundo conoce a mi mamá porque trabaja en la clínica. Desde que empezó a trabajar allí, la he estado acompañando a todos los eventos como capacitaciones y otros eventos clínicos y desde entonces me gustó trabajar con mi comunidad y ayudar siempre que puedo, como distribuir comida. Sólo entiendo un poquito de mixteco, pero lo intento por la comunidad.

Ayudar en eventos influyó en que los jóvenes desarrollaran actitudes positivas hacia su comunidad.

Otra forma importante de socialización cultural es la participación en actividades culturales indígenas. Las expresiones culturales que invocan explícitamente formas indígenas de danza, música, arte, deportes y lenguaje sirven como vehículos para que los jóvenes inmigrantes indígenas abracen su herencia indígena. Una joven dijo, 'Estoy en un grupo de baile oaxaqueño donde aprendemos todos los bailes oaxaqueños. La mayoría somos mixtecos de Oaxaca. Quería aprender más sobre la cultura oaxaqueña y representarla.' Los jóvenes mixtecos nacidos en México tenían más probabilidades de participar en actividades culturales como la danza oaxaqueña (Figura 4.2). A través de su participación pueden conocer y hacerse amigos de otros

Figura 4.2 Jóvenes mixtecos interpretan danzas tradicionales oaxaqueñas en Oxnard, California. © William Pérez.

jóvenes mixtecos que ayudan a reforzar su afinidad cultural indígena. Un estudiante mixteco se involucró mucho en eventos culturales indígenas, pero sólo después de emigrar a los Estados Unidos: 'Cuando estuve allí [Oaxaca] no sabía nada sobre lo que significa ser oaxaqueño. Fue solo después de llegar aquí que aprendí todas las cosas de las que soy parte y eso me enorgulleció mucho.' Los estudiantes nacidos en México tenían un conocimiento más amplio de las tradiciones y costumbres culturales.

La participación en actividades religiosas era otra forma de socialización cultural. Cuando los padres y otros adultos recrean en los Estados Unidos las tradiciones religiosas de sus pueblos de origen, sus hijos no sólo aprenden sobre ellas, sino que también comienzan a identificarse más fuertemente con su herencia y cultura indígena. Algunos jóvenes asumen un papel en las obras de la iglesia que relatan la vida del santo patrón de su comunidad de origen. Un estudiante mixteco describió lo siguiente:

> Yo estaba en la *danza* y siempre solíamos bailar en la iglesia. Hacen un acto [recreación] de su vida. Para el de Santiago, mi hermano pequeño interpretó el papel del *niño Dios* [bebé Jesús] y mi primo interpretó el papel de Santiago.

Aunque los jóvenes no siempre conocían la historia o los antecedentes de las ceremonias religiosas, entendían su importancia. Incluso para los jóvenes que describen a su familia como no religiosa o no practicante, los rituales religiosos se consideran culturalmente importantes, como lo explica un joven mixteco:

> Realmente no soy tan religioso, pero respetamos a Dios y especialmente a nuestro santo patrón. Seguimos las tradiciones como en *el cuatro de octubre*, vamos a la iglesia y nosotros ... ¿cómo lo dices? *Nos bendecimos* [para recibir una bendición]. Y oramos y damos gracias a Dios y a nuestro santo patrón por todo lo que tenemos.

Mientras algunos jóvenes participan en tradiciones religiosas o danzas y música culturales, otros solo reportan asistir a estos eventos. Expresaron un conocimiento limitado sobre las tradiciones culturales. También es más probable que estos jóvenes mencionen el consumo de alimentos tradicionales de sus lugares de origen en México como ejemplos principales de afinidad cultural indígena. Los mixtecos nacidos en Estados Unidos tenían menos probabilidades de participar en actividades culturales y de participar sólo ocasionalmente o de maneras más superficiales. Para los mixtecos con poca o ninguna participación cultural indígena, su principal revelación fue el festival anual *Guelaguetza*.

Los papás, particularmente los padres, a menudo participan en asociaciones de oriundos o desempeñan un papel en la gobernanza municipal indígena de su pueblo. Incluso para los jóvenes que no viajan a México con frecuencia, la participación transnacional de su familia en asociaciones de oriundos o el sistema de gobierno indígena conocido como *usos y costumbres* sirve como un recordatorio constante de su comunidad de origen y su herencia indígena. Por ejemplo, una estudiante mixteca explicó los esfuerzos de sus padres para ayudar a los necesitados en su comunidad de origen: 'Hacen una recaudación de fondos en la que das dinero que va a Oaxaca para construir cosas y ayudarlos. Ha estado sucediendo desde que era un bebé.' Los jóvenes mixtecos eran los más propensos a describir la participación de los padres en el sistema de gobernanza indígena. Un estudiante mixteco explicó lo siguiente:

> En México tienen estos comités. Mi papá hizo eso dos veces y tienes que volver al lugar donde naces y pasar todo el año y ayudar a administrar la comunidad. Fue por primera vez en 2001. Tuvo que ayudar con las finanzas de la comunidad. Varía según lo que estés designado. Si se selecciona tu nombre, debes volver para contribuir.

Otra joven mixteca señaló que la participación de su padre en el gobierno indígena de su comunidad de origen era un recordatorio constante de su origen indígena: 'El ir a reuniones para ayudar a nuestro *pueblo* en México me recuerda de dónde soy y que soy oaxaqueña.'

Utilizando medidas de identidad étnica previamente establecidas (consulte el Apéndice B para obtener más detalles sobre la escala), los participantes de la encuesta completaron un cuestionario de identidad étnica de 22 reactivos que incluía tres subescalas distintas que medían la autoestima colectiva, la afinidad y la elevación étnica. La subescala de autoestima colectiva de 10 reactivos midió hasta qué punto los encuestados tenían en alta estima a su grupo indígena. La subescala de afinidad étnica de seis reactivos midió hasta qué punto los estudiantes preferían socializar y estar cerca de otros pueblos indígenas. La subescala de elevación étnica de nueve reactivos midió hasta qué punto los individuos fueron impulsados a ayudar a otros indígenas y a tener éxito para representar mejor a su grupo indígena. Los mixtecos reportaron altos niveles de autoestima colectiva, lo que significa que se sintieron muy positivos acerca de su grupo.

A pesar de la alta autoestima colectiva, había una variedad de familiaridad con las etiquetas indígenas 'mixteco' y 'oaxaqueño'. La Tabla A.7 indica que los jóvenes mixtecos varían en los tipos de etiquetas etnoraciales que prefieren. Cuando se les pidió que escribieran la etiqueta etnoracial que mejor los describía, el 50% de los estudiantes mixtecos escribieron una etiqueta de identidad indígena como 'mixteco' o 'oaxaqueño'. Además, un pequeño porcentaje de estudiantes (6%) enumeró etiquetas de identidad multiétnicas como 'mixteco/mexicano'.

En el siguiente análisis, examinamos si la inmersión cultural estaba relacionada con los niveles de identidad étnica. Los encuestados se agruparon en dos categorías de inmersión cultural indígena (alta/baja) según sus habilidades percibidas en el idioma indígena, el idioma indígena hablado cuando eran niños, el número de amigos indígenas, si su mejor amigo era indígena, así como el porcentaje de residentes indígenas de las comunidades de origen de sus padres, hablantes de lenguas indígenas y uso de la gobernanza indígena. La Tabla A.8 incluye resultados de comparaciones entre los grupos de baja y alta inmersión cultural indígena. Los mixtecos se distribuyeron casi por igual en el grupo de baja inmersión (42%) y en el grupo de alta inmersión (58%). No hubo diferencias de género en la proporción de estudiantes en las categorías de alta inmersión cultural (55.2% para hombres y 44.8% para mujeres). Los mixtecos nacidos en Estados Unidos tenían más probabilidades de estar en la categoría de baja inmersión cultural (76.2%), mientras que los estudiantes nacidos en México tenían más probabilidades de estar en la categoría de alta inmersión cultural (58.6%). Los mixtecos que utilizaron una etiqueta étnica indígena para autoidentificarse tenían más del doble de probabilidades de estar en la categoría de alta inmersión cultural (69%) en comparación con aquellos que no se autoidentificaron (31%). Finalmente, los jóvenes mixtecos en la categoría de alta inmersión cultural reportaron niveles más altos de autoestima colectiva en comparación con aquellos en el grupo de baja inmersión. Estos hallazgos sugieren que factores como el uso de la lengua indígena, los compañeros indígenas y las características lingüísticas y demográficas de las comunidades de origen influyen en los niveles de identidad etnoracial transcultural indígena.

También examinamos las tendencias en la autoidentificación indígena a través de diversas medidas demográficas, de identidad étnica y lenguaje. La Tabla A.9 indica que los jóvenes mixtecos que se autoidentificaron como indígenas tenían más probabilidades de haber nacido en México (68%), percibirse a si mismos como más competentes en el idioma mixteco, ser originarios de lugares de origen con una mayor proporción de hablantes de lenguas indígenas (55.10%) y utilizar la gobernanza indígena municipal (100%) en comparación con los mixtecos que no se autoidentificaron como indígenas. Además, quienes se autoidentificaron tuvieron niveles más altos de autoestima colectiva (M = 5.46) que quienes no se autoidentificaron (M = 4.92).

El idioma fue citado como uno de los criterios más importantes para reclamar una identidad indígena y utilizar una etiqueta de identidad indígena para autoidentificarse, especialmente entre los jóvenes mixtecos. Por ejemplo, cuando se le preguntó si se identificaba como mixteco, un estudiante dijo, 'En realidad no, porque ni siquiera sé el idioma [mixteco]'. Otro muchacho afirmó que sí se identificaba como mixteco porque, 'hablo mixteco, mis padres y todos los miembros de mi familia hablan mixteco'. Cuando se le preguntó si se consideraba mixteca, una muchacha respondió, 'No crecí allí pero sí ... porque entiendo mixteco.' Para algunos, bastaba con que sus padres o abuelos hablaran mixteco, como señaló una joven, 'Me considero mixteca porque mis padres y mi abuela hablan mixteco.' Para otros bastaba con poder entenderlo. Un participante dijo, 'Diría la mitad porque lo entiendo.' Una posible influencia en la autoidentificación puede estar relacionada con la familiaridad de los participantes con las etiquetas de identidad indígena. Por ejemplo, cuando se le preguntó si se consideraba mixteca, una joven respondió, 'Si significa oaxaqueña, claro, pero no puedo hablar el idioma. Si eso es lo que significa, entonces no lo creo.' Algunos entendieron que mixteco era sinónimo de oaxaqueño. Un joven afirmó, '¿Qué significa ser mixteco? Es lo mismo que ser oaxaqueño.'

Dada la fuerte relación entre lengua e identidad en los datos de la entrevista, examinamos la relación entre la identidad indígena y el uso de lenguas indígenas durante la infancia entre los encuestados. Los resultados mostrados en la Tabla A.10 indican que los jóvenes que hablaban mixteco durante la infancia tenían más probabilidades de autoidentificarse como indígenas (72.7%) en comparación con aquellos que no hablaban mixteco durante la infancia (43.6%). También examinamos la relación entre el uso de la lengua mixteca en el hogar y la identidad étnica. Aquellos que reportaron el uso del idioma mixteco en casa tenían más probabilidades de tener un mejor amigo indígena (85.7%) en comparación con aquellos en hogares donde no se hablaba mixteco (18.6%). Estos dos hallazgos sugieren que un mayor uso de la lengua indígena se asocia con una mayor afinidad cultural mixteca, como lo demuestra la autoidentificación indígena y la preferencia de sus compañeros mixtecos para amistades cercanas.

En general, las experiencias de socialización cultural, los compañeros indígenas, el uso de lenguas indígenas durante la infancia y las características demográficas y socioculturales de las comunidades de origen en México influyen en las actitudes culturales, la identidad indígena y el uso de etiquetas de identidad indígena. Los jóvenes nacidos en México están expuestos a más influencias que dan forma a trayectorias positivas de identidad indígena. Experimentan un reflejo más positivo con respecto a su herencia indígena, lo que puede ayudar a protegerlos de los efectos psicológicos negativos de la discriminación.

Multilingüismo Dinámico

Hubo una gran variabilidad en el uso de los idiomas inglés, español y mixteco de los jóvenes. Para muchos, el primer idioma que aprendieron fue el mixteco. Un estudiante dijo, 'Primero aprendí mixteco, luego español e inglés.' Varios estudiantes mencionaron que aprendieron su lengua indígena de sus abuelos. En muchos casos, ese era el único idioma que hablaban sus abuelos.

Los participantes de la encuesta indicaron su capacidad para hablar, comprender, leer y escribir en inglés, español y mixteco utilizando una escala de cuatro puntos que van desde 1 = nada, 2 = no bien, 3 = bien, hasta 4 = muy bien. Según la Tabla A.11, en promedio los mixtecos reportaron que hablaban, entendían, leían y escribían inglés 'bien' ($M = 3.54$). Por el contrario, en promedio, indicaron que entendían y/o hablaban mixteco 'no bien' ($M = 2.03$). El 58% señaló que hablaba y/o entendía mixteco. En términos de uso del idioma inglés, casi dos tercios (58%) de los mixtecos usaban el inglés con amigos. Los mixtecos también tuvieron altas tasas de uso del idioma español durante la infancia (76%), pero bajas tasas de uso del idioma mixteco durante la infancia (22%) y en el hogar (14%).

Los estudiantes que hablaban tres idiomas estaban muy orgullosos de sus habilidades lingüísticas. Un estudiante mixteco dijo, 'Hablo mixteco con mis amigos oaxaqueños y con los que hablan español hablo español o inglés. Es como tener una comprensión más amplia porque hablas otro idioma además del español y el inglés.' Otro estudiante notó la afirmación de su maestro sobre sus habilidades trilingües. 'Dijo que tengo muchas opciones porque soy el equivalente a tres personas. Me hizo darme cuenta de que me ayudaría [hablar tres idiomas]. Me hizo sentir bien.'

Los estudiantes que hablan mixteco lo utilizan para ayudar a sus familias como intermediarios lingüísticos. Una estudiante mixteca dijo, 'Comencé a traducir mixteco al español desde que era pequeña, luego cuando llegué aquí [Estados Unidos] alrededor de los 12 o 13 años, comencé a traducir del inglés al mixteco.' Los estudiantes también traducen varios documentos para sus padres, como lo explicó un estudiante mixteco: 'Una vez recibimos un formulario médico – estaba en inglés – entonces me dijeron que lo tradujera al español o al mixteco para que entendieran y firmarlo.' Los encuestados indicaron sus experiencias de intermediación lingüística respondiendo a un instrumento de 22 reactivos utilizando una escala de cuatro puntos que va desde 1 = nunca, 2 = un poco, 3 = mucho, hasta 4 = siempre. En promedio, mixtecos tradujeron entre inglés y español sólo un 'un poco' (M = 2.23) y menos aún entre mixteco y español o inglés (M = 1.36). En general, el 98.7% de todos los jóvenes indígenas tradujeron entre español e inglés, incluido el 100% de los jóvenes mixtecos. En todos los grupos, el 63.1% tradujo utilizando una lengua indígena, incluido el 60% de los mixtecos.

A veces, los padres se frustran cuando los jóvenes luchan con sus deberes de traducción. Un estudiante mixteco explicó, 'Mi papá a veces se enoja porque hay algunas palabras que no entiendo y dice, "¿Para qué vas a la escuela?" y yo digo, "No enseñan esas cosas."' Muchos tuvieron que traducir para sus familias a pesar de que todavía estaban aprendiendo inglés y español. Un estudiante mixteco explicó, 'Aunque todavía estoy aprendiendo inglés, traduzco documentos que mis padres no pueden entender.' Los mixtecos que tradujeron entre inglés y español reportaron que disfrutaron la experiencia 'mucho' (M = 3.03), mientras que los pocos que tradujeron entre mixteco y español o inglés solo la disfrutaron 'un poco' (M = 2.61). Mientras que algunos tenían sentimientos positivos acerca de traducir e interpretar, otros se sentían ambivalentes. Un estudiante mixteco dijo, 'Me siento bien hablando mi idioma. No me da vergüenza hablar mi idioma. Me encanta hablar mixteco. Traduzco o, a veces, mi hermana traduce.' Por el contrario, cuando se le preguntó si le gustaba traducir, una estudiante respondió, 'No, en realidad no … tal vez del mixteco al español, pero es más difícil del inglés al español. Es realmente difícil para mí.'

A pesar de la estigmatización lingüística generalizada, muchos jóvenes indígenas han aprendido a navegar la vida social en los Estados Unidos a través de una impresionante demostración de aprendizaje de idiomas que el sistema escolar no suele reconocer. Aunque la intermediación cultural no es específica de los jóvenes indígenas, las implicaciones de traducir e interpretar en entornos públicos son diferentes para los jóvenes indígenas dada la mayor probabilidad de discriminación debido al uso de lenguas indígenas.

Para comprender mejor la relación entre multilingüismo e identidad étnica, comparamos los niveles de multilingüismo entre los jóvenes que se autoidentificaron y los que no se autoidentificaron como indígenas. Los resultados mostrados en la Tabla A.12 indican que los jóvenes que se autoidentificaron tenían menores habilidades percibidas en el idioma inglés y tenían menos probabilidades de usar inglés con sus amigos en comparación con aquellos que no se autoidentificaron. Por el contrario, tenían mayores habilidades percibidas en el lenguaje mixteco y era más probable que usaran mixteco durante la infancia y con amigos. También tenían niveles más altos de trilingüismo, tenían más probabilidades de ser intermediarios lingüísticos usando mixteco y tenían sentimientos más positivos acerca de la intermediación lingüística en mixteco en comparación con aquellos que no se autoidentificaron.

A pesar de los altos niveles de habilidades multilingües en algunos estudiantes, la pérdida de habilidades percibidas en lenguas indígenas era común. La mayoría no podía hablar una lengua indígena, algunos sólo podían entenderla y sólo unos pocos podían hablarla en distintos niveles. Si bien una gran proporción de los entrevistados mencionó que sus abuelos todavía hablaban su lengua indígena, muchos otros reportaron que sus padres ya no podían hablarla o sólo podían entenderla. Un estudiante mixteco dijo, 'Mi papá habla mixteco y mi abuela ... mi mamá lo entiende, pero no puede hablarlo. No puedo hablarlo. Si hablan lentamente, más o menos lo entiendo.' Incluso aquellos cuya primera lengua era el mixteco reportaron que percibían habilidades disminuidas. Un estudiante dijo, 'No sabía español antes, solo mixteco y ahora me he olvidado del mixteco. Me siento mal por eso.'

Los estudiantes mixtecos son estigmatizados por la sociedad en general y por los mexicanos no indígenas por hablar su lengua indígena en público, así como por los adultos indígenas por *no hablarla correctamente*. Por ejemplo, un joven mixteco afirmó, 'No traduzco en mixteco porque no puedo hablarlo. No lo intento porque me da vergüenza, pero lo entiendo y puedo traducirlo a inglés.' Los estudiantes optan por no hablar su idioma si se sienten regañados o burlados por sus familiares o compañeros por pronunciar mal las palabras y frases. Como se lamentó un participante, 'Antes no sabía español, solo mixteco y ahora me olvidé del mixteco. Intenté hablarlo, pero luego se burlaron de mí, así que dije, "¡No voy a volver a hablarlo!"'. En general, los jóvenes mixtecos trilingües experimentan numerosos casos de discriminación que desalientan el uso de lenguas indígenas o limitan las oportunidades para desarrollar y mantener la fluidez.

Agencia y Resiliencia

Muchos estudiantes mixtecos mencionaron que sus padres no querían que aprendieran su lengua indígena porque no querían que sufrieran el mismo tipo de prejuicio que habían soportado mientras crecían. También compartieron historias sobre abuelos que les habían contado lo mismo a sus padres cuando eran jóvenes. El proceso intergeneracional quedó plasmado en una historia que uno de los estudiantes mixtecos compartió sobre su familia:

> Cuando era niña, a mi abuela le enseñaron que el mixteco está por debajo del español, que era necesario aprender español, pero no el mixteco. Esa es la razón por la que mi abuela y mi madre sólo nos hablaban en español. Tenían la noción de borrar esa identidad al no hablar mixteco, que era mejor aprender español porque todo indígena es inferior. Cuando mi abuela o mi madre iban a las grandes ciudades, solo hablaban mixteco y no hablaban español, por eso decidieron que el idioma mixteco no es útil porque no te ofrece las mismas oportunidades.

La difusión de estereotipos negativos sobre los estudiantes indígenas fue destacada durante la primera semana del estudio. Durante la administración de la encuesta en un aula, uno de los estudiantes no indígenas se encontró con el conjunto de preguntas diseñadas para estudiantes indígenas y preguntó, '¿Qué son los zapotecos y mixtecos? ¿Son ellos los que hablan un idioma diferente, hablan gracioso y son bajos y oscuros?' Algunos estudiantes hicieron sonidos imitadores, burlándose del sonido de las lenguas indígenas. Otros estudiantes se rieron de los sonidos burlones sin tener en cuenta a sus compañeros indígenas.

Los estudiantes notaron que los mexicanos no indígenas con piel y cabello más claros, altura más alta y color de ojos azul o verde se consideran 'más blancos,' 'menos indígenas,' y, por lo tanto, superiores a los mexicanos 'de aspecto indígena'. Estudiantes mixtecos se refirieron específicamente a mexicanos de los estados de Jalisco y Michoacán. Por ejemplo, un joven describió un caso en el que escuchó a un grupo de hombres del estado mexicano de Michoacán decir cosas negativas sobre los oaxaqueños:

> La gente necesita saber que hay mexicanos que menosprecian a los oaxaqueños. Ni siquiera sé por qué, pero no me gusta. Hay mexicanos que se sienten superiores y maltratan a otros mexicanos. En Estados Unidos, Oaxaca es vista como inferior por estas personas que piensan que son mejores. Como una vez, escuché a algunas personas de Michoacán decir que los oaxaqueños sólo pueden trabajar en los campos de fresas. Me dolió porque mi padre trabaja allí. Les pregunté, '¿Qué quieres decir con eso? ¿qué intentas decir?'

Muchos otros explicaron que los perpetradores suelen ser mexicanos de otras ciudades y estados como Guadalajara, Guanajuato y otras partes de México.

Para los jóvenes mixtecos, su lengua indígena es el marcador más visible de su origen. Los que nacieron en México tenían más probabilidades de sufrir discriminación, mientras que los que nacieron en Estados Unidos tenían más probabilidades de presenciar discriminación e intimidación. Los estudiantes también experimentaron discriminación debido a su presunto color de piel más oscuro, su presunta estatura más baja y por hablar el idioma mixteco en la escuela y otros lugares públicos. Una estudiante tenía malos recuerdos de la escuela secundaria debido al acoso que experimentó. Ella recordó, 'No me gustó mucho porque otros estudiantes te discriminan si tienes la piel más oscura, o si hablas con acento y por hablar tu idioma.' La forma diminuta en español de la palabra 'Oaxaca,' *oaxaquita*, es un término despectivo que pretende transmitir todos los estereotipos negativos en una sola palabra, de que los oaxaqueños son indígenas de piel oscura y estatura baja de Oaxaca. Los estudiantes no indígenas no siempre saben exactamente lo que significa el término, sólo que es una palabra que la gente usa para menospreciar a la gente de Oaxaca.

Para evitar la discriminación, los estudiantes han aprendido a utilizar una variedad de estrategias para activar la auto-agencia y ocultar y disfrazar estratégicamente sus antecedentes, que van desde abstenerse de hablar su idioma en lugares públicos hasta permitir que sus compañeros y maestros asuman que son *mestizos* o que son de un estado diferente 'no indígena' en México. Un estudiante mixteco explicó, 'Muchos dicen que son mexicanos, pero en realidad simplemente fingen ser mexicanos [no indígenas] porque no quieren ser discriminados por otros.' Los jóvenes mixtecos generalmente limitaban el uso de su lengua indígena al hogar con su familia o con otros compañeros del mismo origen etnolingüístico indígena.

Quizás porque son rechazados por compañeros no indígenas o para evitar la discriminación, muchos mixtecos socializaron principalmente con compañeros indígenas. Como se destaca en la Tabla A.6, más de una cuarta parte (28%) de los jóvenes mixtecos informaron que su mejor amigo también es indígena. De manera similar, sólo el 11% tenía un mejor amigo no hispano. En promedio, reportaron haber salido con compañeros indígenas 'a veces' y eran menos propensos a hablar sobre problemas o divertirse con compañeros indígenas en comparación con los estudiantes zapotecos. Muy 'rara vez' pasan el rato, hablan de problemas o se divierten con compañeros no hispanos. Estos datos indican que los jóvenes mixtecos reportaron niveles muy bajos de contacto fuera del grupo con compañeros afro-americanos, asiático-americanos o blancos. Los pocos que tienen contacto con compañeros de otros grupos no revelan fácilmente su origen indígena.

Destacando su agencia y resiliencia, exposición a estereotipos negativos generalizados llevó a muchos jóvenes a contrarrestarlos activamente. Por ejemplo, un estudiante mixteco describió un caso en el que confrontó a su amigo por los comentarios negativos sobre indígenas oaxaqueños:

> Cuando mis amigos y yo vamos al parque, dicen, 'Oh, esos *oaxaquitas*', y yo digo, '¿Sabes qué? Yo también soy de Oaxaca,' y ellos dicen, 'Oh, no lo pareces. No eres bajo, no eres tan oscuro.'

En el aula, los esfuerzos de los estudiantes indígenas por hacerse pasar por mexicanos y no hablar su idioma para evitar la discriminación ejemplifican su agencia, pero también pueden crear un nuevo conjunto de desafíos y consecuencias no deseadas. Su estrategia de no contarle a nadie sobre sus orígenes puede hacer que sus experiencias sean invisibles para los maestros o que los maestros permanezcan desinformados sobre sus propios estudiantes indígenas. Como resultado, pocos docentes desempeñan un papel importante en brindar apoyo y promover la cultura y el idioma indígena. Los estudiantes mixtecos afirmaron que los profesores y la escuela sabían poco o nada sobre ellos. En un caso, una mixteca describió a un educador bien intencionado, pero en última instancia, insensible, que la hizo sentir 'diferente' de manera negativa:

> Uno de mis maestros dijo: 'Ustedes que nacen aquí deberían tener respeto. Son simplemente personas como nosotros, pero de una raza diferente.' Creo que lo que dijo mi maestro fue cierto, que todos somos humanos, aunque lo que dijo fue malo. Supongo que todos somos iguales, pero simplemente diferentes.

Sólo quería que su maestro la tratara igual que a los demás estudiantes mexicanos y que no la etiquetara como diferente.

La ignorancia de maestros sobre las palabras despectivas utilizadas para menospreciar a los estudiantes indígenas hace que los estudiantes sientan que no pueden confiar en ellos para su protección. Un estudiante mixteco lamentó que incluso su maestro lo discriminara:

> En la escuela, a veces mi maestro u otros estudiantes me llaman bajo, como si fuera demasiado bajo, cosas así. Me molesta, me enoja y me enfurece. Ser discriminado me derriba y no tengo ganas de hacer nada en la escuela. Por eso a veces me va mal.

Como lo ilustra la experiencia de este joven, la discriminación tiene un impacto directo en el bienestar psicológico y la participación escolar de los jóvenes, particularmente de los varones.

Algunos estudiantes mixtecos reportaron casos pocos comunes de apoyo y comprensión de los maestros sobre sus orígenes indígenas. Por ejemplo, un estudiante dijo, 'Una vez estaba en la escuela jugando con mis amigos y uno de ellos me llamó "*oaxaquita*", y se lo dije a la maestra y lo llevaron a la oficina y llamaron a la policía.' Otro estudiante mixteco también tuvo un caso similar cuando un maestro salió en su defensa y regañó a un estudiante por llamarlo *oaxaquita*.

Los jóvenes con un fuerte sentido de identidad indígena tenían más probabilidades de desafiar la discriminación de sus compañeros no indígenas o de defender a sus amigos u otros compañeros de escuela indígenas. También eran más propensos a descartar los ataques verbales y no internalizarlos como solían hacer cuando eran más jóvenes. Un joven mixteco describió vívidamente su progresión de sentirse victimizado a sentirse empoderado:

> Cuando llegué aquí [Estados Unidos] sufrí mucha discriminación en la escuela porque soy oaxaqueño. Ahora no podría importarme menos. Ya no escucho a esa gente. A veces me sentía muy triste; no tenía ganas de hacer nada. Cuando mi madre se dio cuenta, me llevó al médico y le conté lo que estaba pasando en la escuela. Después de contarles todo el sufrimiento que experimenté en la escuela, el médico se puso en contacto con la escuela para contarles todas las cosas que los niños me hacían. Decían, '¡Oye, *oaxaco*!' Eso me hizo sentir miedo y eso no me gustó. Me detuvo. Me sentí estancado. No quería involucrarme en la comunidad porque temía eso. Pero ahora está terminado.

A pesar de sus experiencias, expresó gran admiración y orgullo por la cultura mixteca y se identifica como mixteco, aunque no habla el idioma. Ahora desafía a quienes hacen declaraciones racistas sobre los oaxaqueños.

A menudo, los jóvenes tenían que desafiar a sus propios amigos. En los tres grupos, las mujeres eran más propensas a describir casos en los que desafiaban a otros. Por ejemplo, una joven mixteca dijo lo siguiente:

> Cuando digo que soy oaxaqueña, la gente dirá *oaxaquita*. Eso es lo principal que me enoja mucho. Por supuesto, yo quiero defendernos; a mí, a mi familia, al lugar de donde vengo, a todos los de Oaxaca. El hecho de que seamos de Oaxaca no significa que seamos bajos. Todos son iguales. Siempre me defiendo a mí misma y a mi raza.

Varios estudiantes mixtecos expresaron un proceso similar de transformación de sentirse avergonzados a sentirse empoderados para desafiar los insultos étnicos. En general, los estudiantes mixtecos experimentan diversas formas de discriminación que son exclusivas de su origen indígena, como estereotipos negativos sobre su idioma y características físicas, pero muchos pudieron recurrir a influencias transculturales y translingüísticas para contrarrestar y resistir las ideologías raciolingüísticas dominantes.

Las promesas y desafíos del acceso educativo

Los padres mixtecos expresan su apoyo a la educación destacando sus propias dificultades laborales para motivar a sus hijos a obtener buenos resultados en la escuela, ir a la universidad y conseguir un buen trabajo. Estos mensajes parecieron resonar entre los estudiantes. Cuando se le preguntó qué la influyó para que le fuera bien en la escuela, una estudiante dijo, 'Al ver a mi madre lo cansada que está del trabajo, no quiero eso para mí. No quiero crecer y trabajar en el campo por nada. Me entristece ver eso.' Algunos padres llevaron a los participantes a trabajar en el campo para darles un adelanto de las dificultades que les esperaban si no les iba bien en la escuela, como explicó un estudiante.

> Mi madre se preocupa por mí y me dice que si no hago lo mejor que puedo en la escuela, me sacará, me pondrá a trabajar en el campo. Un día, mi madre se enojó conmigo y me dijo, 'Como no quieres intentar la escuela, vienes a trabajar conmigo todos los días.' Después de sólo un día tuve un dolor en la espalda que duró casi dos semanas. Es un trabajo muy duro; no sé cómo lo hacen.

Los padres también destacaron las dificultades que enfrentan los hermanos mayores que no pudieron continuar con su educación.

Los hermanos mayores que no pudieron continuar su educación resaltan sus dificultades para motivar a los participantes a continuar con su educación para que puedan tener una vida mejor y mejores trabajos. Un joven mixteco dijo,

> Mi hermano me dice que debería ir a la universidad. Trabaja como guardia de seguridad porque fue a la universidad pero dejó de ir. Ahora trabaja de 12:00 am a 7:00 am. Me dice todos los días antes de irse a trabajar, 'Deberías ir a la universidad. No querrás terminar como yo.'

Los hermanos mayores también enfatizan las dificultades de los padres para motivar a sus hermanos y hermanas menores. Un estudiante mixteco dijo, 'Mis hermanos me dicen que es muy importante para mí pensar en la situación actual de mi madre. No quieren que sufra así en el futuro. Por eso tengo que estudiar y hacer mi mejor esfuerzo.'

Los estudiantes académicamente exitosos reportaron una combinación de estímulo familiar, apoyo a los hermanos, participación de los padres y altas expectativas. Algunos padres tenían muy claro que la educación era la prioridad más importante para los estudiantes. Un estudiante mixteco dijo, 'Prácticamente dicen, "Tu único trabajo es estudiar y en eso queremos que te concentres."' Los hermanos mayores que se destacaron en la escuela fueron descritos como modelos influyentes para los entrevistados mixtecos. Un estudiante dijo, 'Mis hermanas mayores ... son estudiantes que reciben puro 10. Son modelos a seguir para mí. Sólo quiero ser inteligente como ellas.' Los hermanos mayores también son una fuente de apoyo e información sobre la escuela. Un estudiante señaló, 'Mi único consejero es mi hermano porque él es quien me asesora sobre qué clases tengo que tomar.' Algunos padres fueron muy proactivos en el seguimiento del progreso académico de sus hijos. Estos padres también establecieron grandes expectativas, como señaló un estudiante mixteco: 'Si mi mamá ve 7, se asusta. Ella dice que es lo mismo que un 6.'

Las dificultades económicas complicaron las experiencias escolares de mixtecos en varias maneras. Algunos estudiantes habían trabajado en el campo junto a sus padres. Otros continuaron trabajando en el campo durante los veranos y las vacaciones escolares. Algunos estudiantes habían abandonado la escuela durante algún tiempo para trabajar en el campo y ayudar económicamente a la familia. Afirmó un joven mixteco,

> Empecé a trabajar cuando tenía 13 años. Estaba trabajando en los campos de fresas, pero cuando se acabó el trabajo, mi padre dijo que sería mejor para mí volver a la escuela y estudiar. Fue entonces cuando comencé el tercer año de secundaria. Mis padres me motivan mucho porque ya no quiero verlos trabajando en el campo.

Continúa trabajando en el campo cuando no está en la escuela, para contribuir a los ingresos del hogar. Su experiencia laboral ha interferido en su educación en ocasiones desde que se tomó hasta dos años de descanso de la escuela para trabajar.

Muchos estudiantes lucharon por conciliar el mensaje que recibieron de sus padres acerca de priorizar la escuela con su propio sentido de obligación de ayudar económicamente a la familia. Un estudiante mixteco dijo, 'Al ver cuánto sufrieron mis padres, les decía que me sacaran de la escuela para poder trabajar para ayudarlos, pero no me dejaban.' Para muchos, el deseo de obtener buenos resultados en la escuela y asistir a la universidad estaba impulsado por un sentido de obligación de cuidar de sus familias. Cuando se le preguntó qué la motiva a querer ir a la universidad, una encuestada mixteca afirmó, 'Principalmente quiero ir a la universidad para ayudar a mis padres y devolverles todo lo que hacen para apoyarme. Todo es para ellos y para mi familia.'

El deseo de continuar en la escuela para poder conseguir un buen trabajo y cuidar a los padres era un tema común. Por ejemplo, un entrevistado mixteco nacido en Estados Unidos es el único de sus hermanos que tiene estatus legal. Su madre lo crió a él y a sus hermanos como madre soltera después de que su padre falleciera cuando él era un bebé. Sus hermanos tienen antecedentes de abuso de alcohol y violencia, pero él insiste en que es diferente. Después de la preparatoria, consideró trabajar, probó la jardinería durante un día y decidió que podía ir a la universidad en lugar de realizar trabajos físicos. Su madre lo ha alentado a seguir una educación universitaria porque tiene mayor acceso a la educación debido a su ciudadanía estadounidense. Tiene la intención de obtener una licenciatura en sociología y le gustaría trabajar con jóvenes que, como él, no recibieron mucha orientación y corren el riesgo de unirse a pandillas o involucrarse con 'gente equivocada.' Dijo, 'Mi madre, ella me crió sin papá y fue muy difícil para ella. Ahora quiero pagarle porque está envejeciendo y mis hermanos y yo tendremos que cuidar de ella.' Si bien muchos otros estudiantes mixtecos expresaron una fuerte sensación de querer cuidar económicamente de sus padres como una razón para obtener buenos resultados en la escuela, algunos lucharon con la idea de ir a la universidad y estar lejos de la familia.

Las aspiraciones educativas y ocupacionales de los jóvenes indígenas también estuvieron influenciadas por sus puntos de vista sobre el nivel educativo y las posibilidades de movilidad socioeconómica en los Estados Unidos en comparación con México. Por ejemplo, muchos estudiantes describieron cómo los recuerdos sobre las duras condiciones económicas en México en comparación con las mejores condiciones en los Estados Unidos sirvieron como motivación para obtener buenos resultados en la escuela. Muchos estudiantes también afirmaron que sus padres utilizaron comparaciones de movilidad socioeconómica con una perspectiva transnacional para alentarlos a obtener buenos resultados en la escuela. Un estudiante mixteco dijo,

> Mi mamá habla de su vida en México, de lo difícil que fue no tener comida, zapatos o ropa. Me hizo sentir afortunada de haber nacido aquí [Estados Unidos] y tenerlo todo. Me hizo apreciar las cosas que tengo ahora.

Los mensajes familiares transnacionales sobre la importancia de tener un buen desempeño en la escuela, las dificultades económicas, las obligaciones familiares y la movilidad socioeconómica influyeron en el compromiso académico de los estudiantes.

La Tabla A.13 incluye resultados de comparaciones de resultados académicos. En general, los mixtecos reportaron una alta valoración parental de la escolaridad, la participación extracurricular, el promedio de calificaciones (GPA, por sus siglas en inglés), las aspiraciones y expectativas educativas, la valoración de la escolaridad y los autoconceptos académicos. Para examinar la relación entre la identidad indígena y lo académico, comparamos a los estudiantes que se autoidentificaron con aquellos que no se autoidentificaron como indígenas. Los estudiantes fueron categorizados en tres categorías de perfil académico (excelentes, promedio y reprobados) según variables de resultado académico (promedios de calificaciones, premios académicos, actividades extracurriculares y colocación en desarrollo del idioma inglés y cursos de honores o colocación avanzada [AP, por sus siglas en inglés]). Los resultados mostrados en la Tabla A.14 indican que los estudiantes que se autoidentificaron como indígenas tenían más probabilidades de estar en el grupo 'excelentes' (52%) que aquellos que no se autoidentificaron (24%). También tenían menos probabilidades de estar en el grupo 'reprobados' (12% versus 40%, respectivamente).

Los estudiantes mixtecos del grupo 'excelentes' tenían más probabilidades de reportar experiencias positivas con los educadores que los animaban. Muchos recibieron diversos tipos de apoyo académico de profesores y consejeros. Una estudiante explicó cómo le llegó a gustar la ciencia gracias a una profesora de secundaria que la apoyaba: 'A mí no me gustaba la ciencia. No podía soportarlo. Esta maestra me ayudó, me empujó. Cuando tomé el examen de ciencias, obtuve una puntuación avanzada. Ella siempre me animó a nunca renunciar. Ella siempre me dio segundas oportunidades.' Otra estudiante compartió una historia similar sobre su maestra de secundaria:

> Tuve una maestra que trabajó conmigo después de la escuela porque estaba reprobando y ella me ayudó a aumentarla a un 10. Estaba muy orgullosa de eso. Además de eso, ella realmente conectó con mi madre. Incluso me dio una computadora.

Un pequeño número de estudiantes mixtecos indicaron haber participado en diversos programas de enriquecimiento académico como Educación para Dotados y Talentosos (GATE, por sus siglas en inglés), Avance Vía Determinación Individual (AVID, por sus siglas en inglés) y el Programa de Educación para Migrantes. Estos programas resultaron fundamentales para brindar preparación académica, información universitaria y colocación en AP y carreras de honores en la escuela. Los estudiantes generalmente participaban en múltiples programas que juntos proporcionaban un camino más claro hacia la educación superior. Un estudiante mixteco dijo,

> Me invitaron a unirme a GATE este año. Me sorprendió. Una de mis amigas me llamó 'nerd' y le pregunté por qué. Ella dijo, 'Porque eso es sólo para gente inteligente.' Quiero ir a UCSB, UCLA y UC Berkeley. Cuando estaba en AVID, hicimos un proyecto donde investigamos sobre diferentes universidades y me gustaron.

La mayoría de los estudiantes que participaron en programas de enriquecimiento no se dieron cuenta de la magnitud del efecto que tendría en sus trayectorias académicas.

Los estudiantes de las categorías académicas 'promedio' y 'reprobados' tenían más probabilidades de describir experiencias negativas en la escuela. Algunos describieron a profesores indiferentes, mientras que otros sintieron que los educadores no proporcionaban suficiente información. Una estudiante mixteca expresó su frustración después de descubrir en su último año de preparatoria que podría haber tomado cursos AP a partir del tercer año de secundaria. Ella explicó,

'Pregunté sobre las clases AP y me dijeron que eran clases avanzadas y que podría haberlas tomado desde el último año. No sabía que podías tomarlos. Pensé que tenías que hacerte una prueba.'

La experiencia educativa negativa más común para aquellos cuyo idioma principal era una lengua indígena fue la falta de apoyo para aprender inglés y español simultáneamente. Los estudiantes expresaron su frustración por la falta de apoyo para ayudarlos a aprender español e inglés. Un estudiante mixteco señaló, 'Hay muchos estudiantes que no hablan español y necesitan mucho apoyo para aprender español e inglés, lo cual es muy difícil. Está mal que no nos entiendan.' Desarrollar tres idiomas al mismo tiempo sin ningún apoyo es un desafío importante para los estudiantes. A menudo se frustran, lo que resulta en una menor participación escolar.

Excepto por los pocos estudiantes que habían participado en programas de divulgación académica, la mayoría de los jóvenes no tenían nociones muy claras sobre sus aspiraciones educativas. Por ejemplo, un estudiante que había participado en un programa de preparación universitaria y había tomado clases de honores informó que había recibido varios mensajes positivos de educadores y familiares sobre su capacidad para tener éxito académico. Como resultado, sus aspiraciones educativas están relacionadas con su deseo de ayudar a su comunidad. Dijo, 'Quiero ir a la universidad. Comenzó con maestros que me animaron a ir a la universidad, mis padres ... Luego comencé a pensar que podría ser alguien importante y ayudar a mi pueblo mixteco y oaxaqueño, enseñar a otros sobre la cultura oaxaqueña.'

Mientras que el 87.8% aspiraba a obtener al menos una licenciatura, sólo el 64% esperaba hacerlo (ver Tabla A.13). Casi todos (87.5%) tenían la intención de inscribirse en la universidad inmediatamente después de la preparatoria y entre los estudiantes del último año de preparatoria, el 85.7% ya había sido aceptado en al menos una universidad. Los estudiantes autoidentificados reportaron tasas más altas de inscripción universitaria después de la preparatoria (95.8%) que aquellos que no se autoidentificaron (79.2%) como indígenas. A pesar de estas tendencias, salvo algunas excepciones, la mayoría de los estudiantes sólo tenían una noción incierta sobre los planes universitarios o cómo lograr sus objetivos educativos. Aunque no sabían cómo lo iban a hacer, varios estudiantes aspiraban a obtener títulos de posgrado. Cuando se le preguntó sobre sus objetivos para el futuro, un estudiante mixteco dijo, 'asistir a la universidad, obtener mi licenciatura y luego mi maestría'.

Las dificultades financieras inmediatas y constantes complicaron los objetivos de educación superior de los estudiantes. Para los jóvenes, los planes universitarios se complicaban por su sentido de obligación de apoyo financiero hacia su familia. Sienten que no pueden ser estudiantes de tiempo completo porque deben trabajar. Un estudiante dijo, 'También quiero ayudar económicamente a mis padres, así que quiero buscar trabajo aquí para ayudarlos, pero también estudiar'.

Para los estudiantes indocumentados, su estatus migratorio complicó aún más cualquier aspiración a la educación superior, incluso si tenían objetivos educativos y profesionales claros. Por ejemplo, un estudiante mixteco indocumentado dijo,

> No sé qué quiero hacer. La universidad es demasiado cara porque no nací aquí. No creo que tenga muchas oportunidades en la vida. Mi papá quiere ayudarme a ir a la universidad. Quiere que tenga una vida mejor que la que él tuvo, que no pase por lo que ha pasado. Quiero ser maestro para marcar la diferencia educando a otros y luego, con suerte, más tarde convertirme en político y de esa manera mejorar más que unas pocas vidas.

Otro estudiante mixteco describió las experiencias de sus hermanos indocumentados: 'Mis hermanos desearían haber ido a la universidad, pero no tenían sus papeles. Tuvieron que empezar a trabajar para mantener a la familia.' Para explorar más a fondo la identidad, los caminos académicos y de educación superior de los estudiantes mixtecos y resaltar los principales temas discutidos en este capítulo dentro de las experiencias de los estudiantes individuales, la siguiente sección proporciona narrativas en profundidad de dos estudiantes mixtecos, José y Mónica.

Análisis en Profundidad: José y Mónica

José

José tiene 17 años. Tiene tres hermanos y tres hermanas y es el único de sus hermanos que nació en México. Cuando era niño, José caminaba dos horas para ir a nadar al río y jugar a la plaza del pueblo. Emigró a California a los 13 años desde San Martín Peras, Oaxaca. En Estados Unidos, sus padres esperan que le vaya bien en la escuela, se comporte bien, cuide a sus hermanos menores y ayude en la casa. Su madre fue a la escuela hasta el 2° grado y su padre completó 5° grado. Tanto su madre como su padre trabajan en los campos agrícolas del condado de Ventura, California, cosechando fresas y zarzamoras. Durante los veranos, José a veces va a trabajar con su padre para ayudarlo. En esas ocasiones trabaja hasta 10 horas diarias. Cuando su padre no trabaja en el campo, también vende productos Herba Life para complementar los ingresos familiares. Sus padres toman clases de inglés en la escuela de adultos local, pero su madre no puede asistir a clases con frecuencia porque está demasiada agotada por trabajar en el campo todo el día. Admira la dedicación de su padre a la superación personal a través de la educación. Describe a su familia y a su familia extendida como muy cercanos. Son habituales las reuniones familiares, o *convivios*, con música y mucha comida.

Cuando sus padres emigraron por primera vez a los Estados Unidos, José tenía dos años y quedó al cuidado de su abuela. Ella lo crió y se convirtió en madre durante los años que sus padres trabajaban en los Estados Unidos para enviar dinero para su cuidado. Era tan joven cuando su madre se fue y a medida que crecía le resultaba difícil recordarla y empezó a pensar que su abuela era su madre. Cuando sus padres regresaron a México cinco años después, su abuela explicó que la mujer que acababa de regresar era su verdadera madre. Aunque se reunió con su madre biológica, continúa refiriéndose a su abuela como madre. Expresó que no estaba seguro de cómo llamar a su verdadera madre porque se sentía extraño llamarla 'mamá' ya que no estaba acostumbrado. Espera que algún día pronto finalmente se sienta cómodo llamándola 'mamá.'

El pueblo de origen de José se rige por el sistema de gobierno municipal indígena de *usos y costumbres*. Su mejor amigo es indígena y participa en diversas actividades relacionadas con su identidad indígena, incluido un club de liderazgo y un grupo de baile. José se unió recientemente al recién creado grupo comunitario indígena que tiene como objetivo desarrollar el liderazgo juvenil. Sus amigos oaxaqueños lo animaron a unirse. Se reúnen todos los lunes para planificar actividades. Su primer evento fue un concurso de talentos en el que participaron jóvenes oaxaqueños. Practican durante dos horas los domingos y miércoles. El grupo está intentando aprender los 20 bailes oaxaqueños más populares. Sus bailes favoritos son los de Pochutla, Pinotepa y *Jarabe Mixteco*. El grupo planea realizar bailes en el festival anual Guelaguetza en primavera. José está emocionado de que bailaran frente a cuatro mil personas. Interactúa regularmente con amigos que también participan en el grupo de baile y el grupo de liderazgo.

En su primer día de clases en Estados Unidos, José no podía comunicarse con nadie porque no hablaba español ni inglés, sólo mixteco. A sus profesores de habla hispana les tomó un tiempo darse cuenta de que no lo hablaba cuando le hacían preguntas y él no respondía. Pensaron que podría ser mudo. Cuando dijo que sólo hablaba mixteco, le preguntaron, '¿Qué es eso?' Después de cinco años en Estados Unidos, José se comunica fácilmente en tres idiomas. Hablaba mixteco cuando era niño y continúa hablándolo en casa. Realiza mucha intermediación trilingüe para sus padres, quienes solo hablan español y mixteco. Su padre habla un poco de inglés, pero no su madre y ambos tienen diferentes niveles de comodidad al hablar español. Cuando llegó por primera vez a los Estados Unidos, traducir era difícil y estresante porque no hablaba ni entendía inglés tan bien como cinco años después. Ahora puede traducir en ambas direcciones rápidamente.

Sus compañeros lo admiran por su translenguaje y sus prácticas dinámicas multilingües. Es firme en señalar que, a pesar de los conceptos erróneos de la gente, las lenguas indígenas no son dialectos. En su localidad de origen, el 99% de la población es mixteca y la lengua la habla el 84%. Insiste en que es un oaxaqueño de habla mixteca, incluso cuando otros no le creen. Cuando sus compañeros le piden que lo demuestre, les habla en mixteco; y algunos incluso le han dicho que lo admiran por ello. Dice que se siente bien saber que no lo menosprecian por hablar mixteco. Algunos compañeros le dijeron que el idioma mixteco suena bien y lo animaron a seguir hablándolo. Sus amigos siempre le preguntan cómo decir las cosas en mixteco y un maestro lo animó a obtener créditos académicos impartiendo una clase de mixteco en la escuela. José sabe que sus experiencias positivas no son típicas y que a otros estudiantes oaxaqueños que hablan mixteco no les gusta hablarlo porque están avergonzados. Si bien prefieren hablar español, él prefiere hablar los tres idiomas.

José ha sido testigo y ha experimentado discriminación basado en su origen indígena en la escuela. Se le ha llamado muchas veces el término despectivo *oaxaquita*. Describió un incidente reciente cuando casi se pelea durante el recreo del almuerzo en la escuela cuando lo llamaban *oaxaquita*. Se enfrentó al otro estudiante preguntándole si sabía siquiera lo que significaba la palabra. El niño respondió que lo llamó así porque otros le habían dicho que José era un *oaxaquita*. José cree que la mayoría de la gente no sabe lo que significa; simplemente repiten porque saben que es una palabra utilizada para menospreciar a los estudiantes indígenas de Oaxaca.

José se identifica como mexicano, oaxaqueño y mixteco. Se considera oaxaqueño porque nació en Oaxaca y porque sus raíces y sus padres y abuelos son de Oaxaca. Sus padres también se identifican como mexicanos, oaxaqueños y mixtecos. Se identifica como mixteco porque habla el idioma y porque todos en su pueblo natal todavía lo hablan. Cree que cuando la gente dice ser mixteco se está identificando como pueblo indígena que habla otro idioma. Se identifica como mexicano porque nació en México. Aunque uno de sus hermanos nació en Baja California, se identifica como 'Oaxacan' y '100% San Martín Peras' en referencia al pueblo de origen de su familia. Sus compañeros de escuela no le creen cuando les dice que es oaxaqueño porque es más alto y tiene la piel más clara que otros estudiantes oaxaqueños.

José se encuentra actualmente en tercer año de preparatoria. A pesar de experimentar desafíos el primer día de clases en Estados Unidos porque no hablaba inglés ni español, recibió premios en primer y segundo año de secundaria por tener un promedio de 10. En la preparatoria, obtiene principalmente 10 y 9, pero recientemente obtuvo su primer 6 en la clase de inglés. En México, era más probable que faltara a clases porque le resultaba aburrido ir a la escuela y sentía que los profesores eran demasiado estrictos. Su promedio actual es 8.3. Sus padres han hablado con él sobre sus calificaciones y lo alientan a ser más diligente a la hora de hacer su tarea. Está inscrito en cursos de honor y ha participado en el programa AVID, cuyo objetivo es educar y guiar a los estudiantes sobre cómo postularse a la universidad. Estuvo en AVID del segundo año de secundaria al primer año de preparatoria, pero abandonó el programa porque no se sentía comprometido y quería probar algo más. A José le gustaría inscribirse en el colegio comunitario local después de la preparatoria. Una de las escuelas de sus sueños es UCLA. Todavía no sabe qué carrera quiere seguir. Algunos de sus amigos de la preparatoria han regresado a México y él ha perdido contacto con ellos. Algunos terminaron la preparatoria, mientras que otros no.

Mónica

Mónica tiene 14 años. Nació en Oxnard, California. Su madre es del pueblo de San Francisco Higos y su padre es del pueblo de Santiago del Río, ambos en el estado de Oaxaca. A diferencia de muchos de sus amigos, quienes han sido separados de uno o ambos padres en algún momento de su infancia, ella se considera afortunada de haber sido criada por ambos padres. Tiene una relación cercana con su hermano mayor, que es cuatro años mayor que ella; y lo considera una de sus mayores influencias. Quiere estar a la altura de la reputación de su hermano como estudiante de alto rendimiento. Mónica describe a su padre como 'dulce' y 'cariñoso.' Él le ha enseñado a siempre ayudar a los demás y tratar a todos con respeto. Se describe a si misma como ruidosa y extrovertida. Escucha *rancheras* y **corridos** *mexicanos*, así como *hip-hop*. Está emocionada por su **quinceañera** que se acerca. Está ocupada planificando el evento y aprendiendo los pasos para el baile que tradicionalmente se realiza como el punto culminante de la celebración.

Mónica asistió a muchas escuelas primarias porque su familia se mudaba mucho. Asistió a cinco escuelas secundarias diferentes. En la última escuela secundaria a la que asistió, el director llegó a conocer bien a su familia por su hermano mayor. Él era uno de los mejores estudiantes de la escuela. Cuando veía a Mónica en la escuela, le decía que mantuviera sus calificaciones altas o llamaría a su madre. Una vez, llamó a casa porque Mónica estaba pasando notas en clase.

En la preparatoria, Mónica está muy involucrada en deportes. Ha estado en fútbol, baloncesto, voleibol y sóftbol. También está tomando un curso de estudios chicanos en el colegio comunitario local y es miembro de varios clubes estudiantiles. También ha sido 'hermana mayor' en una organización de adolescentes después de escuela conocida como 'Boys and Girls Club'. Su promedio actual es de 10 y está en el cuadro de honor. También se ha inscrito en la clase de geometría avanzada. Su *quinceañera* es su recompensa por ser una buena estudiante. Su madre siempre le pregunta por sus calificaciones.

Mónica está orgullosa de la herencia oaxaqueña de su familia y participa en actividades culturales como danzas, festivales, formación de liderazgo y servicio comunitario. Desde que tenía ocho años, ha sido voluntaria en una clínica sin fines de lucro donde trabaja su madre y que atiende a la comunidad mixteca local. El director de la organización también es su primo. Él constantemente la anima a abrazar su herencia mixteca. Ella ayuda distribuyendo alimentos a familias mixtecas con inseguridad alimentaria. Mónica es muy activa en dos grupos de danza oaxaqueños. Ha sido miembro de uno de los grupos, *Los Diablos*, durante tres años; este grupo está compuesto principalmente por adultos y jóvenes del pueblo natal de su madre. Está orgullosa de ser la única bailarina femenina, ya que las danzas que realizan están destinadas a bailarines masculinos que usan máscaras de diablo talladas en madera y de colores brillantes. Un reciente logro con el grupo fue bailar en el festival anual de la *Guelaguetza*.

Mónica solo sabe algunas palabras en mixteco y lo entiende un poco. Traduce entre inglés y español para sus padres, tías, tíos y abuelos. Comenzó a traducir cuando tenía siete años, cuando ella y su madre fueron a un salón de uñas. Lo recuerda claramente porque fue la primera vez que su madre le permitió pintarse las uñas.

Como demostración de sus identidades raciales y étnicas transculturales, dependiendo de quién pregunte, Mónica se identifica como mexicana, chicana, hispana y oaxaqueña de San Francisco Higos, el pueblo natal de su madre. Se considera mexicoamericana porque nació en los Estados Unidos, pero aún siente un fuerte sentido de apego a México. No se identifica como mixteca porque no está familiarizada con el término, aunque su madre es traductora de español-mixteco en la clínica.

Mónica valora su herencia oaxaqueña, aunque muchas personas le dicen que no se ve oaxaqueña. Se molesta cuando alguien le dice eso o cuando escucha a otros decir cosas negativas sobre los oaxaqueños porque no se dan cuenta de que ella es oaxaqueña. A menudo los confronta. Entre aquellos que no son indígenas, Mónica cree que hay dos tipos de mexicanos: los que menosprecian a los mexicanos indígenas y los que aprecian la cultura indígena.

El consejero de Mónica ha sido de gran ayuda brindándole orientación para prepararse para la universidad. Le recuerda constantemente que se mantenga involucrada en la escuela y que haga servicio comunitario. Tiene muchos primos que han ido a la universidad y ella quiere seguir sus pasos. Uno de sus objetivos es hacer que su madre se sienta orgullosa al ir a la universidad y obtener buenas calificaciones. Ve estos objetivos como interconectados con sus deberes como hija y el honor a su familia al continuar su educación en lugar de quedar embarazada siendo joven. Después de completar dos años de colegio comunitario, su hermano se unió al ejército y rechazó una oferta de admisión de UCLA.

Resumen y Conclusión

En general, los jóvenes mixtecos provenían de pueblos con altas poblaciones mixtecas y un alto porcentaje de hablantes de la lengua mixteca, pero también con niveles de pobreza muy elevados. La separación familiar durante el proceso migratorio era común. Los padres mixtecos trabajaban principalmente en el campo agrícola y enfrentaban constantemente dificultades financieras, incluso cuando sus hijos se unían a ellos en el trabajo durante las vacaciones escolares para ayudar. En circunstancias extremas, algunos estudiantes dejaban la escuela durante meses para trabajar a tiempo completo junto a sus padres. Las condiciones de trabajo físicamente exigentes y duras pudieron haber contribuido a una alarmante cantidad de muertes de padres mixtecos durante la infancia y adolescencia de los estudiantes.

Al igual que en estudios previos, los estudiantes experimentaban discriminación debido a su color de piel presumiblemente más oscuro, menor estatura y el hecho de hablar mixteco. Para evitar la discriminación, estratégicamente se abstuvieron de hablar mixteco en la escuela para pasar por *mestizos*. En casa, algunos padres decidieron no transmitir la lengua mixteca a sus hijos para que pudieran evitar el prejuicio que ellos mismos sufrieron al crecer. Los esfuerzos de los estudiantes por ocultar estratégicamente su origen, junto con las visiones monolíticas de los maestros sobre los estudiantes de origen mexicano, resultaron en invisibilidad en el aula y una mayor marginación. Dado que los maestros no sabían prácticamente nada sobre su herencia indígena o el tipo de discriminación que experimentaban, no eran considerados una fuente confiable de apoyo.

A pesar de una mayor percepción del estigma social, muchos mixtecos participaron en actividades culturales indígenas como grupos de danza y música, así como en actividades religiosas relacionadas con el santo patrón de su pueblo natal. Su participación ayudó a reforzar su identidad mixteca. Aquellos que no participaban en actividades religiosas o culturales tenían un conocimiento limitado sobre las tradiciones culturales y rara vez asistían a estos eventos. La participación transnacional de los padres en asociaciones de oriundos y en la gobernanza municipal indígena de sus pueblos sirvió como un recordatorio para los jóvenes mixtecos sobre su herencia indígena, incluso para aquellos que no viajaban con frecuencia a México. Los mixtecos que habían experimentado una inmersión cultural indígena más profunda eran más propensos a usar una etiqueta étnica indígena para autodefinirse y expresaban mayores niveles de respeto positivo hacia los mixtecos.

El uso del idioma mixteco fue la influencia más importante en la identificación indígena y la afinidad cultural. Los jóvenes que hablaron mixteco durante su infancia tenían más probabilidades de autodefinirse como mixtecos u oaxaqueños. Aquellos que reportaron el uso del idioma mixteco en casa tenían más probabilidades de tener un mejor amigo indígena.

El país de nacimiento, así como las características demográficas y culturales de los pueblos de origen, fueron las siguientes influencias más importantes en la identidad mixteca. Los jóvenes mixtecos que se autodefinieron como indígenas tenían más probabilidades de haber nacido en México y provenir de pueblos con mayores proporciones de hablantes de lenguas indígenas y el uso de la gobernanza indígena municipal. Los mixtecos, particularmente las mujeres, con un fuerte sentido de identidad indígena eran más propensos a desafiar la discriminación y a rechazar los estereotipos negativos en lugar de internalizarlos. Describieron un proceso de transformación de identidad étnica que pasó de sentirse avergonzados a sentirse empoderados para defenderse a sí mismos y a sus amigos de los ataques verbales.

Para muchos, el primer idioma que aprendieron fue el mixteco. A pesar de los diferentes niveles de multilingüismo, muchos habían perdido la capacidad de hablar o entender la lengua mixteca. La mayoría solo podían entenderlo y solo unos pocos podían hablarlo en distintos grados. Aquellos que se sentían regañados o burlados por una mala pronunciación decidían dejar de hablar mixteco. Los que aún hablaban lo usaban para traducir para sus familias. Aunque muchos tenían que traducir entre tres idiomas mientras aún estaban aprendiendo inglés y español, aquellos que se sentían más cómodos entendiendo y hablando mixteco tenían sentimientos positivos sobre la traducción e interpretación.

Al resaltar sus propias dificultades para motivar a los estudiantes a que se esforzaran en la escuela y asistieran a la universidad, los padres y hermanos mayores fueron fuentes importantes de aliento. Para hacer los posibles futuros obstáculos más tangibles, algunos padres llevaban a los estudiantes a trabajar en los campos para enseñarles sobre la importancia de la escolarización para evitar trabajos manuales. Muchos expresaron el deseo de continuar con la escuela para poder conseguir un buen trabajo que les permitiera cuidar de sus padres, pero algunos luchaban por reconciliar el mensaje recibido de sus padres sobre priorizar la escuela con su propio sentido de obligación de ayudar a la familia debido a la persistente y constante dificultad económica.

Académicamente, los mixtecos que se autodefinían tenían más probabilidades de destacar, mientras que aquellos que no se autodefinían tenían más probabilidades de estar luchando. Para los estudiantes exitosos, los recuerdos sobre las duras condiciones económicas en México en comparación con las mejores condiciones en los Estados

Unidos sirvieron como motivación para hacer bien en la escuela. Algunos estudiantes mixtecos habían participado en diversos programas de enriquecimiento académico, como GATE, AVID y el Programa de Educación Migrante, que proporcionaron diversos niveles de apoyo para la educación superior y las trayectorias profesionales. Para aquellos cuyo idioma principal era el mixteco, la experiencia educativa más negativa fue la falta de apoyo para aprender inglés y español simultáneamente. La mayoría de los jóvenes no tenían nociones muy claras sobre sus aspiraciones educativas. Para aquellos que estaban indocumentados, su estatus migratorio complicaba aún más sus trayectorias hacia la educación superior y las carreras profesionales.

5 Zapotecos

Históricamente, la migración zapoteca a los Estados Unidos siguió un patrón de migración interna en México que comenzó en las décadas de 1950 y 1960, cuando los zapotecos fueron reclutados desde Oaxaca para trabajar en la agricultura de exportación en los estados mexicanos del noroeste, como Baja California y Sinaloa. Durante las siguientes décadas, los zapotecos continuaron migrando al norte de México en busca de oportunidades laborales. Generalmente regresaban a Oaxaca después de las temporadas de cosecha, pero en las décadas de 1980 y 1990, la crisis económica mexicana de los años 80 y la crisis del peso de 1994 llevaron a muchos zapotecos a buscar trabajo en los Estados Unidos para apoyar a sus familias en casa (Cruz-Manjarrez, 2013; Poole, 2004).

A principios de la década de 1990, se estimaba que entre 50,000 y 60,000 zapotecos se habían establecido en Los Ángeles. Los zapotecos migran en cadena a través de redes familiares y tienden a asentarse en áreas urbanas, donde trabajan en el sector de servicios, la industria ligera y sus propios pequeños negocios (Hulshof, 1991; Klaver, 1997). En su mayoría, los zapotecos del Valle Central de Oaxaca logran niveles más altos de educación en casa y tienden a hablar más español que los mixtecos (Poole, 2004). En comparación con los mixtecos, los zapotecos tienden a recibir mejores salarios, no están tan sujetos a violaciones laborales y, en general, experimentan una mayor movilidad social ascendente (Poole, 2004).

Muchos inmigrantes zapotecos en los Estados Unidos continúan participando activamente en la vida política local de sus comunidades de origen, incluso cuando no están físicamente presentes (Robson, 2019). Esta participación política fortalece y transforma los recursos culturales y sociales de su comunidad (como formas tradicionales de autogobierno, que incluyen el **sistema de cargos**, la rendición de cuentas de los líderes ante las asambleas populares y una fuerte identidad política comunitaria corporativa) (ver Kearney y Besserer, 2004; Stephen, 2005). Las ideas y prácticas que los migrantes indígenas traen de regreso desde los Estados Unidos se transforman en el contexto de la comunidad de origen, y las prácticas comunitarias 'tradicionales' se adaptan al contexto transnacional. No es inusual que los migrantes indígenas sean convocados de vuelta a sus comunidades para realizar tareas que han sido elegidos para llevar a cabo por la asamblea comunitaria local, incluso si han estado ausentes de sus comunidades durante muchos años, trabajando y viviendo tan lejos como Oregón, California o Nueva Jersey. Aquellos que son convocados deben cumplir con requisitos muy estrictos para mantener una buena reputación dentro de la comunidad, lo que puede incluir el retorno físico para desempeñar un cargo. No cumplir con esto puede conllevar sanciones severas, como la confiscación de tierras y propiedades (Rivera-Salgado, 2005).

En general, las comunidades indígenas zapotecas tienen nociones diferentes de ciudadanía en comparación con los mixtecos, en términos de los requisitos para ser miembro. Los migrantes de muchas comunidades zapotecas no tienen que regresar físicamente para cumplir con sus cargos, ya que se les permite pagar a alguien en su comunidad para que lleve a cabo sus responsabilidades por ellos. Otra diferencia importante es que las sanciones son más simbólicas que en el caso de los mixtecos: en lugar de la confiscación de la tierra familiar por parte de las autoridades locales, los vecinos simplemente desaprueban a quienes no cumplen con un cargo. En las comunidades indígenas zapotecas, ser un 'ciudadano al corriente' implica servicio comunitario (tequio) o contribuciones financieras en forma de cuotas llamadas 'cooperaciones' (Rivera-Salgado, 2005; Robson, 2019).

La Tabla A.1 describe las características demográficas de los padres y hogares de los encuestados en el estudio. De los tres grupos indígenas, las madres y los padres zapotecos tenían niveles más altos de escolaridad formal que los mixtecos y p'urhépechas. Alrededor de una de cada cinco madres zapotecas se dedicaban al hogar. Las madres zapotecas tenían las tasas más altas de trabajos semi-calificados y empleo de tiempo completo. También tenían los niveles más altos de confianza en su 'alfabetización' en inglés (42.3%).

La Tabla A.2 resume las características demográficas de los jóvenes. En promedio, alrededor de un tercio (36%) de los zapotecos nacieron en México y emigraron a los Estados Unidos a los 10 años o más. Entre los nacidos en México, los zapotecos tenían 6.8 años en promedio al momento de su primera migración. Casi tres cuartas partes de los zapotecos nacieron en los Estados Unidos (78%). Alrededor de una cuarta parte de los zapotecos (26%) asistieron a la escuela en México. Entre los que asistieron a la escuela en México, los zapotecos reportaron 4.7 años de escolaridad antes de emigrar. Según la Tabla A.3, los zapotecos asistieron a escuelas con el índice más bajo de maestros blancos (62%). También asistieron a escuelas altamente segregadas, como lo indican los índices de estudiantes hispanos del 63% en las escuelas donde estudiaron los zapotecos.

La Tabla A.5 proporciona una lista de los lugares de origen de todos los estudiantes, así como las características lingüísticas y de gobernanza indígena. Similar a las cifras reportadas en la Tabla A.4, los datos censales mexicanos de 2010 son los que mejor coinciden cronológicamente con el período de recopilación de datos. Los participantes zapotecos procedían de 21 municipios y pueblos diferentes en el estado de Oaxaca. La mayoría de estos pueblos son multilingües, siendo el zapoteco la lengua indígena más común, seguido del mixe, mixteco, chinanteco, mazateco, chontal y huave. La mitad de los municipios para los cuales se pudo localizar datos estaban gobernados por el sistema de *usos y costumbres* indígena; sin embargo, según la Tabla A.4, solo un tercio (35%) de las comunidades zapotecas tenían dicho sistema de gobernanza. La población promedio de los pueblos zapotecos era de 14,440 habitantes, tres veces más que los pueblos mixtecos y p'urhépechas. Los pueblos zapotecos tenían el porcentaje más bajo de residentes indígenas (55.14%) y la mayor disminución de poblaciones indígenas entre 2000 y 2010 (−4.33%). Alrededor de un tercio de los residentes de pueblos zapotecos (37.14%) hablaban una lengua indígena. Entre los hablantes de lenguas indígenas, el 74.84% hablaban zapoteco, mientras que el 7.49% hablaban alguna de las otras seis lenguas indígenas listadas en la Tabla A.5. Los pueblos zapotecos tenían las tasas más bajas de pobreza (63.24%) y analfabetismo en español (10.71%), así como el nivel más alto de experiencia educativa formal (7.01 años de escolaridad) de los tres grupos indígenas. La Figura 5.1 es un mapa que indica el

Figura 5.1 Mapa que indica el origen geográfico de los estudiantes zapotecos en México y su destino de asentamiento en los Estados Unidos.

origen geográfico de los estudiantes zapotecos en México y su destino de asentamiento en los Estados Unidos.

Identidad Racioétnica Transcultural

La socialización étnica familiar tiene una influencia positiva en la identificación zapoteca. Las prácticas de socialización parental que enfatizan la importancia del idioma y la cultura zapoteca son cruciales para la formación de la identidad indígena. Por ejemplo, una joven zapoteca compartió con orgullo lo siguiente:

> Tenemos algunos familiares que intentan no hablar zapoteco en público. En el autobús, siempre nos preguntan: 'Oh, eso no es español. ¿Qué idioma están hablando?' Nosotros les decimos que hablamos zapoteco. Mi mamá me dice: 'No te avergüences de quién eres.'

La socialización parental que enfatiza el orgullo por la lengua indígena ayuda a fortalecer la identidad indígena. En algunas familias, se usan tanto el español como la lengua indígena; sin embargo, en otras, ya ha ocurrido un cambio lingüístico, y solo la generación de los abuelos habla zapoteco. Como describió un estudiante, 'Ellos [mis padres] no saben hablarlo. Nunca ha sido una prioridad en mi familia enseñarnos esa cultura'. De manera similar, un estudiante zapoteca que no hablaba zapoteco pero podía entenderlo afirmó, 'Mi papá me habla en zapoteco. Ellos [mis padres] me enseñan a hablarlo; solo que yo no lo digo bien'. Otros estudiantes zapotecos informaron que sus padres hablan zapoteco en casa e intentan enseñarlo a sus hermanos, quienes no siempre son receptivos. En otras familias, los padres decidieron no enseñar la lengua indígena a sus hijos y solo la hablan con familiares extendidos y amigos fuera del hogar. Otros reportaron que sus padres no les enseñaron zapoteco porque consideraban que el inglés y el español eran más importantes en los Estados Unidos.

Los grupos de danza oaxaqueña se caracterizan por vestidos tradicionales coloridos y el ritmo de la música de **sones y jarabes**. Se requieren años de entrenamiento para desarrollar las habilidades necesarias para realizar estas danzas, y ahora el circuito del festival de la *Guelaguetza* es lo suficientemente grande como para mantener ocupados a los grupos de danza durante todo el verano. Una joven zapoteca comentó, 'Yo bailé como una de las chicas de las flores. Eso fue cuando estaba en quinto o sexto grado'. Mientras que algunos estudiantes continuaron participando en actividades culturales durante la preparatoria, la mayoría dejó de hacerlo o redujo su participación al llegar a la adolescencia. Durante nuestras observaciones etnográficas en varios eventos culturales, notamos que, si bien había jóvenes de todas las edades presentes, los integrantes de los grupos de danza y bandas musicales eran típicamente niños de primaria y secundaria. Los adolescentes generalmente se encontraban entre el público o esperando en las filas de los puestos de comida. Solo un estudiante zapoteca informó haber participado en un club estudiantil en la escuela secundaria:

> Participé en el club CREO, el Comité Regional Estudiantil Oaxaqueño. Estuve ahí los cuatro años. CREO era un club de la preparatoria para promover la cultura oaxaqueña. Tuvimos un evento con oradores estudiantiles y un baile ... Dimos un discurso en inglés, español y zapoteco.

Ella también compartió su entusiasmo cuando su maestro de ética en la preparatoria habló sobre los estereotipos negativos de las personas indígenas.

Al igual que los jóvenes mixtecos, la participación en actividades religiosas fue otro vehículo de socialización cultural parental para los zapotecos. Cuando los padres y otros adultos recrean en los Estados Unidos las tradiciones religiosas de sus pueblos de origen, sus hijos no solo las aprenden, sino que también comienzan a identificarse más fuertemente con su herencia y cultura indígena (Figura 5.2).

Figura 5.2 Jóvenes zapotecos participan en varios eventos culturales oaxaqueños en Los Ángeles, California. © William Pérez

Un estudiante zapoteco explicó el papel de sus padres en una celebración religiosa de su pueblo de origen:

> Hace dos años, ellos [mis padres] fueron mayordomos de la Virgen del Rosario y antes de eso del Señor de Tlacolula. Un mayordomo es responsable de organizar el festival. Tienen que vestir al Señor de Tlacolula. Tienen que dar dinero a la iglesia. Pero principalmente están a cargo de todo y de organizar la misa. Creo que les encanta porque les ayuda a celebrar la cultura de donde son. Les gusta porque les recuerda cómo era cuando eran niños.

Los estudiantes zapotecos que participaron en eventos religiosos oaxaqueños se sentían muy orgullosos de su herencia. Estos eventos a menudo combinan rituales religiosos, como la misa católica y procesiones callejeras de santos patrones, con música y danzas tradicionales, para las cuales los jóvenes se visten con vestimentas típicas. Un joven zapoteca explicó, 'Fui a la fiesta del pueblo. Hacen fiestas para celebrar a los muertos con fuegos artificiales y una banda que toca música. Me vestí como donde son mis padres, y bailé.'

Los jóvenes que no participaban ni en tradiciones religiosas ni en danzas y música cultural expresaban poco interés en asistir a estos eventos e indiferencia hacia las tradiciones culturales. Un joven zapoteco explicó,

> Vamos a *Saint Anne* [la iglesia] y hay niñas con canastas que tiran flores, bailan y lanzan dulces. Contratan un grupo de banda para tocar. Usualmente, la tradición es bailar el ***Jarabe del Valle***. Mi mamá, cuando era pequeña, quería ser una de esas niñas que llevan la canasta, pero nunca tuvo la oportunidad, así que quería que yo fuera. Yo creo que es aburrido.

Otro estudiante zapoteco expresó un sentimiento similar: 'Solo voy a verlo con mi familia. Realmente no me interesa ese tipo de cosas. Solo me gusta aprender sobre cómo los santos tienen un papel importante en nuestra religión y en la cultura de mi mamá.' Estos jóvenes también eran más propensos a mencionar el consumo de alimentos tradicionales de sus lugares de origen en México como ejemplos principales de afinidad cultural indígena. Un estudiante zapoteco afirmó: 'Cada año, ella [mi mamá] siempre me compra pasteles y helados de Oaxaca. Siempre me compra comida que forma parte de nuestra herencia, como tamales.' Cabe destacar que muchos de los encuestados que reportaron muy poco interés en participar o asistir a eventos culturales aún se identificaban fuertemente como indígenas.

Los lazos transnacionales con los pueblos de origen en México, incluidos los viajes periódicos para visitar a familiares, pueden influir en las autoimágenes étnicas de los jóvenes indígenas. La frecuencia y duración de las visitas a México variaban. Algunos solo habían visitado una o dos veces, mientras que otros visitaban anualmente o varias veces al año. Aquellos que visitaban anualmente generalmente lo hacían durante el verano o durante las celebraciones anuales del santo patrón.

Las visitas a los pueblos de origen de los padres en México a menudo incluían la participación en actividades culturales y religiosas. También ayudaban a reforzar los lazos familiares con parientes extendidos. Un estudiante zapoteca afirmó, 'Me encanta estar allá. Es muy divertido porque puedo ver a mis primos. Es como una cultura completamente diferente. Aprendo más sobre de dónde son y sus tradiciones.' Los jóvenes describieron su participación en actividades religiosas y culturales en México como más completa y una versión ampliada de lo que experimentaban en los Estados Unidos. Por ejemplo, un estudiante zapoteca comentó, 'En México es diferente porque hay *jaripeo*, *calenda*, *castillos* y bailes.' No todos los jóvenes se mostraban entusiasmados con los viajes regulares de la familia a México. Por ejemplo, un estudiante zapoteca señaló, 'Es bonito, pero las condiciones de vida son duras. No hay caminos pavimentados, solo caminos de tierra, muchos animales por ahí ... No me gustó esa parte. Me dan miedo los animales.'

Los padres zapotecos también participaban en la gobernanza municipal indígena de sus pueblos y en las asociaciones de paisanos con sede en los Estados Unidos. Por ejemplo, un estudiante zapoteca describió la participación de su padre en una asociación de su pueblo, 'Hacen colectas cuando alguien muere o cuando quieren hacer un proyecto como construir un cementerio o un edificio. Se organizan y recaudan dinero.'

Había un rango de familiaridad con el término indígena *zapoteco*. Algunos no usaban el término porque no lo conocían; otros sabían del término, pero pensaban que era el nombre del idioma, no de las personas; mientras que otros conocían el término, pero no se identificaban con él. Como explicó un participante, 'Siempre crecí pensando que el zapoteco era el idioma, como el dialecto. Hablo zapoteco, pero nunca me consideré zapoteco. Siempre he dicho: "Soy oaxaqueño."' En contraste, cuando se le preguntó si había escuchado el término *zapoteco*, un joven respondió, 'Sí, lo he escuchado, pero no me considero eso.'

La Tabla A.7 indica que los jóvenes indígenas varían en los tipos de etiquetas etnorraciales que prefieren. Cuando se les pidió que escribieran la etiqueta etnorracial que mejor los describía, solo el 57.3% de los estudiantes zapotecos escribieron una etiqueta de identidad indígena, mientras que el otro 42.7% escribió 'mexicano', 'mexicano-americano', 'hispano', o 'latino'. Los zapotecos reportaron niveles más altos de autoestima colectiva, pero una menor afinidad étnica en comparación con los p'urhépechas.

La Tabla A.8 incluye resultados de comparaciones de identidad étnica entre grupos de baja y alta inmersión cultural indígena. En general, los zapotecos del grupo de alta inmersión cultural eran más propensos a ser mujeres (75%), a identificarse como indígenas (75%) y a tener mayores niveles generales de identidad étnica, orgullo y afinidad étnicos en comparación con aquellos en el grupo de baja inmersión cultural. Estos hallazgos sugieren que factores como el uso del idioma indígena, los grupos de compañeros indígenas y las características lingüísticas y demográficas de los pueblos de origen influyen en las identidades indígenas. Los zapotecos que se identificaban como indígenas eran más propensos a ser mujeres (67.4%), a haber nacido en los Estados Unidos (65.1%), a tener un mayor número de amigos indígenas y a reportar mayores niveles de orgullo étnico que aquellos que no se identificaban (ver Tabla A.9).

Al igual que los jóvenes mixtecos, algunos zapotecos consideraban el uso del idioma como una razón para reclamar una identidad indígena. Un estudiante explicó, 'Aunque no nací allá, soy más mexicano que estadounidense porque mi primer idioma fue el zapoteco'. Sin embargo, a diferencia de los mixtecos y los p'urhépechas, la mayoría de los zapotecos no consideraban el uso o la alfabetización en la lengua indígena como el único criterio para reclamar una identidad indígena. Los zapotecos preferían el término *oaxaqueño*, y la mayoría no se identificaba con la etiqueta 'zapoteco'. El uso del idioma zapoteco durante la infancia también tuvo una gran influencia en las identidades étnicas de los estudiantes. Los jóvenes que hablaban zapoteco durante su infancia tenían más amigos indígenas, eran más propensos a autoidentificarse como indígenas (90%) y mostraban niveles más altos de identidad étnica general, autoestima colectiva y orgullo étnico en comparación con aquellos que no usaron el zapoteco durante la infancia (ver Tabla A.10). Aquellos que reportaron el uso del zapoteco en casa tenían más probabilidades de tener un mejor amigo indígena (100%), de tener más amigos indígenas y de mostrar niveles más altos de autoestima colectiva en comparación con aquellos en hogares donde no se usa el zapoteco (ver Tabla A.17).

Multilingüismo Dinámico

Había una gran variabilidad en el uso del inglés, español y las lenguas indígenas entre los jóvenes zapotecos. Para muchos, el primer idioma que aprendieron fue el zapoteco. Un estudiante comentó, 'Fue solo cuando fui a la escuela que tuve que hablar español porque en mi pueblo siempre hablaba zapoteco todo el tiempo.' Con raras excepciones, los jóvenes hablaban principalmente su lengua indígena en casa con sus familiares, español en su comunidad con amigos y vecinos, e inglés en la escuela con maestros y compañeros. Un estudiante describió,

'En mi casa hablo zapoteco. En la escuela a veces hablo zapoteco. En casa, a veces hablo con mi mamá en español. Hablo con mis hermanos en español y zapoteco.'

La Tabla A.11 presenta los resultados de nuestros análisis sobre el multilingüismo dinámico de los estudiantes. Examinamos sus niveles de bilingüismo español-inglés, trilingüismo y experiencias y actitudes de intermediación lingüística. Los zapotecos tenían los niveles más altos de fluidez en inglés autorreportada entre los tres grupos. También eran los más propensos a usar inglés con amigos (74.7%) y a usar español durante la infancia (81.3%). Los zapotecos también mostraban los niveles más altos de bilingüismo español-inglés. Aunque sus prácticas de trilingüismo no diferían de las de los mixtecos, eran significativamente más bajas que las de los p'urhépechas. Muchos estudiantes describieron procesos de translenguaje entre tres idiomas. Por ejemplo:

> En la escuela, cuando el maestro dice algo en inglés y no sé cómo decirlo en español, generalmente lo digo en zapoteco a mi amigo que no sabe inglés. A veces simplemente no sé cómo explicarlo en español, pero sí sé cómo explicarlo en zapoteco, así que lo explico así. Me gusta hacer eso porque puedo expresarme más.

Como trilingües emergentes, los jóvenes indígenas asumían la tarea de intermediarios lingüísticos entre tres idiomas diferentes. Un estudiante explicó, 'Cuando traduzco para mis padres, generalmente es del inglés al zapoteco. En las noches de regreso a clases y reuniones de padres en la escuela de mis hermanos menores, los maestros presentan en español o inglés, y yo simplemente le digo a mi mamá lo que dijeron en zapoteco.' Los estudiantes que hablaban zapoteco asumían responsabilidades familiares como intermediarios lingüísticos, traduciendo documentos importantes para sus padres del inglés al zapoteco. Casi todos los zapotecos reportaron intermediación lingüística español-inglés (98.7%), pero solo la mitad (53.3%) mencionaron haber intermediado usando zapoteco (ver Tabla A.11). Los jóvenes a menudo se preocupaban por traducir correctamente, como explicó un estudiante zapoteca, 'No quiero comunicar algo equivocado, así que me preocupa'. Aquellos que se identificaban como indígenas tenían sentimientos más positivos hacia la intermediación lingüística en zapoteco (ver Tabla A.12).

La pérdida percibida de competencia en lenguas indígenas era común entre los zapotecos. Ellos tenían los niveles más bajos de uso y comprensión de lenguas indígenas entre los tres grupos. También mostraban los niveles más bajos de uso de lenguas indígenas durante la infancia (13.3%) y en el hogar (2.7%). Según la Tabla A.12, los jóvenes que se identificaban como indígenas eran más propensos a usar zapoteco durante la infancia (20.9%) en comparación con aquellos que no se identificaban (3.1%). Un estudiante zapoteca comentó, 'Mi mamá habla zapoteco. Me dijo que lo aprendió como su primer idioma. Lo habla en la casa, pero yo realmente nunca aprendí el idioma.' Otro estudiante cuya primera lengua era el zapoteco dijo, 'Sé zapoteco, pero no tanto como antes'. Mientras que algunos estudiantes hablaban zapoteco con diferentes niveles de confianza, muchos otros solo podían entenderlo. Algunos de estos jóvenes describieron esfuerzos para aprender o expandir su uso y comprensión del idioma indígena. Un estudiante zapoteca compartió:

> Puedo entenderlo … mis hermanos y hermanas no pueden entenderlo para nada. Aprendí por mi cuenta. Solo escuchaba la conversación y decía, '¿Qué significa eso?' Entonces comencé a juntar palabras, y así aprendí.

Agencia y Resiliencia

Los zapotecos describieron diversas formas sutiles y abiertas de discriminación. El color de piel y la estatura también eran marcadores de discriminación contra ellos. Una joven zapoteca explicó, 'En séptimo grado, mi amigo y yo recibimos los resultados de nuestro examen de matemáticas, y mi amigo, que es de Jalisco, dijo, "Oh, Dios mío, sacaste una calificación más alta que yo y eres más bajita que yo". Lo tomé como una broma porque en ese momento realmente no sabía lo que significaba.' Los jóvenes zapotecos nacidos en los Estados Unidos eran más propensos a identificarse como mexicanos y percibir discriminación basada en su origen mexicano. Estos zapotecos se referían a los de primera generación como 'ellos' al describir la discriminación que presenciaban, ya sea porque no los consideraban parte de su grupo o para distanciarse de sus compañeros estigmatizados. Los jóvenes zapotecos eran más propensos a repetir estereotipos sobre los oaxaqueños a través del humor entre amigos. Si bien no tomaban en serio los comentarios ofensivos de un amigo, si venían de un extraño, adquiría un significado más grave y peyorativo. Por ejemplo, un joven zapoteca comentó, 'Si es mi amigo, estamos bromeando, pero si es alguien más, entonces pienso, "Guau eres realmente ignorante"'.

En general, los zapotecos reportaron los niveles más altos de discriminación. Sin embargo, en promedio, indicaron sentirse discriminados solo 'unas pocas veces' en el transcurso de su vida. También reportaron los niveles más bajos de vulnerabilidad a los estereotipos (ver Tabla A.15). Al igual que los mixtecos, para evitar la discriminación, los estudiantes aprendieron a utilizar una variedad de estrategias para ocultar y disfrazar estratégicamente su origen, desde abstenerse de hablar su idioma en lugares públicos hasta no contradecir las suposiciones de que eran *mestizos* o que provenían de un estado mexicano 'no indígena'. Un estudiante zapoteca describió esta estrategia entre sus compañeros, 'Tienen miedo de que alguien los juzgue de manera negativa, así que no quieren que otros sepan que son oaxaqueños, así que pretenden ser otra cosa'.

Ser expuestos a estereotipos negativos generalizados llevó a algunos zapotecos a afirmar que los estereotipos no se aplicaban a ellos porque no encajaban en la descripción. Los hombres zapotecos eran más propensos a mencionar que otros les decían que no encajaban en el estereotipo del oaxaqueño bajito. Por ejemplo, un estudiante zapoteca señaló, 'Cuando le digo a la gente que soy oaxaqueño, dicen: "Oh, no lo podría adivinar", porque tienen ese estereotipo de ser moreno y bajito, y yo soy lo opuesto'. Las mujeres zapotecas eran más propensas a escuchar que no encajaban en el estereotipo porque no eran de piel morena. Una joven explicó, 'Aparentemente, no parezco la típica mexicana, así que realmente nunca me han discriminado … En cuanto a la parte de ser bajita, sí encajo en esa descripción …' Como prueba adicional de que otros en su familia no encajaban en los estereotipos sobre los oaxaqueños, compartió una historia sobre un intercambio entre su padre y un cliente que no creía que fuera oaxaqueño porque no era bajito ni de piel oscura y no parecía indígena:

> Mi papá trabaja como mecánico, y un día un cliente le preguntó: '¿De qué parte de México eres?' Y mi papá dijo: 'De Oaxaca.' Y él dijo: 'Sí, pero tu familia es de otro lado, ¿verdad?' Y mi papá dijo: 'No, mis padres y mi familia nacieron en Oaxaca.' Y el hombre dijo: 'Estás mintiendo porque la gente de Oaxaca generalmente es bajita y morena, y se ve más indígena.' Y mi papá dijo: 'Esa es mi cultura, ahí crecí.' Pero el hombre dijo: 'No te creo. Probablemente eres de otro lugar.'

Dado que ser 'de Oaxaca' se asocia con una baja estatura e indica ascendencia indígena, cuando los jóvenes no encajaban en el perfil físico estereotípico, invocaban criterios basados en el lugar de origen y el idioma para proclamarse oaxaqueños, como identificarse como 'zapotecos' del pueblo de San Lucas Quiaviní, para demostrar que son indígenas.

Como se destaca en la Tabla A.6, solo uno de cada cinco zapotecos tenía un mejor amigo indígena (21.3%). Sin embargo, era más probable que 'hablaran sobre problemas' y 'se divirtieran' con compañeros indígenas en comparación con sus contrapartes mixtecos. Los zapotecos tenían más opciones para socializar con otros estudiantes zapotecos, ya que asistían a escuelas con muchos más estudiantes como ellos. Un estudiante zapoteco comentó: 'Hay muchos oaxaqueños en la escuela. Todos mis amigos son oaxaqueños.' En general, los estudiantes zapotecos 'raramente' tenían contacto con compañeros no hispanos, como afro-americanos, asiático-americanos y blancos. Solo el 10% indicó tener un mejor amigo no hispano. La Tabla A.16 además indica que los jóvenes zapotecos que se autoidentifican como indígenas tienen más probabilidades de tener un mejor amigo indígena (27.9%) y de 'hablar sobre problemas' y 'divertirse' con otros compañeros zapotecos en comparación con aquellos que no se autoidentifican.

Los zapotecos experimentan menos casos de discriminación lingüística indígena porque la mayoría ya no habla el idioma. Más bien, reciben varios mensajes que indican que no encajan en los estereotipos de altura y color de piel asociados con las personas indígenas. Aunque las interacciones entre compañeros del mismo grupo son más altas que entre los mixtecos, no incluyen el uso del idioma indígena. Estar inmersos en comunidades con muchos más oaxaqueños parece estar relacionado con menos casos de microagresiones o formas sutiles e indirectas de discriminación, como las reportadas por los mixtecos, pero con una mayor tasa de microagresiones que cuestionan su identidad transcultural indígena.

Las promesas y desafíos del acceso educativo

Los estudiantes que tuvieron éxito académico informaron una combinación de apoyo familiar, respaldo de hermanos, participación parental y altas expectativas. Los padres expresaban su apoyo a la educación al resaltar sus propias dificultades para motivar a sus hijos a tener un buen desempeño escolar, ir a la universidad y alcanzar una vida mejor. Una estudiante recordó haber escuchado ese mensaje desde que era niña:

> Mi mamá quería que no solo sacáramos buenas calificaciones, sino calificaciones excelentes; que no saliéramos embarazadas como mis primas, sino que nos graduáramos de la preparatoria con honores, fuéramos a la universidad y un día tuviéramos un trabajo mejor que el de ella. Desde que éramos niños, nos decía eso una y otra vez.

En general, los zapotecos reportaron los niveles más altos de percepción del valor que los padres daban a la educación, participación en actividades extracurriculares en la escuela y premios académicos (ver Tabla A.13). También eran los más propensos a estar inscritos en clases avanzadas o de colocación avanzada (AP, por sus siglas en inglés) (22.7%) y, por el contrario, los menos propensos a estar inscritos en programas para estudiantes aprendices del idioma inglés (4%). Los zapotecos que se identificaban como indígenas reportaron puntuaciones más altas en su autoconcepto académico, lo que sugiere una relación positiva entre las identidades académicas e indígenas (ver Tabla A.14).

Un pequeño número de estudiantes zapotecos mencionó haber participado en diversos programas de enriquecimiento académico, como el programa de Educación para Dotados y Talentosos (GATE) y Avance Vía Determinación Individual (AVID). Estos programas resultaron ser fundamentales para proporcionar preparación académica, información sobre universidades y colocación en clases avanzadas o de colocación avanzada en la escuela. AVID fue particularmente importante porque los estudiantes generalmente eran seleccionados para participar durante la escuela secundaria. Como señaló un estudiante zapoteca, 'En AVID, nos prepararon para la universidad. Empecé en octavo grado'.

Mientras que los estudiantes de alto rendimiento informaron diversas experiencias educativas positivas, los estudiantes con dificultades describieron maestros poco comprometidos. Una estudiante zapoteca describió la impaciencia de su maestra de inglés cuando le pidió ayuda para escribir un ensayo:

> Le pedí ayuda a mi maestra de inglés dos veces, y luego, la tercera vez que le pedí ayuda, me dijo: 'Ya te ayudé. No puedo darte más consejos. No podré leer tu borrador.' Cuando me dijo eso, me sentí muy herida.

Los estudiantes también sentían que los maestros y consejeros no les proporcionaban suficiente información sobre la vida después de la preparatoria, cómo elegir una carrera o qué esperar en la universidad.

Excepto por aquellos que habían participado en programas de alcance académico, la mayoría de los jóvenes no tenían nociones muy claras sobre sus aspiraciones educativas. Una de las excepciones fue un estudiante zapoteca que expresó su deseo de usar su educación universitaria para ayudar a su comunidad:

> Voy a UC Irvine. Quiero especializarme en criminología e ingeniería informática y tal vez hacer una especialización secundaria en español. Me aceptaron en cinco universidades. Quiero ganar mucho dinero, pero no quedármelo todo. También quiero ayudar a la comunidad. Siempre he dicho: 'Voy a empezar una beca para oaxaqueños.'

La inmediata y constante dificultad financiera complicaba las metas de educación superior de los estudiantes. Muchos planeaban comenzar sus estudios de educación superior en un colegio comunitario debido al menor costo de matrícula y a la posibilidad de vivir en casa para reducir gastos. Por ejemplo, un estudiante zapoteca dijo, 'Planeaba ir a una universidad fuera del estado, pero desafortunadamente no puedo costearlo, así que iré a un colegio comunitario'. Mientras que algunos aspiraban a vocaciones que no requerirían un título universitario, como mecánico o asistente de enfermería, otros esperaban transferirse eventualmente a una universidad de cuatro años.

Como muestra la Tabla A.13, los zapotecos tenían el porcentaje más alto de estudiantes que esperaban obtener al menos un título de licenciatura (74.7%). Casi todos los zapotecos (96%) afirmaron que planeaban inscribirse en la universidad inmediatamente después de la preparatoria, pero solo el 22.2% de los estudiantes de último año de preparatoria informaron haber sido aceptados en la universidad. Aquellos que se identificaban como indígenas reportaron mayores aspiraciones de obtener al menos un título de licenciatura (93%) en comparación con los que no se identificaban (71.9%). Aunque los zapotecos eran menos propensos a informar que eran indocumentados, algunos entrevistados mencionaron los desafíos que enfrentaban amigos, familiares y compañeros indocumentados. Un entrevistado indicó que se sentía motivado a tener un buen desempeño en la escuela después de observar las luchas que enfrentaban sus compañeros indocumentados. 'Vi cómo otros oaxaqueños querían ir a la universidad, pero no podían porque no tenían papeles, y eso me influyó para ir porque yo tengo la oportunidad.' La siguiente sección ofrece una visión detallada de las experiencias contrastantes de dos jóvenes zapotecos que crecieron en los Estados Unidos, Manuel y Elizabeth.

Análisis en Profundidad: Manuel y Elizabeth

Manuel

Manuel tiene 16 años y emigró a los Estados Unidos cuando tenía 14 años, desde el pueblo de San Lucas Quiaviní, Oaxaca. Su madre y abuelos lo criaron mientras su padre trabajaba en los Estados Unidos para enviar dinero. Tiene tres hermanas y un hermano. Ahora todos viven juntos en Los Ángeles, en un vecindario compuesto principalmente por oaxaqueños. Asistió a la primaria y secundaria en México y recuerda que disfrutaba aprender sobre la historia mexicana. Cuando llegó a los Estados Unidos, se inscribió en tercer año de secundaria, y actualmente cursa el primer año de preparatoria. Le gusta jugar baloncesto con sus amigos, que también son mayoritariamente oaxaqueños. Sus tareas domésticas incluyen limpiar la casa y cuidar a su hermano menor de 4 años hasta que sus hermanas terminan su tarea.

El primer idioma de Manuel fue el zapoteco. Aprendió español por primera vez cuando comenzó la primaria. Antes de emigrar a los Estados Unidos, solo se hablaba zapoteco en su casa. Todos en su familia hablan zapoteco, incluidos sus abuelos, padres, tías, tíos y hermanos. El único lugar donde hablaba principalmente español era en la escuela, ya que la mayoría de las personas en su pueblo hablan zapoteco. Comenzó a aprender inglés en la secundaria antes de emigrar a los Estados Unidos. En los Estados Unidos, Manuel habla zapoteco y español en igual medida en casa, y a veces habla zapoteco en la escuela. La mayoría de sus amigos oaxaqueños también hablan zapoteco, incluidos variaciones lingüísticas que no son mutuamente inteligibles.

Sus amigos que no hablan zapoteco lo alientan a conservar el idioma. Sus maestros también han elogiado sus habilidades trilingües. Regularmente traduce para sus padres. Recientemente, tradujo para su madre durante la noche de regreso a clases porque ella no habla inglés. Ambos padres hablan español, y su padre entiende un poco de inglés.

Manuel traduce del español al zapoteco y del inglés al español. Para sus padres, traduce principalmente del inglés al zapoteco. Le gusta traducir y no lo encuentra demasiado difícil.

Manuel no está involucrado en actividades culturales indígenas. Cree que participar en actividades culturales es algo para hacer cuando uno es mayor y cuando llega su turno de organizar el festival del santo patrón de su pueblo cada octubre. Aunque actualmente no participa en actividades culturales, explicó en detalle todas las actividades que se llevan a cabo durante las festividades del santo patrón. San Lucas Quiaviní está dividido en cuatro barrios, y se espera que cada uno organice y financie las festividades del santo patrón de manera rotativa. Los miembros del barrio que residen tanto en los Estados Unidos como en México deben contribuir económicamente. Se designa a una persona para recaudar fondos entre quienes residen en los Estados Unidos. La organización del festival se considera un servicio comunitario, que es obligatorio para todos los hombres adultos, así como para las mujeres solteras y viudas. Uno de los muchos rituales que describió Manuel es la *calenda*, un grupo de bailarines que procesiona por el pueblo, deteniéndose en diferentes ubicaciones. Una de las paradas obligatorias para los bailarines es la casa del *mayordomo*. El *mayordomo* es una persona seleccionada por el pueblo para ser responsable de financiar el festival. A veces se seleccionan dos personas. El *mayordomo* debe proporcionar café, chocolate, **atole** y otros alimentos tradicionales a los bailarines de la *calenda* y a quienes los acompañan.

Manuel se identifica como oaxaqueño y zapoteco, y está muy orgulloso de su origen. Se considera más oaxaqueño que mexicano. Cree que algunos estudiantes ya no se identifican como oaxaqueños porque nacieron o han vivido en los Estados Unidos durante mucho tiempo. No recuerda haber experimentado discriminación ni en los Estados Unidos ni en México. A veces sus amigos lo llaman 'Oaxaco' como broma cuando debaten sobre cuál pueblo es mejor, pero no lo encuentra ofensivo.

Los padres de Manuel quieren que tenga éxito en la escuela y lo han inscrito en un programa de tutoría después de clases, al cual asiste diariamente por una hora. Ha recibido certificados de mérito académico en inglés, historia y álgebra, y una vez fue seleccionado como estudiante del mes. Manuel no articuló metas educativas o profesionales específicas después de la preparatoria. Muchos de sus amigos oaxaqueños planean ir a la universidad, mientras que otros han abandonado la escuela para trabajar o regresar a México.

Elizabeth

Elizabeth tiene 16 años y nació en los Estados Unidos. Es la mayor de tres hijos. Su hermana tiene 14 años y su hermano, 7 años. Ambos padres son del pueblo de Santa Ana del Valle, Oaxaca. Elizabeth ayuda a cuidar a sus hermanos menores. Su hermano está inscrito en clases de natación y karate, y ella a veces lo lleva a sus clases de karate. También lo lleva y lo recoge de la escuela. Le gusta escuchar música de estilo *oldies* y pop indie, pero está abierta a otros tipos de música. Solía escuchar rock punk. También disfruta de la comida oaxaqueña, incluidos los *chapulines* o saltamontes tostados.

Elizabeth ha visitado muchas veces el pueblo de sus padres, Santa Ana del Valle. Le gusta visitarlo porque puede ver a sus primos y experimentar el lugar de donde son sus padres, además de aprender sobre sus tradiciones. Sus padres crecieron en condiciones modestas, como bañarse con agua fría con cubetas porque no había agua caliente corriente en su casa. Ella suele viajar a Santa Ana del Valle en agosto para las festividades de la santa patrona del pueblo, aunque le gustaría visitar durante las fiestas navideñas para presenciar todas las celebraciones.

Durante el festival de agosto, se celebra una misa en honor a la santa patrona de Santa Ana del Valle, hay juegos mecánicos, bailes folclóricos por las noches y fuegos artificiales. Las bailarinas llevan canastas de flores sobre sus cabezas que disparan fuegos artificiales, y un joven que usa un marco de madera en forma de cabeza de toro con fuegos artificiales baila junto con un grupo de bailarines masculinos.

Aunque no ha participado en las festividades del pueblo, Elizabeth bailó como 'chica de las flores' en los Estados Unidos cuando estaba en quinto grado y lo hizo durante tres años. Piensa que las celebraciones en los Estados Unidos no son tan emocionantes como las de Oaxaca. Aunque ya no participa, su hermana está involucrada en una banda de viento tradicional y aprende y toca las mismas canciones que se interpretan típicamente en los eventos y celebraciones del pueblo de sus padres.

Los padres de Elizabeth hablan zapoteco en casa. Su hermano y hermana no entienden el idioma en absoluto. Sus padres les hablan en zapoteco para alentarlos a aprender el idioma, pero ellos solo recurren a Elizabeth para que les traduzca. El idioma principal de sus abuelos es el zapoteco. Aunque Elizabeth no habló zapoteco durante su infancia, puede entenderlo y lo habla un poco. Aprendió escuchando las conversaciones de sus padres y pidiéndoles que le enseñaran. Comenzó a traducir para sus padres a los 13 años en reuniones escolares con maestros. Sus padres han aprendido suficiente inglés, por lo que ya no dependen de ella para traducir. A Elizabeth le gustaba traducir porque la hacía sentir especial al saber dos idiomas con fluidez. En el trabajo, a menudo traduce para hispanohablantes cuando los ve teniendo dificultades. También traduce del español al inglés para sus hermanos cuando visitan el pueblo de sus padres, ya que no hablan español tan bien como ella.

Elizabeth se considera oaxaqueña porque conoce la cultura y el idioma. También se considera medio zapoteca porque puede entenderlo, pero solo lo habla un poco. Además, se identifica como mexicana-estadounidense porque su familia es de México, pero ella nació en los Estados Unidos. Está consciente de que las personas menosprecian a los oaxaqueños y tienen estereotipos de que son bajos y de piel oscura.

Como estudiante de último año en la preparatoria, Elizabeth disfruta de sus clases. Tiene un promedio de calificaciones de 9.5 y sobresale en la escuela. Trabaja ocho horas al día, a veces más, en un empleo de un año. Aunque le resulta difícil completar su tarea, no cree que esto haya afectado sus calificaciones. En la preparatoria, ha sido miembro de varios clubes, incluido el Movimiento Estudiantil Chicano de Aztlán (MEChA), donde fue presidenta. En este club, los estudiantes asistían a marchas para abogar por la reforma migratoria y realizaban una obra teatral en el Cinco de Mayo para educar a otros sobre la verdadera historia detrás de ese evento mexicano. Recibió el premio Estudiante del Año del Programa Regional de Ocupación (ROP, por sus siglas en inglés) en fotografía. Este programa proporciona experiencia laboral práctica a los estudiantes durante la preparatoria a cambio de crédito académico. Actualmente está tomando una clase de tecnología automotriz para obtener la certificación como asistente técnico automotriz.

Elizabeth trata de establecer metas educativas altas para ella misma debido a la influencia de sus padres. Considera las luchas que han enfrentado y pone su mejor esfuerzo en la escuela para agradecerles por su arduo trabajo para mantenerla. Sus amigos también han tenido una influencia positiva. Una de sus amigas la alentó a no conformarse con un colegio comunitario y en su lugar postularse a una universidad de cuatro años. Su consejera también le aconsejó postularse a una universidad de cuatro años. Planea estudiar trabajo social, aunque aún no tiene claro cuál será su carrera futura. Sus padres quieren regresar a México para jubilarse, y ella quiere poder mantenerlos para que no tengan que trabajar cuando se retiren.

Resumen y Conclusión

Los zapotecos se diferenciaron de los otros dos grupos (mixtecos y p'urhépechas) en varios aspectos. Sus familias provenían de pueblos con poblaciones más grandes, pero con menos residentes indígenas y hablantes de lenguas indígenas. Los zapotecos eran más propensos a afirmar que no encajaban en los estereotipos de estatura y color de piel de los mexicanos indígenas. Los hombres señalaban que no encajaban porque no eran bajos, y las mujeres porque no tenían la piel oscura. En general, la mayoría de los zapotecos asistieron a eventos culturales, pero no participaron activamente en ellos. Algunos informaron una falta de interés en los esfuerzos de sus padres por exponerlos a eventos y tradiciones culturales indígenas. Sin embargo, incluso aquellos que expresaron poco o ningún interés en participar o asistir a eventos culturales aún se identificaban muy fuertemente como zapotecos u oaxaqueños.

Los zapotecos con visitas más frecuentes y largas a los pueblos de sus familias en México eran más propensos a participar en actividades culturales y religiosas durante esas visitas. Al igual que los padres mixtecos, los padres zapotecos también estuvieron muy involucrados en asociaciones de paisanos y en la gobernanza municipal indígena de sus pueblos. Los zapotecos que experimentaron una alta inmersión cultural indígena eran más propensos a ser mujeres y a identificarse como indígenas. También eran más propensos a expresar un deseo de ayudar a otros zapotecos, ser exitosos, representar a su grupo indígena de manera positiva (orgullo étnico) y socializar principalmente con otros zapotecos (afinidad étnica). En todos los grupos, los zapotecos reportaron mayores niveles de aprecio por sus co-étnicos (autoestima colectiva).

Como los mixtecos, el idioma fue un criterio clave para que los zapotecos decidieran usar una etiqueta de identidad indígena. Aquellos que hablaban zapoteco durante la infancia eran más propensos a usar las etiquetas 'oaxaqueño' o 'zapoteco' para identificarse. Sin embargo, los zapotecos preferían el término *oaxaqueño*, y la mayoría no se identificaba con la etiqueta 'zapoteco'. Los nacidos en los Estados Unidos tenían más probabilidades de identificarse como mexicanos que como indígenas. Sin embargo, a diferencia de los mixtecos y los p'urhépechas, la mayoría de los zapotecos no veían el uso y entendimiento del idioma indígena como el único criterio para reclamar una identidad indígena. Los zapotecos que se autoidentificaban como indígenas eran más propensos a ser mujeres, a haber nacido en los Estados Unidos, a socializar más con amigos zapotecos y a tener niveles más altos de orgullo étnico.

El idioma también estaba asociado con actitudes dentro del grupo y la socialización. Aquellos que hablaban zapoteco durante la infancia tenían un mayor respeto por su grupo indígena (autoestima colectiva) y expresaban una necesidad de ayudar a otros zapotecos y representarlos de manera positiva (orgullo étnico). Aquellos que reportaron el uso del zapoteco en casa tenían más probabilidades de tener un mejor amigo indígena, más amigos indígenas y niveles más altos de autoestima colectiva.

Los zapotecos tenían los niveles más bajos de uso percibido y comprensión del idioma indígena entre los tres grupos. También reportaban la tasa más baja de uso del idioma indígena durante la infancia y en casa, y solo unos pocos indicaron que su primer idioma fue el zapoteco. En algunas familias, los padres hablan zapoteco en casa e intentan enseñarles a sus hijos, quienes no siempre son receptivos. En otras familias, los padres solo lo hablan con familiares y amigos fuera del hogar, pero no lo enseñan a sus hijos. Algunos estudiantes describieron esfuerzos por aprender o ampliar sus habilidades en el idioma zapoteco.

Los zapotecos tenían los niveles más altos de uso y comprensión del inglés, así como de bilingüismo español-inglés, entre los tres grupos. Eran los más propensos a usar inglés con sus amigos y a usar español durante la infancia. Casi todos los zapotecos reportaron actuar como intermediarios lingüísticos en español-inglés. Entre los pocos que reportaron intermediación lingüística en zapoteco, aquellos que se autoidentificaban como indígenas tenían sentimientos más positivos hacia esta práctica.

Los zapotecos reportaron los niveles más altos de compromiso académico. Tenían la tasa más alta de participación en actividades extracurriculares en la escuela y la mayor cantidad de premios académicos. También eran los más propensos a estar inscritos en clases de honor o AP. La autoidentificación zapoteca estaba asociada positivamente con un alto autoconcepto académico.

Los zapotecos reportaron los niveles más altos de percepción del valor que sus padres otorgaban a la educación, aunque las dificultades financieras familiares complicaban los objetivos educativos superiores de los estudiantes. Muchos planeaban inscribirse en el colegio comunitario local debido al menor costo de matrícula y la posibilidad de vivir en casa para reducir gastos. Al igual que los mixtecos, un pequeño número de zapotecos había participado en programas de enriquecimiento académico como GATE y AVID, que ofrecían preparación académica y orientación sobre universidades para facilitar el acceso a la educación superior y las trayectorias profesionales. A pesar de estos desafíos, los zapotecos tenían la tasa más alta de quienes esperaban obtener al menos un título universitario de cuatro años, particularmente aquellos que se autoidentificaban como indígenas. Sin embargo, muchos lamentaban la falta de oportunidades educativas para amigos y familiares zapotecos indocumentados.

6 P'urhépechas

El estado de Michoacán alberga 32 grupos indígenas, de los cuales los p'urhépechas son el más numeroso, constituyendo el 78.9% de los hablantes de lenguas indígenas en el estado (Amézcua Luna y Sánchez Díaz, 2015). La mayor parte de la población indígena p'urhépecha se concentra en la región lacustre y montañosa del centro del estado de Michoacán, conocida como la región de la Meseta P'urhépecha (Jones, 2008). En estas localidades, las prácticas tradicionales persisten en diversos grados, incluyendo la endogamia comunitaria, junto con las artes curativas tradicionales, la gastronomía, la vestimenta (particularmente para mujeres) y las danzas. La pirekua, el estilo musical tradicional de la Sierra P'urhépecha, se escucha no solo en las calles sino también en las estaciones de radio locales (Anderson, 2004). Desde la conquista española y hasta hace poco, los p'urhépechas también eran conocidos como tarascos; sin embargo, este término ahora se utiliza raramente, ya que se considera una etiqueta impuesta externamente (Comisión Nacional para el Desarrollo de los Pueblos Indígenas, 2009; Pollard, 2012).

La lengua p'urhépecha no tiene relaciones lingüísticas cercanas con ninguna de las lenguas originarias habladas en México. Cuenta con tres variantes lingüísticas reconocidas: lacustre, central y de la sierra (Instituto Nacional de Lenguas Indígenas, 2012; Instituto Nacional para la Evaluación de la Educación, 2013). En años recientes, ha habido un aumento en los esfuerzos por atender las necesidades educativas de las comunidades p'urhépechas mediante programas de educación bilingüe y bicultural enfocados en el desarrollo y revitalización del idioma, la mejora del rendimiento académico y la enseñanza del español como segundo idioma para los niños p'urhépechas (Hamel, 2008; Hamel y Francis, 2006; Schmelkes, 2009).

Aunque la migración p'urhépecha hacia los Estados Unidos fue inicialmente esporádica, creció durante el Programa Bracero (1943-1964) (Anderson, 2004). Para la década de 1970, la migración hacia los Estados Unidos ya ocurría en casi todas las comunidades p'urhépechas (Beals, 1992; Kemper, 1976, 2010; West, 1945). Muchas personas lograron legalizar su estatus tras la aprobación de la Ley de Reforma y Control de

Inmigración de 1986. Se estima que actualmente viven 120,000 indígenas p'urhépechas en los Estados Unidos (Leco Tomás, 2020). Aquellos que migran a los Estados Unidos suelen asentarse en áreas rurales, y su vida cotidiana continúa organizada alrededor de la agricultura (Leco Tomás et al., 2013). Por ejemplo, un municipio con una larga historia de migración p'urhépecha es Cobden, Illinois (Anderson, 2004). A partir de 1959, los huertos en Cobden emplearon a unos cuantos trabajadores migrantes de Cherán, ubicado en la región de la Sierra P'urhépecha en el estado de Michoacán (Anderson, 2004). Actualmente, el 30% de los habitantes del municipio de Cherán reside en los Estados Unidos, ya que los p'urhépechas continúan migrando a Cobden para trabajar en huertos de manzanas y duraznos y en operaciones comerciales de fresas y arándanos (Anderson, 2004; Leco Tomás et al., 2013). Las familias p'urhépechas, principalmente de Cherán, también se han asentado en Burnesville, Carolina del Norte, para trabajar en la cosecha de calabazas, viveros de plantas, procesamiento de madera, construcción y trabajos de servicio (Cortina, 2008; Leco Tomás et al., 2013).

En muchos municipios p'urhépechas en México, entre el 25% y el 35% de los residentes han migrado a los Estados Unidos (Comisión Nacional para el Desarrollo de los Pueblos Indígenas, 2009). Estas comunidades han formado 'comunidades transnacionales p'urhépechas', donde recrean tradiciones y costumbres como parte de su identidad étnica. Organizan festividades cívicas y religiosas, reproducen prácticas tradicionales, creencias y mitos; practican medicina tradicional; tocan música regional y usan vestimenta tradicional en momentos significativos; preparan platillos tradicionales y mantienen vínculos estrechos con sus comunidades de origen, participando en proyectos y cargos comunitarios. Según Jones (2008), la mitad de los residentes del pueblo de Quinceo ahora vive en el área de Seattle, Washington, donde las mujeres p'urhépechas cocinan guisados tradicionales de res y *corundas*, un alimento básico p'urhépecha parecido a un tamal en forma de triángulo. La comunidad sigue practicando tradiciones y celebraciones de Quinceo, como la danza de los viejitos para celebrar la llegada del invierno. Sus prácticas ancestrales de música, gastronomía y leyendas fortalecen los enclaves étnicos p'urhépechas y reafirman sus identidades étnicas (Leco Tomás, 2012). Las organizaciones cívicas transnacionales unifican a los migrantes p'urhépechas en los Estados Unidos para acciones colectivas durante eventos importantes de la vida en sus pueblos de origen en México, como retiros, bodas y enfermedades graves. Por ejemplo, Anderson (2004) señala que la venta de boletos de rifas en Cobden, Illinois, para mejorar físicamente la iglesia en Cherán es una práctica común. Los p'urhépechas en los Estados Unidos también mantienen lazos con sus comunidades de origen participando en cargos comunales para promover importantes proyectos cívicos.

Grandes festivales culturales y religiosos p'urhépechas, como el Año Nuevo P'urhépecha, se celebran en varias ciudades de los Estados Unidos, incluyendo Lynwood, California; Cobden, Illinois; y Reynolds, Oregón. En estos eventos, los participantes usan vestimentas tradicionales que representan sus comunidades de origen. Asisten personas de todo Estados Unidos, ya que la mayoría no puede regresar a sus pueblos natales en México debido a que son indocumentados. Las celebraciones religiosas se llevan a cabo anualmente por p'urhépechas del pueblo de Tanaco en Costa Mesa, California; por aquellos del pueblo de Nurio en San Mateo, California; así como por los del pueblo de Cherán en Cornelia, Georgia, y Burnsville, Carolina del Norte (Leco Tomás, 2008). Para aquellos que tienen residencia legal en los Estados Unidos, los festivales religiosos y las celebraciones los atraen regularmente a casa. Por ejemplo, Anderson (2004) señala que durante la cosecha de manzanas, los productores del sur de Illinois a menudo se ven afectados por una partida masiva de trabajadores de Cherán que regresan a casa para el festival del santo patrón del pueblo. La migración p'urhépecha continúa no solo por la falta de oportunidades de empleo en sus comunidades de origen, sino también por el fortalecimiento de sus redes sociales migratorias.

La Tabla A.1 describe los datos demográficos de los padres y hogares de los encuestados del estudio. De los tres grupos indígenas, las madres y los padres p'urhépechas tenían los niveles más bajos de educación formal. La mayoría de las madres p'urhépechas tenían bajos niveles de uso y comprensión del inglés. Los padres p'urhépechas tenían niveles más bajos de uso y comprensión del inglés que los padres zapotecos. La Tabla A.2 proporciona un resumen de las características demográficas de los jóvenes. La mayoría de los estudiantes p'urhépechas eran mujeres. Más de las tres cuartas partes (78%) de los p'urhépechas nacieron en México y emigraron a los Estados Unidos a los 6 años o más. Casi una cuarta parte (22%) de los p'urhépechas nacieron en los Estados Unidos. Aproximadamente un tercio (32%) asistió a la escuela en México. Entre aquellos que asistieron a la escuela en México, los p'urhépechas reportaron el mayor número de años de escolaridad antes de emigrar (promedio [M] = 5.4 años). Según la Tabla A.3, los estudiantes p'urhépechas asistieron a escuelas con el mayor porcentaje de maestros blancos (82%). También asistieron a escuelas altamente segregadas, como lo indican las tasas de estudiantes hispanos (87%).

La Tabla A.4 proporciona una descripción general de las características demográficas de las comunidades de origen de los participantes p'urhépechas en México. Nuestra muestra incluyó jóvenes de nueve municipios diferentes del estado de Michoacán. El idioma indígena más común hablado en estas localidades era el p'urhépecha, seguido de náhuatl o mazahua. Al igual que los mixtecos, los p'urhépechas provenían de localidades que eran aproximadamente un tercio del tamaño (M = 5,506) de las localidades zapotecas (ver Tabla A.4). Las localidades p'urhépechas tenían el porcentaje más alto de residentes indígenas (91.60%) y más de dos quintas partes (43.37%) hablaban un idioma indígena. En promedio, más del 89% de los hablantes de idiomas indígenas hablaban p'urhépecha y menos del 1% hablaban los segundos idiomas más frecuentes (náhuatl o mazahua). Las localidades p'urhépechas tenían menos diversidad lingüística indígena en comparación con las localidades mixtecas y zapotecas. A diferencia de las localidades zapotecas y mixtecas, ninguna de las localidades p'urhépechas utiliza el sistema de gobernanza municipal indígena de *usos y costumbres*. Las localidades p'urhépechas tenían la segunda tasa más alta de pobreza (78.25%), significativamente más alta que la de las localidades zapotecas (63.24%). También tenían menos educación formal (M = 5.83) y mayor uso y comprensión del español (15.12%) que los dos grupos mencionados anteriormente. Además de las condiciones de hacinamiento con múltiples familias viviendo juntas, los jóvenes p'urhépechas describieron su vecindario en los Estados Unidos como contaminado y lleno de tierra; la gente quema su basura, hay un suministro de agua poco confiable y falta de lugares para comprar comida. Al igual que los mixtecos, muchos p'urhépechas reportaron haber sido separados de sus familias durante la migración a los Estados Unidos. La Figura 6.1 proporciona un mapa de la región de origen de los participantes p'urhépechas en México y el área de asentamiento en los Estados Unidos.

Identidad Racioétnica Transcultural

La socialización en lenguas indígenas es un mecanismo importante para inculcar orgullo por los orígenes indígenas en los jóvenes. Como describió un estudiante p'urhépecha: 'Dondequiera que vayamos, [mi padre] siempre habla [p'urhépecha], para que nunca olvidemos nuestro idioma y estemos orgullosos de quiénes somos'. La participación cultural entre los p'urhépechas se centró exclusivamente en actividades religiosas. Muchos reportaron bailar en eventos religiosos desde una edad temprana. Una joven p'urhépecha comenzó cuando era niña y todavía participa:

> Desde que llegué aquí [a los Estados Unidos] cuando tenía 5 años, comencé a participar en los bailes. Todavía lo hago. Cada año celebramos una virgen diferente. Tienes que inscribirte en la iglesia para llevarte a la virgen a casa; allí la adornan y tienen una gran celebración el 11 y 12 [de diciembre] y hacen que los jóvenes realicen los bailes. Buscan a hombres y mujeres jóvenes, niños y niñas para ensayar hasta el 11 y 12, cuando hacemos el baile. Lo hacemos todo tradicionalmente, usamos trajes tradicionales que nos envían desde México.

Figura 6.1 Mapa de la región de origen de los participantes p'urhépechas en México y el área de asentamiento en los Estados Unidos.

Algunos maestros se sorprendieron por la participación cultural de estudiantes que parecían demasiado americanizados o desconectados de su herencia indígena:

> Cuando actúan en diferentes eventos, no hay nada mejor que ver a la gente quedarse alrededor y aplaudir … estudiantes que considerarías desconectados de su propia cultura … como si fueran mitad *skaters*, mitad Chalinos o algo así. Aun así, la gente los aplaude y actúan … y la gente está esperando en la iglesia para verlos … eso es algo grande.

La participación en actividades religiosas hizo que los estudiantes se sintieran muy orgullosos de sus tradiciones p'urhépechas. Una estudiante comentó:

> Yo participo y mis amigos también … creo que es divertido … el 11 y 12 [de diciembre] nos vestimos con túnicas y asistimos a las actividades de la iglesia. Nos hace felices cuando nos seleccionan para participar porque no seleccionan a todos. Para mí es un honor participar. Los trajes de baile que usamos son hermosos.

Mientras algunos estudiantes continuaron participando en actividades culturales durante la preparatoria, la mayoría dejó de hacerlo o redujo su participación al llegar a la adolescencia.

Los lazos transnacionales con los pueblos de origen en México, incluidos los viajes periódicos para visitar a familiares, influyen en las autoimágenes étnicas de los jóvenes indígenas en diversos grados. Algunos jóvenes p'urhépechas viajaban a México durante el verano, 'Cuando terminamos la escuela, vamos a México para estar con nuestros familiares que viven allí, con amigos ... regresamos cuando comienzan las clases'. Los p'urhépechas fueron el único grupo que no provino de un pueblo que utilizara el sistema de gobernanza municipal indígena *usos y costumbres*. No informaron sobre participación parental en gobernanza local o asociaciones de pueblos natales.

Entre los p'urhépechas, algunos se identifican como p'urhépechas, mientras que otros se identifican como tarascos. Cuando se les preguntó cómo se identificaban sus padres, un estudiante explicó, 'Ellos dirían que somos de Cirilo, Michoacán, y que hablamos tarasco. No dirían que somos p'urhépechas'. Haber nacido en una comunidad indígena o tener padres y familiares nacidos en una comunidad indígena fue citado por la mayoría de los jóvenes que se identificaron como p'urhépechas. Un estudiante expresó, 'Soy p'urhépecha porque nací allá y mis tradiciones, los bailes de los viejitos y los pastores y muchas otras cosas, la cultura'.

La Tabla A.7 indica que los estudiantes p'urhépechas tenían una autoestima colectiva más baja que los estudiantes mixtecos y zapotecos. Sin embargo, los estudiantes p'urhépechas mostraban niveles más altos de afinidad étnica en comparación con los zapotecos y mixtecos. Así, aunque tenían menos probabilidades de tener sentimientos positivos hacia su grupo indígena, preferían socializar con otros p'urhépechas. La Tabla A.8 incluye los resultados de las comparaciones entre los grupos de baja y alta inmersión cultural indígena. En general, los estudiantes p'urhépechas en la categoría de alta inmersión tenían más probabilidades de haber nacido en México (84.6%) y de autoidentificarse como indígenas (80.8%). Según la Tabla A.16, aquellos que se autoidentificaron como indígenas también tenían más probabilidades de tener un mejor amigo p'urhépecha (73.9%).

Para los jóvenes p'urhépechas, el idioma fue citado como uno de los criterios más importantes para reclamar una identidad indígena y usar una etiqueta de identidad indígena para autoidentificarse. En respuesta a cómo se identifica, una estudiante respondió: 'Mexicana o p'urhépecha, porque hablo el idioma'. Al igual que los mixtecos, aquellos que no se consideraban p'urhépechas mencionaron la falta de uso y comprensión del idioma como la razón principal. No poder hablar el idioma hacía que los jóvenes p'urhépechas que podían entenderlo fueran muy cautelosos al reclamar una identidad p'urhépecha. Cuando se le preguntó si se considera p'urhépecha, una estudiante explicó: 'No realmente porque no hablo mucho p'urhépecha'. Una joven que llegó a los Estados Unidos a los 3 años desde una comunidad donde la mayoría habla p'urhépecha, lo entendía, pero no lo hablaba, por lo que se identificaba como 'michoacana de Ocumicho', no como p'urhépecha, porque no hablaba el idioma. Aunque eran una excepción poco común, no todos los p'urhépechas utilizaban el uso estricto del idioma como criterio para autoidentificarse. Un estudiante varón dijo: 'Soy p'urhépecha. Estoy orgulloso de ser p'urhépecha. También hablamos el idioma p'urhépecha. No sé cómo hablarlo, pero puedo entenderlo.' Debido a su capacidad de hablar y/o entender el idioma, la mayoría de los jóvenes p'urhépechas preferían la etiqueta de identidad p'urhépecha. Los resultados en la Tabla A.10 indican que aquellos que hablaban p'urhépecha durante la infancia tenían más probabilidades de tener un mejor amigo p'urhépecha (86.7%) y de autoidentificarse como p'urhépecha (86.7%). Todos los participantes que hablan p'urhépecha en casa preferían la etiqueta de identidad p'urhépecha (ver Tabla A.12).

Multilingüismo Dinámico

Había una gran variabilidad en el uso del inglés, el español y el idioma indígena por parte de los p'urhépechas. Para muchos, el primer idioma que aprendieron fue el p'urhépecha. Varios estudiantes mencionaron que aprendieron su idioma indígena de sus abuelos. En muchos casos, era el único idioma que sus abuelos hablaban. Según la Tabla A.11, los p'urhépechas tenían la mayor 'competencia' en el idioma indígena. Casi todos los participantes (93.8%) hablaban y/o entendían el idioma. Los p'urhépechas fueron los únicos que mencionaron haber aprendido p'urhépecha en la escuela o tener maestros que hablaban p'urhépecha cuando asistieron a la escuela en México antes de emigrar a los Estados Unidos.

Según los datos de las encuestas, los p'urhépechas tuvieron el mayor uso del idioma indígena durante la infancia (46.9%) y en el hogar (31.2%). Muy pocos informaron usar p'urhépecha con amigos (ver Tabla A.11). Un estudiante p'urhépecha dijo, 'Como siempre nos estamos enviando mensajes de texto, a veces escribimos mensajes en p'urhépecha'. Un maestro afirmó que se esfuerza por afirmar el valor del idioma indígena de los estudiantes. Dijo, 'Están muy orgullosos de su idioma. Los escuchas hablar entre ellos durante la hora del almuerzo en p'urhépecha'. Otro estudiante describió una afirmación positiva de sus compañeros, 'Siempre preguntan: "¿Qué estás diciendo?" Se interesan y quieren aprenderlo. Preguntan cómo se dicen ciertas palabras.'

La Tabla A.11 presenta los resultados de los análisis de las habilidades multilingües de los estudiantes. En general, los estudiantes p'urhépechas tuvieron los niveles más bajos de competencia percibida en el inglés y también fueron los menos propensos a usar inglés con amigos

(9.4%). También fueron los menos propensos a usar español durante la infancia (53.1%), particularmente entre aquellos que se identificaron como p'urhépechas (43.5%) (ver Tabla A.12). Aunque los p'urhépechas tuvieron los niveles más bajos de bilingüismo inglés-español, obtuvieron las puntuaciones más altas en trilingüismo, lo que significa que, aunque eran menos propensos a ser altamente 'competentes' en inglés y español, eran los más propensos a ser altamente 'competentes' en los tres idiomas. Los estudiantes p'urhépechas que hablaban los tres idiomas expresaron orgullo por sus habilidades multilingües. Un estudiante comentó, 'En la escuela me dicen que es bueno hablar tres idiomas. Siempre me dicen eso.' Los estudios sobre multilingüismo han demostrado que la alfabetización en dos idiomas facilita la adquisición de un tercero (O'Donnell, 2010; Ruiz y Barajas, 2012). Un maestro de matemáticas compartió un vívido ejemplo de la habilidad de uno de sus estudiantes p'urhépechas para aprender inglés a pesar de la falta de apoyo escolar:

> Tuve un estudiante ... cuando era de primer año, estaba tomando mi clase de álgebra, no hablaba inglés y ni siquiera hablaba español muy bien. De hecho, hablaba inglés mejor que español, y asumí que hablaba español, así que cuando intenté ayudarlo, no lo sabía. Me dijo que sabía hablar inglés un poco mejor que español, así que le hablé en inglés. Ahora que es estudiante de último año, habla inglés excelente y, en esos cuatro años, es increíble que pasó de hablar muy poco, o nada de inglés, a ahora hablar con sus amigos en inglés durante la hora del almuerzo.

Los estudiantes p'urhépechas informaron que traducían para sus padres, particularmente en la escuela. Tenían la tasa más alta de intermediación lingüística en idioma indígena y casi el 88% informó realizar intermediación lingüística utilizando el p'urhépecha (ver Tabla A.11). Por ejemplo, un estudiante explicó:

> Cuando vamos a la clínica, traduzco al p'urhépecha. Cuando vamos a reuniones escolares, tengo que traducir para mi papá porque algunas personas solo hablan español y otras solo inglés, y cuando mis padres quieren decir algo, tengo que traducirlo al español o al inglés para mi maestro.

Muchos tuvieron que traducir para sus familias, aunque aún estaban aprendiendo inglés y español. Un estudiante describió, 'Mi papá habla español, pero no muy bien. Yo lo entiendo un poco más, así que le traduzco del español al p'urhépecha y, a veces, del inglés, pero no sé tanto inglés.' La intermediación lingüística en idioma indígena también estaba asociada con la identificación indígena. Según la Tabla A.12, los estudiantes que se identificaron como p'urhépecha tuvieron tasas más altas de intermediación lingüística en idioma indígena (95.7%) que aquellos que no se identificaron (66.7%).

A pesar de sus niveles más altos de competencia percibida en idioma indígena en comparación con mixtecos y zapotecos, la pérdida de 'competencia' en idioma indígena también fue común entre los p'urhépechas. Un estudiante explicó, 'No sé mucho p'urhépecha, así que hablo más inglés, primero español, luego inglés y después p'urhépecha'. Al igual que los mixtecos y zapotecos, algunos de estos jóvenes describieron esfuerzos por aprender o expandir sus habilidades en idioma indígena. Un estudiante dijo:

> Cuando llegué aquí [a los Estados Unidos], quería aprenderlo [p'urhépecha]. Puedo decir algunas palabras, pero no las pronuncio bien ... a veces, cuando mi mamá me habla en p'urhépecha en casa, entiendo todo ... quiero responder en p'urhépecha, pero no puedo ... quiero aprender a hablarlo.

La pérdida del idioma varió según la identificación indígena. Aquellos que se identificaron como p'urhépechas tuvieron un mayor uso del idioma indígena durante la infancia (56.5%) en comparación con aquellos que no se identificaron (22.2%). Los que se identificaron como p'urhépechas también tuvieron un mayor uso del idioma indígena en casa (43.5%) y puntuaciones más altas de trilingüismo (ver Tabla A.12).

Agencia y Resiliencia

Los p'urhépechas reportaron muchas instancias de discriminación, así como una progresión gradual de sentirse marginados a sentirse empoderados para confrontar a sus compañeros y desafiar los estereotipos negativos. A menudo, aquellos que se sienten empoderados confrontan a sus compañeros. También defienden a sus amigos del acoso escolar. Los jóvenes que han desarrollado un fuerte sentido de su identidad indígena recurren a la autoafirmación en respuesta a la discriminación y se convierten en modelos a seguir para sus compañeros indígenas, como lo describió un estudiante p'urhépecha:

> A veces, los estudiantes en la escuela que no conozco muy bien me hacían sentir mal porque se burlaban de mí solo porque hablaba otro idioma. Pero luego, cuando comenzaron a conocerme, no decían nada de eso, todo lo contrario. A veces, incluso admiten que también hablan ese idioma. Hay algunos niños en esta escuela que lo hablan, pero dicen que no; pero cuando me escuchan decir que hablo ese idioma y que me gusta saber más idiomas que los demás, entonces los otros niños también levantan la mano y dicen: 'Yo también'.

Los estudiantes p'urhépechas reportaron varios incidentes de discriminación debido al uso de su idioma indígena, particularmente por parte de otros estudiantes mexicanos que provienen de estados donde se consideran menos indígenas. Un estudiante comentó, 'Algunos estudiantes en mi escuela que no son p'urhépechas nos discriminan. Es realmente malo. Nos llaman nombres. Nos llaman "chacas". Son los que son de otros estados de México.' La palabra *chaca* es un término despectivo que tiene la intención de burlarse del sonido del idioma p'urhépecha.

La discriminación contra los p'urhépechas se basaba principalmente en el idioma, a diferencia de los mixtecos, quienes también experimentaron discriminación basada en el color de piel y la estatura. De cierta forma, la segregación residencial los protegió de ser discriminados en sus vecindarios. Como explicó una joven, 'Te llaman "chaca" cuando hablas p'urhépecha. Mucha gente en mi vecindario solía llamarnos así antes, pero ya no, porque todas las personas que solo hablan español ya no viven aquí.' Otra joven describió claramente la devaluación del idioma p'urhépecha, 'Siempre preguntan de dónde viene el idioma. Les gusta el francés, es lo mismo, pero siempre me preguntan: "¿Qué idioma es ese?" Les digo que es p'urhépecha, y ellos dicen: "¿Qué?" Y luego me dicen cosas.' En general, la mitad de los entrevistados p'urhépechas describieron experiencias de discriminación basadas en el idioma.

Los maestros entrevistados enfatizaron que no solo los estudiantes indígenas, sino también sus padres, desean permanecer ocultos y mezclarse con los mexicanos no indígenas. Cuando se les preguntó qué porcentaje de los estudiantes en la escuela eran p'urhépechas, un maestro respondió, 'Nadie lo sabe y nadie te lo va a decir'. Los maestros explicaron que los intentos previos de identificar el idioma del hogar de los estudiantes mediante encuestas enviadas a los padres habían arrojado cifras inexactas porque los padres deliberadamente escribían información incorrecta para permanecer ocultos. Según un maestro, los padres solo quieren evitar tener que revivir las experiencias negativas que tuvieron en México:

> Cuando sales de un sistema que te considera en el fondo del sistema allá … para entrar a otro sistema donde nuevamente estás en el fondo. No quieres ponerte en el centro de atención, especialmente cuando estás dentro de la misma comunidad. Dondequiera que vayas aquí, todavía usan términos despectivos hacia los estudiantes indígenas: *indio* … *maldito chaca* y todo eso.

Uno de los maestros creció en la misma comunidad y recordó haber escuchado el término despectivo *chaca* cuando era niño, hace más de dos décadas antes.

Para evitar la discriminación, los estudiantes han aprendido a usar una variedad de estrategias para ocultar y disfrazar su origen, como evitar hablar su idioma en lugares públicos. No hablar p'urhépecha en la escuela ni revelar de dónde son, son estrategias comunes que emplean. Generalmente, limitan el uso de su idioma indígena al hogar con su familia o con otros compañeros del mismo origen etnolingüístico. Dado que la discriminación que experimentaron no se basaba en características físicas, como en el caso de los mixtecos y zapotecos, la principal forma en que intentaron 'pasar' desapercibidos fue omitir mencionar de dónde eran o afirmar que eran de un lugar diferente en México que no estuviera asociado con la 'indigeneidad'.

Los jóvenes p'urhépechas generalmente preferían socializar con compañeros de su mismo grupo. Como destaca la Tabla A.6, los p'urhépechas eran los más propensos a tener un mejor amigo p'urhépecha (62.5%). Al igual que los zapotecos, tenían más probabilidades de 'hablar sobre problemas' y 'divertirse' con compañeros indígenas en comparación con sus contrapartes mixtecos. Los p'urhépechas eran los menos propensos a 'salir' o 'divertirse' con compañeros no hispanos. Los p'urhépechas que se identificaban como indígenas tenían más probabilidades de tener un mejor amigo p'urhépecha (73.9%) y de 'salir' con otros p'urhépechas, y eran los menos propensos a 'salir' con compañeros no hispanos en comparación con aquellos que no se identificaban como indígenas (ver Tabla A.16). En contraste con los datos de las entrevistas, los encuestados p'urhépechas reportaron los niveles más bajos de discriminación entre los tres grupos. Sin embargo, reportaron niveles significativamente más altos de vulnerabilidad a los estereotipos (ver Tabla A.15).

Cuando preguntamos a una maestra lo que comparten los estudiantes p'urhépechas sobre su vida en el hogar, respondió, 'No mucho. La mayoría de los estudiantes son muy callados. No son tan sociales. No se abren mucho.' Aunque los maestros parecen ser solidarios, no comprenden las frecuentes experiencias de marginación de los estudiantes. Un estudiante p'urhépecha expresó, 'No creo que los maestros sepan lo que significa ser p'urhépecha. No creo que entiendan. Solo se interesan cuando nos vestimos. Les gustan los trajes tradicionales que usamos.'

Los maestros insensibles a menudo exacerbaron la sensación de marginalidad y falta de poder de los estudiantes. En un caso, una maestra pidió a una de las estudiantes que entrevistamos que hablara en p'urhépecha frente a toda la clase, sin darse cuenta de que la marcaría como un blanco directo de discriminación:

> Llegué a clase y la maestra dijo que estaban hablando del idioma p'urhépecha, y luego me pidió que lo hablara frente a toda la clase. Entonces, los estudiantes me miraron y yo bajé la cabeza porque me sentí avergonzada. Me preguntaron cómo decir cosas, fingiendo interés, pero solo era para burlarse de mí.

Ella solo quería encajar con los otros estudiantes mexicanos y no ser etiquetada como diferente por la maestra. La ignorancia de los maestros sobre las palabras despectivas utilizadas para menospreciar a los estudiantes indígenas hace que los estudiantes sientan que no pueden confiar en sus maestros para protección. Un estudiante lamentó, 'Algunos estudiantes fingen hablar nuestro idioma para burlarse de él. Eso nos hace sentir mal. Nos llaman "chacas". Muchos maestros ni siquiera saben que hacen eso.'

La discriminación étnica y racial puede consistir en la exclusión sistemática de recursos específicos y en la limitación del acceso a esos recursos (García Coll *et al.*, 1996). Por lo tanto, la discriminación étnica y racial no es solo una ideología o prejuicio personal, sino que está institucionalizada a través de políticas, normativas y prácticas que favorecen a las personas o grupos en el poder y colocan en desventaja a las minorías raciales/étnicas (Tatum, 1997). Por ejemplo, cuando preguntamos a maestros y consejeros escolares sobre programas o apoyos para estudiantes y familias p'urhépechas, informaron que las escuelas no tenían ninguno. Una consejera consideró que las necesidades socioeconómicas de los estudiantes eran una prioridad más importante. Cuando preguntamos sobre servicios de traducción para los padres p'urhépechas, admitió que no había considerado los servicios de traducción como una necesidad porque los padres nunca los habían solicitado.

Las Promesas y Desafíos del Acceso Educativo

Una tendencia única entre los entrevistados p'urhépechas es que casi todos describieron mensajes parentales sobre la importancia de la educación que iluminaba el contraste entre trabajar en los campos bajo el sol y trabajar en una oficina con aire acondicionado. Los siguientes dos ejemplos demuestran esta tendencia única que no era típica entre los mixtecos o zapotecos:

> Mi papá me dice que debo esforzarme para no tener que trabajar en los campos como él. No quiere que trabajemos bajo el sol. Por eso me anima, porque quiere que trabaje en un lugar que tenga aire acondicionado … Mi papá me dice que debo terminar la preparatoria y luego ir a la universidad para conseguir un mejor trabajo que él, para no tener que trabajar en los campos bajo el sol, para trabajar en una oficina y no luchar como él.

Los estudiantes académicamente exitosos reportaron una mezcla de estímulo familiar, apoyo de hermanos, participación parental y altas expectativas. Una estudiante p'urhépecha compartió, 'Mi mamá dice: "Tú preocúpate por la escuela y yo me preocuparé por el resto", y eso es lo que siempre tengo en mente. Mi papá dice lo mismo.' Los estudiantes p'urhépechas también describieron los esfuerzos parentales para monitorear su progreso académico asistiendo a reuniones de padres y maestros y preguntando a los maestros sobre la asistencia y las calificaciones.

Aunque casi todos los entrevistados p'urhépechas informaron sobre un fuerte apoyo parental hacia la educación, sus relatos contrastaron con las percepciones de los maestros, quienes describieron un menor apoyo hacia la educación. Un maestro explicó que, en particular, los niños reciben mensajes sobre trabajar en los campos después de la preparatoria, mientras que las niñas reciben mensajes sobre casarse. En respuesta a la misma pregunta, otro maestro respondió:

> Con base en mi experiencia previa, conocía bastante bien a los estudiantes con los que trabajaba. Sus padres estaban orientados hacia la educación, pero he escuchado historias de terror donde se espera que muchos de ellos se casen jóvenes. Se espera que las mujeres sean amas de casa y cosas así, por lo que aún es desafortunado.

Una consejera que era relativamente nueva en la escuela y había tenido un contacto limitado con estudiantes o padres p'urhépechas había escuchado historias similares de sus colegas, 'Las cosas que he escuchado de los maestros y otros consejeros son que la mayoría de ellos no creen en la escuela. No creen en la educación superior. Creen en que las niñas se casen a los 15 o 16 años y comiencen su propia familia.' Los datos de la encuesta estudiantil proporcionan un apoyo parcial a la perspectiva de los entrevistados educadores. La Tabla A.13 indica que los estudiantes p'urhépechas tenían los niveles más bajos de percepción del valor de la educación por parte de sus padres.

La Tabla A.13 incluye resultados de comparaciones sobre participación académica y logros. Los estudiantes p'urhépechas reportaron los niveles más bajos de participación extracurricular. En general, los estudiantes p'urhépechas tenían los promedios de calificaciones más bajos y el menor número de premios académicos. También eran los más propensos a estar en las clases de aprendizaje del idioma inglés (34.4%), y ninguno de ellos estaba inscrito en clases de honor o colocación avanzada (AP). Esta tendencia fue notada por uno de los maestros que entrevistamos:

> He notado que, mientras más alto el nivel, menos estudiantes p'urhépechas tengo. Este año no tuve ni un solo estudiante en AP. Enseño clases de honor y AP, y tuve un par en honor, así que probablemente pasarán a AP el próximo año.

Como muestra la Tabla A.13, los estudiantes p'urhépechas eran los menos propensos a estar en el grupo académico 'excelentes' (12.5%). Por el contrario, dos quintas partes de los estudiantes p'urhépechas estaban en la categoría académica 'reprobados' (40.6%).

Un pequeño número de estudiantes p'urhépechas en el grupo académico 'excelentes' habían participado en varios programas de enriquecimiento académico, como Educación para Dotados y Talentosos (GATE), Avance Vía Determinación Individual (AVID) y el Programa de Educación para Migrantes. Estos programas resultaron ser fundamentales para proporcionar preparación académica, información sobre universidades y colocación en caminos a programas de honor y AP en la escuela. La mayoría de los estudiantes que participaron en programas de enriquecimiento no se dieron cuenta de la magnitud del efecto que tendría en sus trayectorias académicas. Por ejemplo, un estudiante p'urhépecha dijo, 'Pasé un examen de desarrollo del idioma inglés (ELD). Por eso me eligieron y me preguntaron si estaba interesado en entrar al programa GATE, así que decidí unirme.'

Los estudiantes en el grupo académico 'reprobados' reportaron varias experiencias educativas negativas. Como resultado de las luchas académicas debido al idioma, los estudiantes reportaron un rendimiento académico en declive y desinterés, así como conflictos parentales. Un estudiante p'urhépecha declaró que, en la escuela primaria, 'Me portaba mal. No sacaba buenas calificaciones. Me costaba entender las cosas.' Los maestros que entrevistamos también informaron sobre la falta de comprensión y empatía hacia los estudiantes indígenas que enfrentaban dificultades académicas porque tenían que aprender inglés y español al mismo tiempo. Entre todos los entrevistados, los p'urhépechas informaron más problemas de comportamiento en comparación con los otros dos grupos, incluyendo suspensiones escolares, ausencias injustificadas, consumo de sustancias y conflictos entre padres e hijos.

Con excepción de unos pocos estudiantes, la mayoría solo tenía una vaga noción sobre planes universitarios o cómo lograr sus metas educativas. Por ejemplo, cuando se le preguntó sobre sus planes después de la preparatoria, un estudiante p'urhépecha dijo que quería, 'Ir a un colegio comunitario, después de eso ir a una universidad. No sé a cuál todavía. Quiero ser maestro o algo así.'

Cuando se les preguntó a los maestros sobre los estudiantes p'urhépechas que asistían a la universidad, describieron varios obstáculos y desafíos. Los pocos que continuaban generalmente se inscribían en el colegio comunitario local. Algunos de los inscritos no asistían por mucho tiempo. Como explicó un maestro:

> Inscribirse no significa nada. Al final se van. Tienen fiestas en agosto. Es cuando perdemos a más niñas que deberían haber ido a la universidad. Los chicos terminan quedándose allí [en México]. Todavía no he visto a un estudiante p'urhépecha graduarse de la universidad.

Otra maestra tenía la esperanza de que uno de sus estudiantes p'urhépechas que había abandonado la escuela por un tiempo se graduara de la universidad el próximo año. Su hermana, quien también había sido su estudiante, comenzó la universidad pero no terminó.

Otro maestro informó que, de todos los estudiantes p'urhépechas que había tenido, el que más lejos había llegado en educación superior era una joven que estaba a punto de comenzar su tercer año en la universidad. Una de las consejeras de la preparatoria que entrevistamos observó que, cuando hablaba con estudiantes p'urhépechas sobre la universidad, parecían tener menores aspiraciones en comparación con otros estudiantes.

Las dificultades económicas inmediatas y constantes complicaban los objetivos de educación superior de los estudiantes. Una estudiante p'urhépecha expresó una necesidad urgente de terminar la preparatoria para poder empezar a trabajar de inmediato:

> A los 17 quiero salir de la escuela porque si entro al ROP [Programa Regional de Ocupación] en segundo año puedo ser asistente dental y luego puedo conseguir un trabajo. Ojalá, una vez que entre pueda empezar a ganar dinero, graduarme y con ese dinero ir a la universidad ... seguir trabajando e ir a la escuela al mismo tiempo.

Los maestros también describieron las complicaciones que los estudiantes p'urhépechas enfrentaban respecto a sus opciones posteriores a la secundaria. Un maestro describió el difícil equilibrio entre la universidad y ayudar a la familia, particularmente para las jóvenes:

> Se les pide que ayuden a criar a los otros niños. Es muy difícil cuando los padres les dicen que necesitan ayudar. Quieren ir a la universidad. O no les permiten ir a la universidad o no las apoyan para que vayan. Es difícil.

Algunos estudiantes sentían que los desafíos financieros excluían cualquier posibilidad de asistir a la universidad. Sus respuestas a nuestras preguntas sobre sus planes futuros indicaban claramente que iban directamente al sector de empleos de bajos salarios. Cuando se le preguntó sobre sus planes después de la preparatoria, un estudiante p'urhépecha declaró, 'Trabajar en el campo'.

Como se muestra en la Tabla A.13, los estudiantes p'urhépechas tenían las aspiraciones y expectativas educativas más bajas. Solo el 32.3% aspiraba a obtener al menos un título de licenciatura, y aún menos (19.4%) esperaba poder lograrlo. También eran los menos propensos a indicar que planeaban inscribirse en la universidad inmediatamente después de la preparatoria (68%), y ninguno de los estudiantes de último año había sido aceptado en la universidad. Para algunos, su estatus de indocumentado complicaba aún más cualquier aspiración de educación superior, incluso si tenían metas educativas y profesionales claras. Por ejemplo, un estudiante p'urhépecha indocumentado dijo:

> Espero que algún día pueda continuar con mi educación cuando pueda obtener una beca para poder estudiar y hacer mis sueños realidad.

Quiero ser doctor, pero como no tengo papeles es difícil alcanzar mi sueño. Si puedo obtener una beca, quiero ser doctor. Aunque será mucho trabajo duro, quiero hacerlo.

Una maestra observó que los estudiantes p'urhépechas indocumentados le hablaban sobre buscar educación superior en México. Ella sentía que la mayoría no seguía adelante y, en cambio, permanecían en los Estados Unidos como trabajadores en el sector de bajos salarios porque su readaptación a la sociedad mexicana sería demasiado difícil.

Análisis en Profundidad: Mateo y Carolina

Mateo

Mateo llegó al sur de California a los 9 años. Actualmente tiene 14 años. Su hermana menor tiene 10 años. Es del pueblo de Ocumicho, en el estado de Michoacán. Su mejor amigo es p'urhépecha. La población de su pueblo natal es 99% p'urhépecha. Ocasionalmente trabaja en el campo con sus padres los fines de semana. Los domingos son difíciles porque tiene que levantarse temprano para ir a la escuela el lunes por la mañana. Le gusta jugar baloncesto con sus amigos. Escucha *hip-hop* en inglés y corridos en español.

En los Estados Unidos, Mateo ha participado en el baile que se lleva a cabo el 12 de diciembre en honor a la Virgen María. Realizan un baile llamado **baile de los viejitos**. Lo ha estado realizando desde que tenía 6 años. Toda su familia asiste a participar en la celebración. El semestre pasado tuvo una experiencia positiva en la escuela con respecto a su herencia p'urhépecha. Su maestro de español le dijo cuánto le gustaban las tradiciones, la cultura y los bailes p'urhépechas. Le agradó que un maestro reconociera la importancia de sus tradiciones. Piensa que más maestros deberían conocer la cultura de los estudiantes p'urhépechas para que puedan entenderlos mejor.

Ha sido testigo de discriminación contra los p'urhépechas por parte de mexicanos no indígenas de otros estados que los llaman 'chacas'. Se siente mal de que otros mexicanos peleen con jóvenes indígenas como los p'urhépechas y los mayas. Recientemente, caminaba con su tío y un grupo se les acercó y comenzó a insultarlos. Solo los ignoraron.

Mateo no habla p'urhépecha; se refiere al idioma como 'tarasco', pero puede entenderlo. Ambos padres hablan p'urhépecha. Ha estado traduciendo para ellos desde que estaba en quinto grado. Se siente orgulloso de su habilidad para traducir, aunque antes le costaba mucho trabajo. Ahora es mucho más fluido y traduce casi todos los días. Sus padres hablan mayormente español y p'urhépecha.

Se identifica como p'urhépecha porque toda su familia es p'urhépecha y habla el idioma. Siente mucho orgullo de ser p'urhépecha. Dice que identificarse como p'urhépecha significa conocer las tradiciones y la historia. Se identifica como mexicano y dice que algún día puede identificarse como mexicano-americano cuando termine su título universitario y consiga un buen trabajo.

Cuando llegó por primera vez a los Estados Unidos, se sintió perdido en la escuela porque no hablaba ni entendía inglés. Su maestro de segundo grado hizo un gran esfuerzo para ayudarlo, así como a otros pocos estudiantes después de la escuela, a aprender inglés. A pesar del ajuste inicial, en la secundaria recibió premios por asistencia perfecta y estuvo en la lista de honor. En la preparatoria, trabajó más duro que en la secundaria. Su consejero académico quiso colocarlo en una clase avanzada de inglés, pero Mateo se negó porque no se sentía listo. El año pasado se unió a la banda de música y fue seleccionado como primer lugar en su sección de instrumento.

Sus padres siempre asisten a las reuniones de padres y maestros para verificar el progreso académico de Mateo. Lo regañan cuando saca malas calificaciones. Considera que ellos son su mayor influencia. Siempre le dicen que haga lo mejor que pueda en la escuela para que pueda conseguir un trabajo en una oficina con aire acondicionado en lugar de trabajar en el campo como ellos. De todos sus amigos, solo unos pocos planean ir a la universidad. Le gustaría asistir al colegio comunitario local y luego transferirse a una universidad, pero todavía no sabe a cuál.

Carolina

Carolina tiene 15 años y nació en Indio, California. Sus padres son de la comunidad de Ocumicho, en el estado de Michoacán. Carolina tiene dos hermanas menores y dos mayores. Actualmente, las dos hermanas menores viven en casa, mientras que las otras dos viven por su cuenta con sus esposos. Juega voleibol y fútbol, y escucha reguetón, techno, así como música duranguense y cumbia en español. Los padres de Carolina la criaron con tradiciones p'urhépechas, pero a menudo no está de acuerdo con ellas. Como nació en los Estados Unidos, prefiere un estilo de vida americano, por lo que a menudo tiene conflictos con sus padres y otros miembros de la familia.

Carolina es criticada frecuentemente por sus familiares por socializar con mexicanos de otras partes de México. Cuando llevaba amigos a casa, su familia no siempre era acogedora. Sus familiares extendidos frecuentemente comentaban a su padre que Carolina no se comportaba como él porque no seguía las tradiciones p'urhépechas o no tenía amigos p'urhépechas. Carolina le dice a su padre que no les haga caso, pero a veces él se frustra y le dice que lo escuche para que no hablen mal de la familia. Anteriormente, los familiares también criticaron a la familia cuando la hermana del medio de Carolina, que está en tercer año de preparatoria, se fue a vivir con su novio que no era p'urhépecha antes de casarse porque quedó embarazada. Su padre estaba inicialmente molesto, pero eventualmente aceptó a su nueva nieta.

Carolina y sus hermanas solo pueden usar vestidos largos. Siempre se sintió diferente de sus compañeras porque ellas usaban faldas hasta la rodilla y su madre la vestía con vestidos hasta los tobillos y le hacía trenzas. No le molestaban las trenzas porque recibía muchos elogios por ellas. Cuando era más joven, solía andar en bicicleta y practicar deportes; pero cuando tuvo su primer ciclo menstrual, su padre le dijo que las jóvenes p'urhépechas no pueden andar en bicicleta ni practicar deportes después de llegar a la pubertad. Le quitó la bicicleta y le dijo que tenía nuevas responsabilidades en casa, como cocinar y limpiar. No le importa limpiar, pero no le gusta cocinar. Ha tenido un trabajo de medio tiempo durante más de dos años y le molesta que deba darle a su padre más de la mitad de sus ganancias para los gastos del hogar.

Cuando no podía conseguir dinero para zapatos o ropa de su padre, comenzó a vender drogas para ganar dinero y poder comprar ropa para ella y su hermana. Una vez la agarraron vendiendo pastillas recetadas en la escuela. Dejó de vender drogas después de que su hermana le diera una plática sobre ser más responsable. Empezó a trabajar en los campos agrícolas cuando estaba en segundo año de secundaria. Se desilusionó cuando su padre recolectaba su salario porque solo le daba una porción. Su decepción y frustración la llevaron a beber y fumar marihuana. Carolina le da crédito a sus amigas por darle la fuerza para enfrentar los desafíos que tiene en casa. Sus hermanas mayores quieren llevar a Carolina y a sus dos hermanas menores a vivir con ellas porque su padre es demasiado estricto.

Carolina entiende p'urhépecha, pero no lo habla. Lo aprendió porque su madre rara vez hablaba español y le hablaba principalmente en p'urhépecha cuando era niña, hasta que eventualmente comenzó a entenderlo. Carolina siempre les pregunta a sus padres o familiares extendidos el significado de palabras en p'urhépecha cuando no las entiende. Desde pequeña, Carolina ha tenido que traducir para sus padres. Comenzó a traducir cuando tenía 8 años. Le gustaba traducir cuando era niña porque su madre siempre la recompensaba con una paleta. Como su madre no habla español 'bien', sus compañeros de clase la miran y se ríen cuando Carolina habla p'urhépecha en la escuela. Antes lloraba por eso, pero ahora los confronta. No entiende por qué los estudiantes se burlan del idioma p'urhépecha pero no parecen tener problemas con otros idiomas, como el francés.

Carolina se considera p'urhépecha aunque no está de acuerdo con todas las tradiciones. Le gusta la comida, pero no le gusta participar en la danza para la Virgen María ni casarse joven. Tradicionalmente, al menos un miembro de cada familia debe formar parte de los grupos de danza para las celebraciones de la Virgen María en diciembre. A Carolina y a sus hermanas no les gusta hacerlo, por lo que su madre tuvo que intervenir para representar a la familia en el grupo de danza. Carolina piensa que muchas de las tradiciones p'urhépechas son 'tontas'. Cuando la gente le pregunta de dónde es, dice que es de Michoacán, aunque nació en los Estados Unidos. Se considera mexicana-americana porque le encantan las hamburguesas tanto como las enchiladas y los tamales.

En la primaria, Carolina recibió muchos premios académicos por buen comportamiento, caligrafía, artes del lenguaje y matemáticas. También disfrutó participar en el club de teatro durante el verano después de cuarto grado y comenzó a interesarse en la actuación. En la secundaria, Carolina empezó a tener problemas de comportamiento y frecuentemente era enviada a la oficina del director. Los días que la suspendían iba a trabajar al campo con sus padres. Su padre agradecía el ingreso adicional.

En la preparatoria, Carolina no ha recibido ningún reconocimiento académico. Quería unirse al equipo de baloncesto, pero como sus padres no lo aprobaban, lo mantuvo en secreto escondiendo su uniforme en la mochila. En el primer año de preparatoria se unió a la banda escolar y tocaba el clarinete. Su madre se lo compró, pero no le dijo a su padre. A su madre le gustaba asistir a los conciertos de la banda de Carolina.

Carolina comenzó a rebelarse en la preparatoria. Cree que era su forma de desafiar a su padre, quien comenzó a ponerle más restricciones después de que llegó a la pubertad. Su hermana mayor no se graduó de la preparatoria porque no pudo aprobar el examen estatal de egreso. Carolina lo aprobó en su primer intento. Su padre quiere que trabaje en el campo para ayudar económicamente a la familia, pero ella quiere ir a la universidad. Su padre cree que la universidad llevará demasiado tiempo. Según Carolina, aunque su padre expresa apoyo por la educación durante las reuniones de padres y maestros, en casa muestra escepticismo sobre su valor y le dice que limpie la casa en lugar de hacer su tarea. Según Carolina, cuando su hermana mayor estaba a 20 créditos de graduarse de la preparatoria, su padre la sacó de la escuela para que trabajara a tiempo completo, aunque ya estaba trabajando en sus solicitudes para la universidad. Había sido aceptada para un viaje de estudio a España, pero su padre rompió los documentos. Su madre se molestó mucho y amenazó al padre con el divorcio.

La madre de Carolina le dice que estudie mucho en la escuela para que no tenga que trabajar en el campo y sufrir. Le muestra sus uñas sucias y manos quemadas después de un día de trabajo duro. La piel de su madre se pela por las quemaduras de sol extremas, y se queja de cuánto le duele. Como resultado, Carolina ha tratado de ser más diligente en completar su tarea para mejorar sus calificaciones. Cuando era más joven, quería ser jueza, pero ahora no cree que sea posible debido a sus malas notas. Algunos de sus amigos no planean ir a la universidad y han regresado a México, pero otros tienen planes de continuar con sus estudios después de la preparatoria. Carolina está buscando inscribirse en un programa de preparación laboral en su escuela que coloca a los estudiantes en empleos de nivel inicial después de la preparatoria. Quiere ser asistente dental. Si consigue el trabajo, planea mudarse con su hermana, seguir trabajando y asistir a la universidad a tiempo parcial. Planea transferirse a una universidad después de completar dos años en el colegio comunitario local. Quiere demostrarle a su padre que está equivocado y graduarse de la universidad. Quiere tener un buen trabajo, un buen coche, vivir en una casa bonita y eventualmente formar una familia. Carolina todavía cree que puede convertirse en abogada o jueza algún día. A menudo le dicen que sería una buena abogada o jueza porque tiene un carácter fuerte.

Resumen y Conclusión

Las familias de los estudiantes p'urhépechas en este estudio provenían de pueblos con el porcentaje más alto de residentes indígenas y hablantes del idioma p'urhépecha. Sin embargo, estos pueblos tenían tasas de pobreza muy altas. En los Estados Unidos, continúan viviendo en extrema pobreza. Los estudiantes p'urhépechas fueron los más propensos a trabajar en los campos junto con sus padres durante las vacaciones escolares para ayudar económicamente a la familia.

A diferencia de los mixtecos y zapotecos, que experimentaban discriminación basada en el color de piel y la estatura, la discriminación contra los p'urhépechas se basaba principalmente en el idioma. Como resultado, tanto los estudiantes como sus padres preferían mezclarse con los mexicanos no indígenas evitando hablar p'urhépecha en público. Al igual que los mixtecos y los zapotecos, algunos p'urhépechas mencionaron un proceso gradual de marginación a empoderamiento para desafiar los estereotipos negativos de sus compañeros no indígenas y convertirse en modelos positivos para sus compañeros p'urhépechas en la escuela.

La participación cultural p'urhépecha se enfocó exclusivamente en actividades religiosas. Algunos maestros expresaron sorpresa por la participación cultural de estudiantes que consideraban demasiado americanizados o desconectados de su herencia p'urhépecha. Mientras que algunos estudiantes continuaron participando en actividades culturales durante la preparatoria, la mayoría solo participó durante su infancia. A diferencia de los zapotecos y mixtecos, ninguna de las localidades de origen p'urhépecha utiliza el sistema de gobernanza municipal indígena de *usos y costumbres*.

Al igual que los mixtecos y los zapotecos, los jóvenes p'urhépechas mencionaron la 'competencia' en el idioma indígena como uno de los criterios más importantes para reclamar una identidad indígena. La mayoría de los jóvenes preferían las etiquetas de identidad 'p'urhépecha' o 'tarasco'. Aquellos que no se autoidentificaban como p'urhépechas citaron la falta de competencia percibida en el idioma indígena como la razón principal. Los que hablaban p'urhépecha durante su infancia tenían más probabilidades de autoidentificarse como p'urhépechas. Los estudiantes p'urhépechas que reportaron una alta inmersión cultural indígena también eran más propensos a autoidentificarse como indígenas.

Los p'urhépechas tenían la mayor probabilidad de tener un mejor amigo de la misma etnia, socializar principalmente con otros p'urhépechas y tener la menor interacción con compañeros no hispanos. Aquellos que se autoidentificaban como indígenas también tenían más probabilidades de tener un mejor amigo p'urhépecha. Similar a los mixtecos, el uso del idioma indígena estaba relacionado con las actitudes dentro del grupo. Los que hablaban p'urhépecha durante su infancia tenían más probabilidades de tener un mejor amigo p'urhépecha. Aunque era menos probable que tuvieran sentimientos positivos hacia su grupo indígena (autoestima colectiva), todos los que hablaban p'urhépecha en casa preferían socializar con otros p'urhépechas.

Los p'urhépechas reportaron el mayor uso y comprensión del idioma indígena, así como el mayor porcentaje de uso del idioma durante la infancia y en casa. Casi todos hablaban y/o entendían el idioma, y aquellos que solo lo entendían describieron esfuerzos para mejorar sus habilidades en el idioma indígena. Algunos estudiantes que asistieron a la escuela en México antes de emigrar reportaron haber aprendido p'urhépecha en la escuela. En contraste con los zapotecos, los p'urhépechas tenían el menor uso y comprensión del inglés. También eran los menos propensos a usar español durante la infancia, ya que la mayoría creció completamente inmersa en comunidades donde se hablaba p'urhépecha antes de emigrar a los Estados Unidos. Aunque los p'urhépechas eran los menos propensos a usar y entender inglés y español, eran los más propensos a usar y entender los tres idiomas. Casi todos reportaron actuar como intermediarios lingüísticos utilizando una combinación de inglés, español y p'urhépecha. Los p'urhépechas que se autoidentificaban tenían los niveles más altos de trilingüismo.

La evidencia del apoyo parental hacia la educación fue mixta. Casi todos los entrevistados p'urhépechas describieron esfuerzos de los padres por reforzar la importancia de la educación, destacando el contraste entre trabajar en los campos bajo el sol y trabajar en una oficina con aire acondicionado. Sin embargo, los maestros tenían una percepción diferente del apoyo parental hacia la educación. Reportaron que se espera que los estudiantes varones trabajen en los campos después de la preparatoria, mientras que se alienta a las mujeres a casarse jóvenes. Los datos de las encuestas indicaron que los estudiantes p'urhépechas tenían los niveles más bajos de percepción del valor que sus padres daban a la educación.

Los estudiantes p'urhépechas reportaron los niveles más bajos de participación extracurricular y rendimiento académico. También eran los más propensos a estar en el programa escolar para aprendices de inglés, y ninguno estaba inscrito en programas de honor o AP. Como resultado de las dificultades académicas debido al idioma, muchos reportaron un bajo rendimiento académico, desinterés y conflictos con sus padres. La mayoría sentía que los maestros no entendían la magnitud de sus experiencias de marginación en la escuela.

Excepto por los pocos estudiantes que participaron en programas de alcance académico, la mayoría de los p'urhépechas carecía de apoyo para seguir caminos hacia la educación superior y las carreras. Las dificultades económicas complicaban aún más los objetivos de educación superior de los estudiantes. El personal escolar reportó bajas aspiraciones universitarias entre los estudiantes p'urhépechas. En los datos de la encuesta, los p'urhépechas reportaron las aspiraciones y expectativas educativas más bajas, confirmando las observaciones de los educadores. Los p'urhépechas indocumentados sentían que su estatus migratorio, junto con las limitaciones financieras, excluían cualquier posibilidad de asistir a la universidad, y que su única opción era trabajar en los campos agrícolas después de la preparatoria.

7 Conclusión

Los estudiantes indígenas mexicanos enfrentan una variedad de discontinuidades lingüísticas y culturales entre el hogar y la escuela que afectan significativamente el desarrollo de su identidad racioétnica transcultural y sus prácticas translingües (Brittain, 2002; Crawford, 1992; Cummins, 1996, 2003; Skutnabb-Kangas y Robert, 1995; Suárez-Orozco y Suárez-Orozco, 1995). En este libro, nos enfocamos en adolescentes indígenas mexicanos con el objetivo de iluminar los factores transnacionales micro, meso y macro que moldean sus vidas. Encontramos que sus contextos demográficos, lingüísticos, culturales y socioeconómicos pre-migratorios juegan un papel significativo. Además, la marginación histórica y continua de las poblaciones indígenas en la sociedad mexicana sigue siendo relevante para las experiencias de los indígenas mexicanos que han emigrado a los Estados Unidos (Kovats, 2010). En resumen, el mensaje principal de este estudio es que los jóvenes indígenas enfrentan condiciones profundamente diferentes a las de sus compañeros mexicanos no indígenas, pero también difieren entre ellos, tanto individualmente como dentro de las comunidades mixtecas, zapotecas y p'urhépechas, dependiendo de su historia, idioma y tradiciones culturales particulares. Así como los inmigrantes mexicanos no son homogéneos, tampoco lo son los inmigrantes indígenas mexicanos.

Además, el establecimiento a largo plazo de comunidades indígenas en los Estados Unidos ha dado lugar a una nueva generación transnacional de estudiantes indígenas en las escuelas estadounidenses. Es en estos contextos educativos donde los estudiantes mixtecos, zapotecos y p'urhépechas se enfrentan a valores culturales y sociales diferentes que deben reconciliar con los de sus hogares (Roer-Strier, 2000). Para complicar más las cosas, dado que las escuelas estadounidenses sirven como una institución principal de socialización para los estudiantes indígenas, en el proceso de aprender inglés, su uso y comprensión de su idioma indígena disminuyen, a veces por completo. Sin embargo, muchos ejercen su agencia y resisten las ideologías culturales y raciolingüísticas que asocian el éxito educativo con la completa asimilación a la cultura estadounidense.

En la primera sección de este capítulo de conclusión, resumimos nuestros principales hallazgos en relación con cada una de las cuatro dimensiones psicosociales que examinamos en los capítulos anteriores: identidad racioétnica transcultural, multilingüismo dinámico, agencia y resistencia. Luego, discutimos, a su vez, las implicaciones para el desarrollo transcultural y translingüístico de los adolescentes inmigrantes y para las políticas y prácticas educativas.

Identidad Racioétnica Transcultural

Las estrategias que los estudiantes indígenas utilizan para articular y expresar su identidad étnica indígena y gestionar la discriminación demuestran que esta identidad es altamente situacional (Stephen, 1996, 2007). El multilingüismo y las prácticas de translenguaje permiten a los inmigrantes indígenas 'camuflarse' como un camaleón, una estrategia de supervivencia (García, 2009; Machado-Casas, 2012). Estas identidades fluidas no solo ayudan a los jóvenes indígenas a sobrevivir en un entorno hostil, sino que también facilitan su transnacionalidad y supervivencia en más de dos espacios sociales al fortalecer los lazos sociales con sus comunidades de origen (Machado-Casas, 2006; Sánchez, 2007; Trueba, 2004).

Al igual que investigaciones previas, nuestros hallazgos sugieren que, aunque ser identificado como indígena era una fuente de microagresiones, los estudiantes no siempre se sentían avergonzados de ser indígenas. La decisión de identificarse como indígena en una situación específica depende de si perciben a los demás como personas que aceptan o discriminan (Barillas-Chón, 2010). Nuestros hallazgos indican que muchos jóvenes indígenas desarrollan una identidad situacional para evitar burlas y discriminación y para manejar encuentros sociales negativos. Estas identidades, que dependen del contexto, consideran diversas circunstancias y les ayudan a reconciliar posibles contradicciones identitarias. Los jóvenes indígenas articulan identidades situacionales de manera estratégica para evitar la discriminación.

Para los jóvenes mixtecos, zapotecos y p'urhépechas, reclamar una identidad indígena es difícil, complejo y a menudo está vinculado al uso de su idioma indígena, su participación en actividades o celebraciones culturales indígenas y los antecedentes de sus padres o familias. Los estudiantes oaxaqueños se identificaron utilizando diversas etiquetas como 'mixteco', 'zapoteco', 'oaxaqueño' o 'mexicano/mexicano-americano'. Identificarse como 'mixteco' o 'zapoteco' generalmente estaba asociado con el uso y comprensión de su idioma indígena y el reconocimiento de sus antecedentes indígenas. Identificarse como 'oaxaqueño' significa participar en eventos culturales indígenas, pero implica una identidad mexicana más general. Aquellos que se identifican como 'mexicano/mexicano-americano' solo reconocen sus raíces indígenas familiares de las que se sienten culturalmente distantes.

Los estudiantes indígenas varían en su uso de etiquetas de identidad indígena. En su mayoría, los zapotecos prefieren el término *oaxaqueño* y la mayoría no se identifica con la etiqueta de 'zapoteco'. Los zapotecos nacidos en los Estados Unidos prefieren identificarse como mexicanos. Para los zapotecos, el uso de una etiqueta de identidad indígena está influenciado por el lugar de nacimiento (Estados Unidos) y la socialización con compañeros zapotecos. Para los mixtecos, también está asociado con el lugar de nacimiento (México), el uso y comprensión del idioma mixteco y provenir de comunidades que utilizan sistemas de gobernanza indígena municipal y tienen altas proporciones de hablantes de idiomas indígenas. Para los p'urhépechas, debido a su mayor uso y comprensión de su idioma indígena, la mayoría de los jóvenes prefirieron la etiqueta de identidad 'p'urhépecha'. Los mixtecos y p'urhépechas que no utilizan una etiqueta de identidad indígena indican que la falta de uso y comprensión del idioma es la razón principal por no hacerlo. En contraste, la mayoría de los zapotecos no consideran el uso o comprensión del idioma indígena como el criterio principal para reclamar una identidad indígena.

Aunque la socialización parental en idiomas indígenas no era común, la mayoría de los padres fomentaron la participación en actividades culturales indígenas como la danza y la música, así como en actividades religiosas relacionadas con el santo patrón de sus comunidades de origen. Los zapotecos y p'urhépechas tenían más probabilidades de involucrarse a una edad temprana, pero solo unos pocos continuaron participando al llegar a la adolescencia. Entre los tres grupos, había algunos jóvenes que solo asistían a eventos culturales o religiosos o que mostraban indiferencia hacia los esfuerzos de sus padres por exponerlos a eventos y tradiciones culturales indígenas. Estos estudiantes tenían conocimientos limitados sobre las tradiciones indígenas y, en su mayoría, se referían al consumo de alimentos tradicionales de sus comunidades de origen en México como ejemplos de afinidad cultural indígena. Los zapotecos que reportaron muy poco interés en participar en eventos culturales aún se identificaron fuertemente como indígenas.

Para los jóvenes que viajaban a México con poca frecuencia o nunca, la participación transnacional de sus familias en asociaciones comunitarias o en el sistema de gobernanza municipal indígena ayudó a reforzar su identidad indígena. Los padres mixtecos y zapotecos fueron los más involucrados en asociaciones comunitarias o en la gobernanza municipal indígena de sus pueblos. Los zapotecos eran los más propensos a visitar las comunidades de origen de sus padres en México con mayor frecuencia y por períodos más largos. Como resultado, sus visitas continuas incluían la participación en actividades culturales y religiosas de sus comunidades de origen, así como más oportunidades para reforzar los lazos familiares con parientes extendidos.

Los zapotecos reportaron sentimientos más positivos hacia su grupo indígena (autoestima colectiva) que los p'urhépechas. Mientras que los p'urhépechas eran menos propensos a tener sentimientos positivos hacia su grupo indígena, preferían socializar con otros co-étnicos en comparación con los zapotecos. Entre los tres grupos, los p'urhépechas eran los más propensos a tener un mejor amigo p'urhépecha, socializar principalmente con otros p'urhépechas y tener la menor interacción con compañeros no hispanos.

Multilingüismo Dinámico

Para muchos, el primer idioma que aprendieron fue mixteco, zapoteco o p'urhépecha. A pesar de su exposición temprana, la pérdida percibida de competencia en los idiomas indígenas fue alta en todos los grupos, particularmente entre los zapotecos. Mientras que algunos estudiantes hablaban su idioma indígena con frecuencia variable, muchos otros solo podían entenderlo. Los mixtecos optan por no hablar su idioma si sienten que son regañados o burlados por sus familiares o compañeros debido a errores de pronunciación de palabras y frases. Los jóvenes de los tres grupos describieron esfuerzos para aprender o ampliar el uso y la comprensión de su idioma indígena.

Aquellos que hablaban mixteco, zapoteco o p'urhépecha durante la infancia tenían más probabilidades de autoidentificarse como indígenas y de tener una red más amplia de compañeros indígenas. Los que hablaban zapoteco durante la infancia y actualmente en casa tenían más amigos indígenas. Los que hablaban p'urhépecha durante la infancia tenían más probabilidades de tener un mejor amigo p'urhépecha. Aquellos que reportaron el uso del mixteco o zapoteco en casa eran más propensos a tener un mejor amigo indígena.

El multilingüismo dinámico y las prácticas de translenguaje variaron entre los tres grupos. Los zapotecos tenían los niveles más bajos de uso percibido y comprensión del idioma indígena entre los tres grupos. También tenían la tasa más baja de uso del idioma indígena durante la infancia y en casa. Sin embargo, los zapotecos tenían los niveles más altos de alfabetización en inglés y los niveles más altos de bilingüismo español-inglés entre los tres grupos. En contraste, los p'urhépechas tenían los niveles más altos de uso y comprensión del idioma indígena y el mayor porcentaje de uso del idioma indígena durante la infancia y en casa. Eran los menos propensos a usar español durante la infancia. Aunque los p'urhépechas eran los que menos utilizaban y entendían inglés y español, eran los más propensos a usar y entender los tres idiomas, particularmente aquellos que se autoidentificaban como p'urhépechas.

La práctica de traducir entre idiomas también varió. Casi todos los mixtecos reportaron actuar como intermediarios lingüísticos utilizando el idioma mixteco. Muchos tenían que traducir para sus familias, aunque aún estaban aprendiendo inglés y español. En general, la mayoría tenía sentimientos positivos acerca de traducir e interpretar. Solo la mitad de los zapotecos reportó actuar como intermediarios lingüísticos utilizando el zapoteco, pero casi todos reportaron traducir entre español e inglés. Aquellos que se autoidentificaban como indígenas tenían sentimientos más positivos hacia la intermediación lingüística en zapoteco. Los estudiantes p'urhépechas tenían la tasa más alta de intermediación lingüística en idioma indígena, y casi todos reportaron traducir utilizando el p'urhépecha, particularmente aquellos que se autoidentificaban como p'urhépechas. Nuestros hallazgos sugieren que el multilingüismo y el uso diario de idiomas indígenas ayudan a afirmar las identidades indígenas de los jóvenes.

Agencia y Resistencia

Los contextos demográficos, lingüísticos y socioeconómicos previos a la migración para los inmigrantes indígenas mexicanos son significativamente diferentes a los de sus contrapartes no indígenas. Los jóvenes mixtecos y p'urhépechas provienen de comunidades con altas proporciones de residentes indígenas y hablantes de idiomas indígenas. Muchas comunidades mixtecas y zapotecas operan bajo el sistema de gobernanza municipal indígena conocido como *usos y costumbres*. Sin embargo, las localidades indígenas tienen niveles más bajos de escolaridad formal y mayores tasas de pobreza. Aunque estas comunidades de origen están repletas de idioma y cultura indígena, también están altamente marginadas. Por el contrario, algunos jóvenes zapotecos provienen de entornos más urbanos, con poblaciones indígenas y hablantes de zapoteco más pequeñas y en declive, pero con mejores condiciones socioeconómicas.

La dificultad económica es particularmente prominente entre los mixtecos y p'urhépechas, cuyos padres en su mayoría trabajan en los campos agrícolas y en sectores de bajos salarios. Muchos jóvenes trabajan en los campos junto a sus padres durante las vacaciones escolares. Algunos deben dejar la escuela temporalmente para trabajar a tiempo completo en los campos y ayudar a la familia durante tiempos de extrema dificultad financiera. Además de las condiciones de hacinamiento con múltiples familias viviendo juntas, los jóvenes p'urhépechas describen sus vecindarios como sucios y contaminados. La separación familiar durante el proceso de migración fue una experiencia común para la mayoría de los estudiantes mixtecos y p'urhépechas.

Las escuelas son espacios sociopolíticos donde ser indígena significa ser un objeto constante de discriminación y microagresiones. En nuestro estudio, la discriminación debido al color de piel más oscuro y la estatura más baja percibida era común. Al igual que otros estudiantes inmigrantes, experimentaron un reflejo social negativo de la sociedad en general, pero también lo vivieron dentro de las comunidades inmigrantes mexicanas donde residen. Las dinámicas del aula que reflejan las actitudes de los inmigrantes mexicanos y mexicano-estadounidenses hacia las personas indígenas son un recordatorio constante de las imágenes sociales negativas que prevalecen para los estudiantes mixtecos, zapotecos y p'urhépechas. En respuesta, los jóvenes nacidos en Estados Unidos y México de los tres grupos desafiaron los estereotipos y desarrollaron estrategias para eludir las microagresiones.

El idioma es también uno de los criterios principales utilizados para denigrar a los estudiantes indígenas. Son objeto de burlas tanto dentro como fuera de la escuela y son empujados a los márgenes de los entornos sociales por los mestizos debido a una supuesta falta de habilidades en español y por hablar idiomas indígenas. En nuestro estudio, la discriminación hacia los p'urhépechas se basaba principalmente en el uso de su idioma indígena, más que en sus características físicas. Para camuflar su origen y evitar la discriminación, evitan hablar p'urhépecha en lugares públicos y aluden a ser mestizos. Algunos padres mixtecos y zapotecos no quieren que sus hijos aprendan su idioma indígena porque no quieren que sufran el mismo tipo de prejuicio que ellos enfrentaron en su infancia. Sin embargo, los jóvenes en este estudio crecieron en un contexto transnacional diferente que afirma la importancia de mantener o aprender estos idiomas. Por ejemplo, aunque los mixtecos y p'urhépechas reportaron más casos de discriminación en comparación con los zapotecos, también exhibieron una transformación gradual de su identidad étnica, particularmente las mujeres, al pasar de sentirse marginadas a sentirse empoderadas para enfrentar a compañeros no indígenas, desafiar los estereotipos negativos y desestimar los ataques verbales en lugar de internalizarlos. Como resultado, se convirtieron en modelos positivos para sus compañeros indígenas.

Las promesas y desafíos del acceso educativo

Hubo varias diferencias en las experiencias educativas de los estudiantes. En un extremo del espectro, los zapotecos reportaron los niveles más altos de éxito académico. Tenían más probabilidades de estar inscritos en cursos de honor y de colocación avanzada (AP). En el otro extremo, los p'urhépechas reportaron los niveles más bajos de participación extracurricular y rendimiento académico. También eran los más propensos a estar en clases para estudiantes aprendices de inglés. Como resultado de las dificultades académicas debido a puntajes bajos en evaluaciones escolares del idioma inglés, los p'urhépechas reportaron un menor compromiso académico, reprimendas de comportamiento en la escuela y conflictos entre padres e hijos. Académicamente, los mixtecos que preferían una etiqueta de identidad indígena tenían más probabilidades de sobresalir, mientras que aquellos que no se autoidentificaban como indígenas tenían más probabilidades de tener dificultades para comprometerse con la escuela. Los recuerdos sobre las duras condiciones económicas en México en comparación con las mejores condiciones en los Estados Unidos servían como motivación para que los mixtecos tuvieran un buen desempeño en la escuela. La experiencia educativa negativa más común para los mixtecos cuyo idioma principal era uno indígena fue la falta de apoyo para aprender inglés y español simultáneamente. Mixtecos y p'urhépechas sentían que los maestros sabían poco o nada sobre sus antecedentes indígenas o el tipo de acoso que experimentaban por parte de compañeros no indígenas. Como resultado, sentían que no podían confiar en los maestros para recibir apoyo.

Los zapotecos reportaron la tasa más alta de estudiantes que esperaban obtener al menos un título de licenciatura (BA), particularmente aquellos que se autoidentificaban como indígenas. Aunque casi todos los entrevistados p'urhépechas reportaron apoyo parental hacia la educación, sus historias contrastaban con las percepciones de los maestros, quienes describieron niveles variables de apoyo hacia la educación. Los maestros sentían que los varones recibían mensajes de sus familias sobre trabajar en los campos después de la preparatoria, mientras que a las mujeres se les alentaba a casarse jóvenes. Los hallazgos sugieren que, debido a la falta de información sobre opciones de educación superior, los estudiantes p'urhépechas reportaron aspiraciones universitarias más bajas en comparación con mixtecos y zapotecos. También eran los menos propensos a indicar que planeaban inscribirse en la universidad inmediatamente después de la preparatoria.

En las familias mixtecas y p'urhépechas, la educación se enfatizaba como un camino hacia mejores oportunidades laborales y estabilidad financiera. Los padres y hermanos mayores expresaban su apoyo a la educación destacando sus propias dificultades para motivar a los mixtecos a tener un buen desempeño escolar y asistir a la universidad. Varios estudiantes mixtecos mencionaron que sus padres los llevaban a trabajar en los campos para enseñarles la importancia de la educación y evitar tener que trabajar en empleos físicamente exigentes. Casi todos los entrevistados p'urhépechas describieron mensajes de sus padres sobre la importancia de la educación que iluminaba el contraste entre trabajar en los campos bajo el sol y trabajar en una oficina. Mixtecos y p'urhépechas luchaban por reconciliar el mensaje que recibían de sus padres sobre priorizar la escuela con su propio sentido de obligación de ayudar económicamente a la familia. Muchos expresaron el deseo de continuar con la escuela para obtener un buen empleo que les permitiera cuidar de sus padres.

A pesar de los mensajes positivos de los miembros de la familia sobre la importancia de la educación, las dificultades financieras inmediatas y constantes complicaban los objetivos de educación superior de los estudiantes. Muchos planeaban comenzar sus estudios en el colegio comunitario local debido al menor costo de matrícula y a la posibilidad de vivir en casa. Solo un pequeño número de estudiantes de los tres grupos había participado en diversos programas de enriquecimiento académico que resultaron fundamentales para proporcionar preparación académica e información sobre la universidad.

Para los estudiantes indocumentados de los tres grupos, su estatus migratorio complicaba aún más cualquier aspiración de educación superior, incluso si tenían metas educativas y profesionales claras. Los desafíos financieros excluían cualquier posibilidad de asistir a la universidad e indicaban que planeaban ingresar al sector de empleos de bajos salarios después de la preparatoria trabajando en los campos agrícolas. Aunque los zapotecos eran menos propensos a reportar que eran indocumentados, a menudo mencionaban los desafíos de amigos, familiares y compañeros indocumentados.

Implicaciones para Teorías del Desarrollo Adolescente Inmigrante

A medida que la población inmigrante indígena de América Latina sigue creciendo, será necesario realizar más investigaciones para comprender las implicaciones en el desarrollo de la identidad, el mantenimiento de los idiomas indígenas y el compromiso académico. Es importante estudiar la influencia tanto de los contextos transnacionales como locales (Stephens, 1995). Los jóvenes indígenas mexicanos enfrentan ideologías contradictorias sobre lo que significa ser mexicano e indígena, tanto en los Estados Unidos como cuando regresan a visitar sus comunidades de origen en México. El aumento de inmigrantes indígenas de América Latina a los Estados Unidos señala un nuevo horizonte para el estudio del desarrollo de identidades multiétnicas que abarcan un sentido de pertenencia a grupos indígenas y de origen nacional. Se necesita más investigación sobre la naturaleza multidimensional de la identidad étnica entre los jóvenes inmigrantes indígenas.

La migración global de grupos indígenas desafía las definiciones limitadas de la identidad indígena que presumen vínculos geográficos inmutables y una estricta adherencia a las tradiciones culturales. El desplazamiento geográfico que experimentan los inmigrantes indígenas da lugar a expresiones de cultura indígena en nuevos entornos, lo que ha resultado en la emergencia de comunidades transnacionales nuevas y en expansión que facilitan el flujo global de ideologías indígenas, cultura material y expresión estética. Como señala Biolsi (2005), los inmigrantes indígenas están ampliando el conocimiento sobre los pueblos indígenas en diversos contextos sociales, económicos y culturales. Goodale (2006) argumenta que estas nuevas formas de identidad indígena son una expresión de una nueva identidad transnacional que incluye, pero también trasciende, las identidades locales o nacionales a través de la interconexión de influencias transnacionales a nivel macro, meso y micro.

A nivel macro, en México, los idiomas indígenas han sido consistentemente utilizados como criterio para determinar la identidad indígena durante más de un siglo, lo cual también es una demarcación generalizada en América Latina. Desde el periodo de la ideología mestiza en México, que unió a los mexicanos bajo una única identidad nacional, aquellos que hablan español son considerados mestizos, mientras que los hablantes de lenguas nativas son considerados *indios*. Por lo tanto, el idioma ha sido uno de los factores más importantes en la formación de la identidad étnica (Romer, 2010). Sin embargo, las identidades racioétnicas transculturales de los jóvenes indígenas complican las nociones existentes sobre etnicidad, raza e identidad nacional (Fox, 2006). En algunos casos, las personas pueden provenir de áreas designadas como indígenas por el gobierno y ser consideradas indígenas en los censos, pero no identificarse como tales ni hablar el idioma, optando en cambio por identificarse como mestizos (Serrano-Carreto y Fernandez-Ham, 2003). Por lo tanto, la identidad indígena es un constructo que varía según los contextos e ideologías nacionales, ya sea desde la perspectiva de las agencias gubernamentales de censo o de los propios pueblos indígenas.

A nivel meso, los jóvenes adultos pueden fusionar su identidad personal con la de su grupo social y articular una conciencia racioétnica transcultural (Cross y Cross, 2008; Nicolás, 2012; Quintana, 1998). Una forma de conciencia de grupo étnico se manifiesta a través de la exploración cultural en grupos de danza y bandas de música oaxaqueñas. Estas se caracterizan por vestimentas tradicionales coloridos y el ritmo de sones y jarabes interpretados por bandas juveniles. Para los jóvenes miembros de estos grupos, participar en la preservación de las tradiciones de sus comunidades de origen les permite aprender sobre su trasfondo cultural y les da razones para reclamar su identidad indígena (Equipo de Cronistas Oaxaqueños, 2013). Las regalías de danza a menudo incluyen símbolos de sus identidades transnacionales, como un parche de la Virgen María con las iniciales del pueblo por un lado y el logotipo de los Dodgers de Los Ángeles por el otro (Nicolás, 2012). Combinar la experiencia de la vida urbana en Los Ángeles con las prácticas culturales y festividades de sus pueblos refuerza las creencias y valores indígenas.

A nivel micro, para los jóvenes de segunda generación, construir relaciones sólidas con sus comunidades de origen en México, incluso si no necesariamente se identifican como indígenas cuando son más jóvenes, se convierte en una parte importante de su politización y reclamo de identidad indígena durante la adultez emergente, incluso para aquellos que nunca han visitado los pueblos indígenas de sus padres (Kovats, 2010). Independientemente del número de visitas al lugar de origen, las creencias y prácticas tradicionales se transmiten continuamente a través de redes transnacionales (Lorente Fernández, 2006). Cuando los familiares en los Estados Unidos y México hacen referencias a sus comunidades de origen, la identidad indígena puede parecer confusa, especialmente cuando la familia menciona que 'antes eran más indios' o que 'eran indios', como si la identidad indígena pudiera cambiar en lugar de ser un rasgo permanente (Urrieta, 2003). Incluso al recibir mensajes familiares que articulan un sentido de desindianización, esto puede despertar un proceso de exploración para revelar indigeneidad.

La migración puede alentar a los jóvenes indígenas a desarrollar afinidades hacia una red más amplia de grupos indígenas que comparten compromisos similares con la preservación cultural. Esta orientación puede proporcionar una base para la formación de identidad étnica fundamentada tanto a nivel local como global (Hanson, 2008). La tecnología y el internet podrían servir como herramientas para que los adolescentes indígenas se conecten con otros jóvenes indígenas que compartan influencias contextuales locales y globales importantes para sus identidades étnicas (Hinduja y Patchin, 2008; Roberts *et al.*, 2004; Valkenburg *et al.*, 2005).

Los investigadores deberían explorar la variabilidad del proceso de aculturación a lo largo del tiempo (Berry, 2004; French *et al.*, 2006). Dado que los mecanismos de cambio positivo no funcionan de la misma manera entre inmigrantes del mismo origen nacional, nuestra investigación puede servir como base para futuros esfuerzos destinados a examinar la variabilidad entre inmigrantes a los Estados Unidos de un mismo origen nacional, como Camboya (Khmer), Laos (Lao, Hmong, Khmer), Perú (mestizo, quechua, aimara) y Guatemala (ladino, K'iche', kaqchikel, mam), así como inmigrantes a otros destinos en todo el mundo. Recomendamos que las futuras investigaciones también se centren en comprender la variabilidad de las influencias transnacionales en la identidad étnica. La investigación futura debería continuar examinando la validez predictiva de las etiquetas de los Estados nacionales ('mexicano', 'chino') para comprender las identidades de los inmigrantes. Además, se debería seguir ampliando nuestro conocimiento sobre cómo el trilingüismo está asociado con los procesos de desarrollo y educación. Los estudios también deberían analizar la discriminación dentro de los grupos, más allá de las comparaciones generacionales para comprender mejor cómo se experimenta la discriminación de manera diferente y por diferentes razones entre los jóvenes inmigrantes de un mismo origen nacional.

Nuestros hallazgos pueden informar investigaciones futuras sobre otros adolescentes con múltiples identidades 'étnicas', como jóvenes birraciales e inmigrantes que tienen múltiples identidades culturales (por ejemplo, judíos rusos). Nuestros hallazgos también podrían informar investigaciones sobre migrantes indígenas de otros países de América Latina. Por ejemplo, desde el inicio de la guerra civil en Guatemala en 1978, al menos medio millón de mayas guatemaltecos, en su mayoría de comunidades rurales, han emigrado a los Estados Unidos (Burns, 1993; Loucky y Moors, 2000; Smith *et al*., 2002). Al menos el 42% de la población de Guatemala es indígena maya y hablan 22 idiomas diferentes (Instituto Nacional de Estadística, 2018). Solo un tercio de los niños en edad escolar están matriculados, y de esos, alrededor de la mitad abandona la escuela al final del primer grado (Chesterfield *et al*., 2002; Tay Coyoy, 1992).

Las nociones de identidad étnica de los inmigrantes, medidas actualmente en función de las etiquetas de Estado-nación, pueden tener una validez predictiva limitada para algunos adolescentes. Nuestros hallazgos también sugieren que las nociones de 'etnicidad' entre los jóvenes inmigrantes deberían revisarse para incluir las dimensiones culturales y lingüísticas de las identidades sociales de los adolescentes indígenas. Sugerimos la necesidad de una medida de compromiso transnacional (que hemos desarrollado y estamos probando actualmente en un estudio posterior), una nueva medida de identidades diaspóricas y una nueva medida de intermediación lingüística para trilingües. Nuestros hallazgos también resaltan las limitaciones de las medidas existentes de identidad étnica en términos del grupo de referencia implícito. Es necesario desarrollar medidas de discriminación que distingan entre discriminación dentro del grupo (*in-group*) y fuera del grupo (*out-group*), ya que la mayoría de las medidas solo implican discriminación fuera del grupo. Nuestros resultados también sugieren que las medidas de identidad étnica y de pertenencia o exclusión del grupo necesitan una dimensión situacional (¿Cuándo me siento más mexicano/cuándo me siento más zapoteco? ¿Cuándo siento que pertenezco/no pertenezco con los mexicanos/zapotecos?).

El aumento de inmigrantes indígenas plantea nuevas preguntas y expande los límites de las teorías actuales sobre identidad racioétnica y multilingüismo. Muchos investigadores en estos campos presumen que las medidas y constructos reflejan características psicológicas que trascienden los contextos culturales e históricos. Lo que se necesita son nuevas perspectivas culturales que consideren las formas en que las medidas y constructos de identidad están fundamentados en nociones específicas de la realidad (Adams *et al*., 2006).

Implicaciones para Prácticas y Políticas Educativas

El sistema educativo es una institución cultural que puede apoyar, ignorar o denigrar las herencias y los antecedentes socioculturales de sus estudiantes (Hornberger, 2008; Lee, 2013). Actualmente, las escuelas y los responsables de políticas no reconocen aún la creciente diversidad multiétnica y multilingüe dentro de la población de origen mexicano. Estos niños son automáticamente asumidos como hablantes de español porque provienen de México y tienen apellidos en español. A menudo colocan a los niños indígenas que no hablan español en aulas bilingües en español. Incluso los maestros bilingües que hablan español a menudo no están familiarizados con las culturas y lenguas indígenas y no son conscientes de que algunos estudiantes están emergiendo como trilingües (Gálvez-Hard, 2006; Machado-Casas, 2009). Aquellos que son inmigrantes de segunda generación pueden tener las mejores oportunidades de avance educativo y ocupacional, pero enfrentan muchos obstáculos. Son considerados indocumentados en un clima cada vez más hostil en los Estados Unidos, como mexicanos por aquellos que presumen que todos los mexicanos son homogéneos, y como inferiores por los inmigrantes mexicanos debido a su origen indígena.

Los hallazgos de nuestro estudio tienen varias implicaciones para maestros, administradores, personal escolar y responsables de políticas educativas. Los distritos y las escuelas necesitan implementar políticas que aborden cuestiones de discriminación intragrupal y acoso, apoyo multilingüe y clases de idiomas español/inglés para padres indígenas para facilitar su participación. Es importante que los educadores validen la cultura y el idioma indígena en sus aulas para evitar posibles consecuencias académicas y cognitivas negativas, reducir el conflicto familiar debido a la disminución de afinidad con las tradiciones indígenas, desarrollar una identidad indígena positiva y fomentar el éxito educativo (Gladwin, 2004; Riegelhaupt *et al.*, 2003).

Los maestros no están equipados para abordar las necesidades culturales, lingüísticas y académicas únicas de los estudiantes indígenas. Pacheco (2010) descubrió que algunos educadores buscan información en el internet y realizan sus propias investigaciones informales para aprender sobre la lengua y cultura mixteca. Es necesario realizar esfuerzos a gran escala para proporcionar información a los educadores y administradores sobre los estudiantes indígenas de América Latina inscritos en las escuelas públicas de los Estados Unidos, a través de programas de certificación docente y capacitación profesional continua (Barillas-Chón, 2010). La formación docente debería incluir el aprendizaje de la historia, cultura y desafíos que enfrentan los estudiantes indígenas en la escuela para hacer adaptaciones pedagógicas apropiadas en el aula. Los maestros deberían crear aulas culturalmente inclusivas donde los estudiantes indígenas no se sientan avergonzados por su idioma y cultura (Kovats, 2010). Los maestros conocedores de los antecedentes culturales y lingüísticos de los estudiantes indígenas pueden reconocer y prevenir las microagresiones que experimentan los estudiantes indígenas.

Un pequeño grupo de estudios sugiere ciertos avances en los esfuerzos escolares para apoyar a los estudiantes indígenas. Por ejemplo, Velasco (2010) describió a maestros que tomaron medidas para aprender la historia, cultura y desafíos que enfrentan sus estudiantes indígenas, haciendo adaptaciones pedagógicas apropiadas en sus aulas. Menchaca Bishop y Kelley (2013) encontraron que algunos maestros alentaron a los padres mexicanos indígenas a usar sus lenguas con sus hijos, los invitaron a eventos centrados en la cultura indígena y les proporcionaron libros para niños en lenguas indígenas. Otros estudios recientes describen a maestros que viajaron a México para recopilar información sobre la lengua y cultura de sus estudiantes indígenas y crear lecciones basadas en las referencias culturales y lingüísticas de los estudiantes (Pick *et al.*, 2011; Swanson *et al.*, 2006). Estos esfuerzos a gran escala podrían tener un impacto positivo significativo en el desarrollo social y académico de los estudiantes inmigrantes indígenas (Gladwin, 2004; Pérez, 2009).

Los educadores también pueden conectarse con los estudiantes inmigrantes al apreciar y celebrar sus antecedentes indígenas. Pacheco (2010) describió un distrito escolar donde maestros solidarios realizaban visitas domiciliarias a familias mixtecas, adoptaban familias mixtecas en necesidad, compraban uniformes escolares y zapatos para los estudiantes mixtecos y se aseguraban de que tuvieran regalos para Navidad. También colaboraban con el traductor mixteco del distrito debido a los desafíos relacionados con el estatus legal de las familias. Este traductor/organizador comunitario acompañaba al maestro durante las visitas domiciliarias; de lo contrario, los padres no abrirían la puerta por falta de documentación, miedo a que les quitaran a sus hijos o temor a ser avergonzados por sus condiciones de vida (Pacheco, 2010).

Como investigaciones anteriores, nuestros hallazgos sugieren que los jóvenes inmigrantes indígenas que asisten a escuelas que promueven el orgullo cultural tienen más probabilidades de abrazar su identidad étnica indígena (Stephen, 2007). Las escuelas deberían apoyar y fomentar la formación de organizaciones étnicas/culturales en el campus, centros o espacios que promuevan la expresión cultural a través de formas indígenas de danza, música, arte e idioma, permitiendo que los jóvenes indígenas exploren sus identidades. Estas iniciativas pueden ayudar a los jóvenes inmigrantes indígenas a sentirse más integrados en sus escuelas y comunidades. Tales vías de expresión cultural proporcionan una experiencia transformadora que permite a los jóvenes 'salir' públicamente como indígenas de la manera más celebratoria, digna y solidaria (Equipo de Cronistas Oaxaqueños, 2013). Las escuelas deberían crear asociaciones con organizaciones comunitarias lideradas por indígenas y agencias públicas de bienestar social para desarrollar iniciativas educativas que aumenten el éxito académico de los estudiantes y la participación de los padres (Figura 7.1). Los esfuerzos para fomentar

Figura 7.1 Estudiantes indígenas oaxaqueños reciben becas por sus logros académicos de la organización sin fines de lucro Proyecto de Organización Comunitaria Mixteco/Indígena (MICOP) en Oxnard, California. © William Pérez

la equidad educativa y el empoderamiento de los estudiantes indígenas deben incluir la colaboración entre educadores, miembros de juntas escolares, trabajadores sociales e investigadores.

Es necesario que las agencias estatales recopilen información demográfica básica sobre los estudiantes inmigrantes indígenas para informar las políticas estatales, distritales y escolares. Por ejemplo, la Oficina de Educación para Migrantes trabaja directamente con una gran proporción de familias indígenas que laboran en la industria agrícola, pero no cuenta con mecanismos de recolección de datos para distinguir entre migrantes indígenas y no indígenas. Varios estudios han señalado una discrepancia entre el número de estudiantes indígenas en las bases de datos de los distritos escolares y el número real, más elevado, de estudiantes indígenas que asisten a las aulas. En un estudio, el número real de estudiantes mixtecos era el doble del registrado en la base de datos del distrito (Pacheco, 2010). El mismo estudio informó que las familias mixtecas apenas habían comenzado a ser oficialmente identificadas en la base de datos del distrito a través de la Encuesta de Idioma en el Hogar que los padres completan al inscribir a sus hijos en la escuela (Pacheco, 2010). La encuesta actualizada recientemente incluye un nuevo código de identificación para el idioma mixteco. Como resultado, el distrito ahora puede rastrear la cantidad de estudiantes mixtecos inscritos en el Programa de Educación para Migrantes del distrito y que reciben apoyo académico complementario.

Los maestros de estudiantes indígenas mexicanos enfrentan un gran desafío. Aunque los maestros bilingües a menudo hablan español, no están familiarizados con las lenguas y culturas indígenas (Velasco, 2010). Los programas bilingües no fueron diseñados para niños que no son hablantes fluidos ni de español ni de inglés. A menos que se realicen adaptaciones pedagógicas para los niños indígenas provenientes de culturas ricas en oralidad y no en alfabetización, estos niños fracasarán en la escuela, incluso en programas de educación bilingüe (Velasco, 2010).

Los educadores necesitan reconocer la posibilidad de que algunos estudiantes inmigrantes latinos sean trilingües (Machado-Casas, 2009). En algunos casos, los niños pasan de hablar un idioma indígena a hablar inglés al llegar a los Estados Unidos, sin haber aprendido español. La mayoría eventualmente aprende español e inglés simultáneamente, pero con más dificultades de las que deberían enfrentar (Lopez y Munro, 1999). Los maestros deben considerar las experiencias de los estudiantes indígenas que se están convirtiendo en trilingües y triculturales en un proceso complicado por el aprendizaje de nuevos valores y expectativas (Pérez, 2009).

Las colaboraciones escolares con organizaciones comunitarias pueden ayudar a promover un sentido de aprecio por los idiomas y culturas indígenas (Schilling-Estes y Wolfram, 1999). Por ejemplo, el Distrito Escolar de Madera contrató a un trabajador comunitario mixteco para comunicarse con los padres mixtecos (Rivera-Salgado, 2005). La Academia de Lengua Mixteca recientemente comenzó a realizar talleres en el Valle Central de California para enseñar el idioma mixteco. Las actitudes lingüísticas y culturales de los estudiantes son clave para preservar las lenguas y culturas indígenas mexicanas en los Estados Unidos.

Enseñar el idioma e involucrar a los jóvenes en la preservación de su idioma indígena puede servir como un componente importante de la pedagogía culturalmente relevante (Duncan-Andrade, 2007; Klug y Whitfield, 2003; Kroupa, 2013; Ladson-Billing, 1995; Yazzie-Mintz, 2007). Para lograr una sociedad multicultural, preservar el idioma indígena es fundamental, ya que el idioma ayuda a las personas a identificarse con sus grupos étnicos. Además, el idioma es el medio principal para transmitir las cosmovisiones y prácticas culturales étnicas a las generaciones posteriores (England, 2003; Watson, 2006; Wurm, 1991). Aunque las personas indígenas en México están geográficamente concentradas, son tan diversas en términos de sus lenguas y cultura que es imposible caracterizar a la población indígena como un solo grupo étnico, excepto que en su mayoría son rurales y empobrecidos

(Modiano, 1988; Yoshioka, 2010). Las escuelas pueden y deben ser parte de los esfuerzos de revitalización del idioma cuando la comunidad así lo desee. La escuela puede ser una herramienta estratégica en esos casos (McCarty, 2008).

Los padres indígenas mexicanos tienen grandes aspiraciones de que sus hijos progresen desde sus vidas de trabajo físico en los campos agrícolas hacia carreras profesionales de oficina. Nuestros hallazgos sugieren que existe una brecha significativa de apoyo para ayudar a los jóvenes a realizar la transición hacia la educación superior. Mientras que algunos estudiantes han construido caminos hacia la universidad, otros siguen los logros ocupacionales de sus padres o transitan hacia caminos de alienación y desconexión. Cuanto más entendamos por qué y cómo los estudiantes permanecen en caminos hacia la universidad, más eficazmente podremos ubicar y apoyar sus recursos culturales para el éxito escolar. Domínguez y sus colegas desarrollaron las actividades *Bridging Multiple Worlds Activities* (Domínguez *et al.*, 2001). Escritas en inglés y español, incluyen una actividad llamada *It's All About Choices*. Los materiales de la actividad permiten a socios y escuelas ayudar a los niños a mapear sus caminos a través de la escuela. Las actividades están disponibles de forma gratuita en https://bridgingworlds.ucsc.edu/research-tools/index.html. Asociaciones locales han adoptado las actividades en entornos rurales y urbanos del norte de California.

Reflexiones Finales

Fomentar oportunidades para el desarrollo positivo de los jóvenes en sociedades multiculturales diversas es un gran desafío. A medida que las dinámicas culturales y lingüísticas de la inmigración desde América Latina siguen expandiéndose, las escuelas de los Estados Unidos necesitan adaptarse para apoyar trayectorias educativas y profesionales positivas para los estudiantes inmigrantes indígenas. Esperamos que nuestro estudio ayude a corregir los conceptos erróneos monoculturales y monolingües sobre los inmigrantes mexicanos y sirva como un paso hacia la comprensión de las identidades religiosas transculturales, translingües y transnacionales que mantienen vivas las tradiciones indígenas y dan sentido a las decisiones escolares y profesionales de los estudiantes. El desarrollo y la preservación de sus actitudes culturales e idiomas indígenas permitirán que estos jóvenes se conviertan en adultos productivos que puedan ayudar a fortalecer los lazos entre sus dos naciones con sus sensibilidades transnacionales. El sistema educativo debe desarrollar la capacidad de educar no solo a los grupos mixtecos, zapotecos y p'urhépechas, sino también a los triquis, mayas, nahuas, mixes y todos los demás grupos indígenas que constituyen una proporción creciente de la inmigración desde México, para apoyar mejor su desarrollo positivo desde una perspectiva transnacional.

Apéndice A

Tabla A.1 Demografía de los padres y el hogar

	Mixteco (n = 50)	Zapoteco (n = 75)	P'urhépecha (n = 32)	Pruebas Estadísticas
	M (DE)	M (DE)	M (DE)	
Educación de la madre	4.74a (3.76)	8.28b (3.32)	4.92a (3.48)	F = 19.62*
Educación del padre	5.19a (3.27)	8.02b (3.95)	4.96a (4.47)	F = 11.28*
Edad de la madre	37.49a (6.16)	41.31bc (6.39)	38.58ab (7.57)	F = 6.35*
Edad del padre	40.91 (5.77)	43.69 (6.26)	41.93 (8.23)	F = .19
Ocupación de la madre				χ^2 = 16.16*
Ama de casa (%)	24.3	20.0	15.8	
No calificada (%)	70.3ab	54.5ab	84.2b	
Semicalificada o más (%)	5.4a	25.5ab	.0a	
Ocupación del padre				χ^2 = 6.13
No calificado (%)	84.8	70.4	90.5	
Semicalificado o más (%)	15.2	29.6	9.5	
Empleo de la madre				χ^2 = 19.05*
Tiempo completo (%)	65.9a	37.1b	50.0ab	
Medio tiempo (%)	9.1a	40.3b	33.3ab	
No empleada (%)	25.0	22.6	16.7	
Empleo del padre				χ^2 = 24.43*
Tiempo completo (%)	86.8	71.6	62.1	
Medio tiempo (%)	7.9a	23.9ab	37.9b	
No empleado (%)	5.3	4.5	.0	
Dominio del inglés				
Madre				χ^2 = 30.46*
Nada o poco (%)	91.5ab	56.9c	100.0b	
Bien o muy bien (%)	8.5ab	43.1c	.0b	
Padre				χ^2 = 26.20*
Nada o poco (%)	72.7ab	43.7c	93.8b	
Bien o muy bien (%)	27.3ab	56.3c	6.2b	

(*continúa*)

Table A.1 (*continúa*)

	Mixteco (n = 50)	Zapoteco (n = 75)	P'urhépecha (n = 32)	Pruebas Estadísticas
	M (DE)	M (DE)	M (DE)	
Lugar de nacimiento de la madre				$\chi^2 = 81.15^*$
Rural/suburbano (%)	94.7a	98.0a	87.0a	
Metropolitano (%)	5.3a	2.0a	13.0a	
Lugar de nacimiento del padre				$\chi^2 = 64.57^*$
Rural/suburbano (%)	88.9a	97.9a	83.3a	
Metropolitano (%)	11.1a	2.1a	16.7a	
Tamaño del hogar	5.93ab (1.45)	5.45a (1.64)	6.35b (2.18)	$F = 2.34^{**}$
Hogar con dos padres (%)	74.0	85.3	84.4	$\chi^2 = 3.43$
Padres del mismo pueblo de origen (%)	70.6a	83.7ab	95.7b	$\chi^2 = 7.21^{**}$

Nota: N = 157, *p < .05, **p < .10. M = media; DE = desviación estándar. Las medias y porcentajes en las filas que no comparten la misma letra en superíndice son estadísticamente diferentes entre sí.

Tabla A.2 Demografía de los estudiantes

	Mixteco (n = 50)	Zapoteco (n = 75)	P'urhépecha (n = 32)	Pruebas Estadísticas
	M (DE)	M (DE)	M (DE)	
Edad	15.60a (1.43)	16.05a (1.37)	14.31b (1.23)	$F = 15.00^*$
Sexo (masculino) (%)	56.0ab	42.7ab	28.1b	$\chi^2 = 9.19^*$
Primogénito (%)	44.0	48.0	32.3	$\chi^2 = 5.07$
Lugar de nacimiento				
Estados Unidos (%)	56.0a	74.7a	21.9b	$\chi^2 = 26.71^*$
México (%)	44.0a	25.3a	78.1b	
Edad al migrar a Estados Unidos	9.20 (3.99)	6.48 (3.84)	6.36 (4.89)	$F = 2.23$
Escolaridad en México (%)	49.0	29.7	31.3	$\chi^2 = 5.80$
Años de escolaridad en México	4.36 (2.51)	4.63 (2.69)	5.38 (2.84)	$F = 1.79$

Nota: N = 157, *p < 0.05. M = media; DE = desviación estándar. Las medias y porcentajes en las filas que no comparten la misma letra en superíndice son estadísticamente diferentes entre sí.

Tabla A.3 Demografía escolar por grupo de estudiantes

	Mixteco (%)	Zapoteco (%)	P'urhépecha (%)
Características del Profesorado			
Título de maestría	14	20	16
Años en la escuela actual	13.2	12.9	12.0
Años en el distrito actual	11.0	11.4	9.7
Porcentaje de profesores blancos	79	62	82
Características de la Escuela			
Tamaño promedio de la clase	27.7	27.8	27.8
Asistencia estudiantil	1,809	2,147	2,408
Suspensiones escolares	113	140	121
Índice de Rendimiento Académico	716	720	727
Porcentaje con nivel avanzado/proficiente en matemáticas	24.0	19.0	22.8
Porcentaje con nivel avanzado/proficiente en artes del lenguaje	45.2	46.6	42.0
Características de los Estudiantes			
Porcentaje de aprendices del idioma inglés	22.5	13.0	21.8
Porcentaje de almuerzo gratuito/reducido	75.3	66.9	73.2
Porcentaje de estudiantes hispanos	82.5	62.6	86.7
Porcentaje de estudiantes negros	3.4	14.0	1.6
Porcentaje de estudiantes asiáticos	1.7	3.1	1.4
Porcentaje de estudiantes blancos	7.3	16.7	5.4

Tabla A.4 Características demográficas de los pueblos de origen

	Mixteco (n = 50)	Zapoteco (n = 75)	P'urhépecha (n = 32)	Pruebas Estadísticas
	M (DE)	M (DE)	M (DE)	
Población del pueblo de origen	5,184a (9,590)	14,440a (7,182)	5,506a (7,235)	$F = 18.37*$
Porcentaje indígena	85.10a (22.62)	55.14b (26.43)	91.60a (23.51)	$F = 248.74*$
Cambio % indígena (2000–2010)	−1.30a (3.08)	−4.33b (2.77)	−2.80a (1.32)	$F = 14.88*$
Hablantes de lengua indígena	43.56a (27.34)	37.14a (27.32)	43.37a (11.08)	$F = 67.74*$
Principales hablantes de lengua indígena	77.24a (16.84)	74.84a (18.95)	89.68b (5.40)	$F = 5.94*$
Hablantes de segunda lengua indígena	6.10a (10.40)	7.49a (6.47)	0.06b (0.03)	$F = 7.04*$
Gobernanza indígena (%)	88.6a	35.0b	0.0b	$\chi^2 = 24.95*$
Tasa de pobreza	84.28a (11.28)	63.24b (14.41)	78.25a (7.23)	$F = 67.89*$
Logro educativo	4.10a (1.34)	7.01b (1.56)	5.83c (0.40)	$F = 74.23*$
Tasa de analfabetismo	21.36a (4.63)	10.71b (6.17)	15.12c (2.32)	$F = 110.77*$

Nota: N = 157, *p < .05. M = media; DE = desviación estándar. Los promedios y porcentajes de fila que no comparten la misma letra superíndice son estadísticamente diferentes entre sí.

Tabla A.5 Características de los pueblos indígenas de origen

	Lengua Indígena Principal	Segunda Lengua Indígena	Gobernanza Indígena
Oaxaca	Zapoteco	Mixteco	
Municipios			
Santiago del Río	Mixteco	Zapoteco	Sí
San Martín Peras	Mixteco	Mazateco	Sí
Silacayoápam	Mixteco	Zapoteco	No
San Sebastián Tecomaxtlahuaca	Mixteco	Mazateco	Sí
Santo Domingo Tonalá	Mixteco	Zapoteco	No
Santiago Yosondúa	Mixteco	Zapoteco	Sí
San Francisco Tlapancingo	Mixteco	Chinanteco	Sí
Heroica Ciudad de Tlaxiaco	Mixteco	Triqui	No
San Miguel El Grande	Mixteco	Mazateco	Sí
Huajuapan de León	Mixteco	Náhuatl	No
Santiago Juxtlahuaca	Mixteco	Triqui	No
San Miguel Tlacotepec	Mixteco	Chinanteco	Sí
San Jorge Nuchita	Mixteco	Zapoteco	–
Localidades			
Guadalupe de Morelos	Mixteco	–	–
San Francisco Higos	Mixteco	–	–
Rincón Peras	Mixteco	–	–
La Escopeta	Mixteco	–	–
Santa Cruz	Mixteco	–	–
Primavera	Mixteco	–	–
Unión de Cárdenas	Mixteco	–	–
Municipios			
Tlacolula de Matamoros	Zapoteco	Mixe	No
San José Lachiguiri	Zapoteco	Mixteco	Sí
Ciénega de Zimatlán	Zapoteco	Mixe	No
Santiago Matatlán	Zapoteco	Mixteco	Sí
San Pablo Villa de Mitla	Zapoteco	Mixe	No
San Lucas Quiaviní	Zapoteco	Chinanteco	Sí
Santiago Comaltepec	Chinanteco	Zapoteco	Sí
San Andrés Solaga	Zapoteco	Mixe	Sí
Santa Lucía del Camino	Zapoteco	Mixe	No
San Bartolomé Quialana	Zapoteco	Chinanteco	Sí
Santa Cruz Papalutla	Zapoteco	Mazateco	Sí
San Dionisio Ocotepec	Zapoteco	Chinanteco	Sí
San Juan Bautista Valle Nacional	Chinanteco	Zapoteco	No
Coatecas Altas	Zapoteco	Chontal	Sí
Villa de Etla	Zapoteco	Mixteco	–

(continúa)

Table A.5 (*continúa*)

	Lengua Indígena Principal	Segunda Lengua Indígena	Gobernanza Indígena
San Antonino Castillo Velasco	Zapoteco	Chinanteco	–
Unión Hidalgo	Zapoteco	Huave	–
Villa de Zaachila	Zapoteco	Mixe	–
Localidades			
San Pablo Guilá	Zapoteco	–	–
La Esperanza	Zapoteco	–	–
San Francisco Tutla	Zapoteco	–	–
Michoacán	P'urhépecha	Náhuatl	
Municipios			
Charapan	P'urhépecha	Náhuatl	No
Paracho	P'urhépecha	Náhuatl	No
Tangancícuaro	P'urhépecha	Náhuatl	No
Zamora	P'urhépecha	Náhuatl	No
Puruandiro	P'urhépecha	Mazahua	–
Tinguindin	P'urhépecha	Mazahua	–
Localidades			
Sirio	P'urhépecha	–	–
Ocumicho	P'urhépecha	–	–
San Lorenzo	P'urhépecha	–	–

Tabla A.6 Contacto dentro y fuera del grupo

	Mixteco (n = 50)	Zapoteco (n = 75)	P'urhépecha (n = 32)	Pruebas Estadísticas
	M (DE)	M (DE)	M (DE)	
Mejor amigo indígena (%)	28.0a	21.3a	62.5b	$\chi^2 = 18.01$*
Mejor amigo no hispano (%)	10.9	9.3	3.1	$\chi^2 = 1.42$
Actividades con compañeros indígenas				
Pasar el rato	2.98a (1.38)	3.56b (1.20)	3.42ab (1.50)	F = 2.87**
Hablar sobre problemas	2.75a (1.49)	3.44b (1.35)	3.35ab (1.54)	F = 3.53*
Divertirse	3.02a (1.51)	3.79b (1.22)	3.61ab (1.43)	F = 4.78*
Actividades con compañeros no hispanos				
Pasar el rato	2.01a (1.03)	2.29a (0.93)	1.44b (0.56)	F = 9.60*
Hablar sobre problemas	1.73ab (0.88)	1.94a (1.00)	1.53b (0.67)	F = 2.39**
Divertirse	2.28a (1.26)	2.33a (1.14)	1.46b (0.73)	F = 7.30*

Nota: N = 157, *p < .05, **p < .10. M = media; DE = desviación estándar. Los promedios y porcentajes de fila que no comparten la misma letra superíndice son estadísticamente diferentes entre sí.

Tabla A.7 Identidad étnica

	Mixteco (n = 50)	Zapoteco (n = 75)	P'urhépecha (n = 32)	Pruebas Estadísticas
	M (DE)	M (DE)	M (DE)	
Identificación indígena (%)	50.0	57.3	71.9	$\chi^2 = 3.86$
Identificación indígena multiétnica (%)	6.0	8.0	3.1	–
Identificación indígena monoétnica (%)	44.0	49.3	68.8	–
No autoidentificado como indígena (%)	50.0	42.7	28.1	–
Identidad étnica	4.35 (.76)	4.46 (.65)	4.34 (.76)	
Autoestima colectiva	5.19a (.83)	5.29a (.69)	4.79b (.80)	$F = 5.00*$
Elevación étnica	4.34 (.94)	4.56 (.79)	4.35 (.98)	$F = 1.14$
Afinidad étnica	3.05ab (1.00)	3.02a (.98)	3.54b (1.12)	$F = 3.22*$

Nota: N = 157, *p < .05. M = media; DE = desviación estándar. Los promedios y porcentajes de fila que no comparten la misma letra superíndice son estadísticamente diferentes entre sí.

Tabla A.8 Inmersión cultural indígena

	Inmersión Cultural						Pruebas Estadísticas Intra-Grupo		
	Mixteco		Zapoteco		P'urhépecha		Mixteco	Zapoteco	P'urhépecha
	Baja (n = 21)	Alta (n = 29)	Baja (n = 47)	Alta (n = 28)	Baja (n = 6)	Alta (n = 26)			
	M (DE)	M (DE)	M (DE)	M (DE)	M (DE)	M (DE)			
Género									
Masculino (%)	57.1	55.2	53.2	25.0	33.3	26.9	$\chi^2 = .02$	$\chi^2 = 5.70*$	$\chi^2 = .10$
Femenino (%)	42.9	44.8	46.8	75.0	66.7	73.1			
Lugar de nacimiento									
Estados Unidos (%)	76.2	41.4	80.9	64.3	50.0	15.4	$\chi^2 = 5.99*$	$\chi^2 = 2.55$	$\chi^2 = 3.42**$
México (%)	23.8	58.6	19.1	35.7	50.0	84.6			
Identidad indígena									
Autoidentificado (%)	23.8	69.0	46.8	75.0	33.3	80.8	$\chi^2 = 9.93*$	$\chi^2 = 5.70*$	$\chi^2 = 5.43*$
No autoidentificado (%)	76.2	31.0	53.2	25.0	66.7	19.2			
Identidad étnica	4.15 (.86)	4.50 (.64)	4.32 (.56)	4.71 (.71)	3.99 (.99)	4.42 (.69)	t = 1.65	t = 2.68*	t = 1.24
Autoestima colectiva	4.88 (1.09)	5.42 (1.04)	5.19 (.66)	5.47 (.71)	4.39 (.99)	4.88 (.73)	t = 2.13**	t = 1.72**	t = 1.41
Elevación étnica	4.14 (1.04)	4.49 (.85)	4.37 (.69)	4.88 (.85)	3.94 (1.22)	4.45 (.91)	t = 1.32	t = 2.84*	t = 1.14
Afinidad étnica	3.03 (.85)	3.05 (1.11)	2.84 (.88)	3.33 (1.09)	3.47 (1.27)	3.56 (1.10)	t = .04	t = 2.17*	t = .17

Nota: N = 157, *p < .05, **p < .10. M = media; DE = desviación estándar.

Tabla A.9 Etiqueta de identidad indígena

	Etiqueta de Identidad Indígena						Pruebas Estadísticas Intra-Grupo		
	Mixteco		Zapoteco		P'urhépecha		Mixteco	Zapoteco	P'urhépecha
	Sí (n = 25)	No (n = 25)	Sí (n = 43)	No (n = 32)	Sí (n = 23)	No (n = 9)			
	M (DE)	M (DE)	M (DE)	M (DE)	M (DE)	M (DE)			
Género									
Masculino (%)	64.0	48.0	32.6	56.3	26.1	33.3	$\chi^2 = 1.30$	$\chi^2 = 4.21*$	$\chi^2 = .17$
Femenino (%)	36.0	52.0	67.4	43.8	73.9	66.7			
Lugar de nacimiento									
Estados Unidos (%)	32.0	80.0	65.1	87.5	17.4	33.3	$\chi^2 = 11.69*$	$\chi^2 = 4.86*$	$\chi^2 = .96$
México (%)	68.0	20.0	34.9	12.5	82.6	66.7			
Mejor amigo indígena (%)	36.0	20.0	27.9	12.5	73.9	33.3	$\chi^2 = 1.59$	$\chi^2 = 2.60$	$\chi^2 = 4.55*$
Amigos indígenas	3.15 (1.28)	2.77 (1.44)	3.84 (.93)	3.26 (1.30)	3.71 (1.37)	2.78 (1.22)	$t = .97$	$t = 2.25*$	$t = 1.78**$
Lengua indígena	2.36 (1.07)	1.70 (1.10)	1.80 (.86)	1.59 (.82)	3.04 (.84)	2.67 (1.03)	$t = 2.16*$	$t = 1.06$	$t = 1.07$
Características de la comunidad de origen									
Población indígena	89.50 (15.01)	80.70 (28.01)	59.24 (27.54)	49.09 (23.70)	90.78 (24.71)	99.00 (.00)	$t = 1.24$	$t = 1.42$	$t = .46$
Hablantes de lengua indígena	55.10 (26.65)	32.03 (23.32)	41.12 (29.46)	31.17 (23.01)	42.91 (11.62)	47.55 (.00)	$t = 2.91*$	$t = 1.39$	$t = .55$
Gobernanza indígena (%)	100.0	76.5	42.3	21.4	.0	.0	$\chi^2 = 4.78*$	$\chi^2 = 1.74$	–
Identidad étnica	4.51 (.60)	4.19 (.86)	4.55 (.67)	4.35 (.61)	4.35 (.86)	4.31 (.44)	$t = 1.52$	$t = 1.28$	$t = .11$
Autoestima colectiva	5.46 (.50)	4.92 (1.01)	5.38 (.70)	5.17 (.65)	4.79 (.84)	4.80 (.70)	$t = 2.42*$	$t = 1.33$	$t = .04$
Elevación étnica	4.50 (.81)	4.19 (1.05)	4.70 (.81)	4.36 (.72)	4.38 (1.13)	4.28 (.39)	$t = 1.18$	$t = 1.87**$	$t = .25$
Afinidad étnica	2.98 (1.05)	3.11 (.97)	3.04 (.89)	2.99 (1.11)	3.54 (1.25)	3.56 (.72)	$t = .47$	$t = .21$	$t = .05$

Nota: N = 157, *p < .05, **p < .10. M = media; DE = desviación estándar.

Tabla A.10 Identificación indígena según el uso de la lengua indígena en la infancia

	Uso de la Lengua Indígena en la Infancia						Pruebas Estadísticas Intra-Grupo		
	Mixteco		Zapoteco		P'urhépecha		Mixtec	Zapotec	P'urhépecha
	Sí (n = 11)	No (n = 39)	Sí (n = 10)	No (n = 64)	Sí (n = 15)	No (n = 17)			
	M (DE)	M (DE)	M (DE)	M (DE)	M (DE)	M (DE)			
Mejor amigo indígena (%)	45.5	23.1	30.0	20.0	86.7	41.2	$\chi^2 = 2.13$	$\chi^2 = .52$	$\chi^2 = 7.04*$
Amigos indígenas	2.76 (.88)	3.02 (1.77)	4.40 (.68)	3.46 (1.14)	3.82 (1.09)	3.12 (1.55)	$t = .73$	$t = 3.63*$	$t = 1.47$
Características del pueblo de origen									
Población indígena	93.41 (14.11)	81.94 (24.58)	85.13 (21.66)	49.66 (23.39)	93.91 (16.88)	88.79 (30.67)	$t = 1.45**$	$t = 4.00*$	$t = .48$
Hablantes de lengua indígena	74.83 (24.21)	31.70 (17.37)	69.70 (28.40)	31.18 (22.72)	45.82 (5.76)	40.39 (15.23)	$t = 6.28*$	$t = 4.27*$	$t = 1.01$
Gobernanza indígena (%)	88.9	88.5	100.0	21.2	.0	.0	$\chi^2 = .01$	$\chi^2 = 15.76*$	–
Etiqueta de identidad indígena (%)	72.7	43.6	90.0	52.3	86.7	58.8	$\chi^2 = 2.91**$	$\chi^2 = 5.03*$	$\chi^2 = 3.06**$
Identidad étnica	4.50 (.57)	4.31 (.80)	5.00 (.42)	4.38 (.64)	4.42 (.45)	4.26 (.96)	$t = .76$	$t = 2.97*$	$t = .60$
Autoestima colectiva	5.32 (.49)	5.16 (.91)	5.88 (.11)	5.20 (.69)	4.87 (.56)	4.72 (.97)	$t = .56$	$t = 7.26*$	$t = .50$
Elevación étnica	4.58 (.71)	4.27 (.99)	5.33 (.53)	4.44 (.75)	4.51 (.57)	4.21 (1.23)	$t = .96$	$t = 3.61*$	$t = .86$
Afinidad étnica	3.08 (.98)	3.04 (1.02)	3.22 (1.01)	2.99 (.98)	3.57 (1.05)	3.52 (1.20)	$t = .13$	$t = .67$	$t = .11$

Nota: N = 157, *p < .05, **p < .10. M = media; DE = desviación estándar.

Tabla A.11 Multilingüismo

	Mixteco (n = 50)		Zapoteco (n = 75)		P'urhépecha (n = 32)		Pruebas Estadísticas	
	%	M (DE)	%	M (DE)	%	M (DE)	%	M
Dominio del idioma inglés	100.0	3.54a (.62)	100.0	3.84b (.32)	100.0	3.15c (.78)	–	F = 19.07*
Dominio del idioma español	100.0	3.35 (.64)	100.0	3.38 (.61)	100.0	3.42 (.56)	–	F = .15
Dominio de lenguas indígenas	58.0a	2.03a (1.12)	53.3a	1.71a (.84)	93.8b	2.94b (.90)	χ^2 = 16.53*	F = 18.64*
Uso del idioma inglés								
Como niño	2.0		5.3		.0		χ^2 = 2.40	
En casa	12.0		9.3		.0		χ^2 = 3.91	
Con amigos	58.0a		74.7a		9.4b		χ^2 = 38.93*	
Uso del idioma español								
Como niño	76.0ab		81.3b		53.1a		χ^2 = 9.42*	
En casa	100.0		100.0		100.0		–	
Con amigos	100.0		100.0		100.0		–	
Uso de lenguas indígenas								
Como niño	22.0ab		13.3b		46.9a		χ^2 = 14.32*	
En casa	14.0a		2.7b		31.2a		χ^2 = 17.48*	
Con amigos	6.0		.0		3.1		χ^2 = 4.40	
Bilingüismo		3.44ab (.47)		3.61a (.37)		3.29b (.58)		F = 6.19*
Trilingüismo		23.37a (14.18)		23.39a (14.69)		31.11b (13.24)		F = 3.75*
Interpretación inglés/español	100.0	2.23 (.64)	98.7	2.17 (.77)	96.9	2.21 (.64)	χ^2 = 1.52	F = .13
Interpretación de lenguas indígenas	60.0a	1.36a (.52)	54.7a	1.26a (.52)	87.5b	1.68b (.61)	χ^2 = 10.67*	F = 6.64*
Sentimientos sobre la interpretación								
Idioma español		3.03 (.68)		3.14 (.57)		3.03 (.57)		F = .65
Lengua indígena		2.61 (.53)		2.56 (.51)		2.57 (.54)		F = .17

Nota: N = 157, *p < .05. M = media; DE = desviación estándar. Los promedios y porcentajes de fila que no comparten la misma letra superíndice son estadísticamente diferentes entre sí.

Tabla A.12 Multilingüismo según la identificación indígena

	Etiqueta de Identificación Indígena						Pruebas Estadísticas Intra-Grupo		
	Mixteco		Zapoteco		P'urhépecha		Mixteco	Zapoteco	P'urhépecha
	Sí (n = 25)	No (n = 25)	Sí (n = 43)	No (n = 32)	Sí (n = 23)	No (n = 9)			
	M (DE)	M (DE)	M (DE)	M (DE)	M (DE)	M (DE)			
Dominio del idioma									
Inglés	3.31 (.61)	3.77 (.55)	3.85 (.33)	3.84 (.31)	3.18 (.76)	3.06 (.86)	t = 2.82*	t = .17	t = .42
Español	3.47 (.59)	3.22 (.66)	3.40 (.65)	3.36 (.56)	3.50 (.48)	3.22 (.70)	t = 1.38	t = .29	t = 1.29
Indígena	2.36 (1.07)	1.70 (1.10)	1.80 (.86)	1.59 (.82)	3.04 (.84)	2.67 (1.03)	t = 2.16*	t = 1.06	t = 1.07
Indígena (%)	76.0	40.0	55.8	50.0	95.7	88.9	$\chi^2 = 6.65$*	$\chi^2 = .25$	$\chi^2 = .51$
Uso del idioma inglés									
Como niño (%)	.0	4.0	2.3	9.4	.0	.0	$\chi^2 = 1.02$	$\chi^2 = 1.81$	–
En casa (%)	8.0	16.0	4.7	15.6	.0	.0	$\chi^2 = .76$	$\chi^2 = 2.61$	–
Con amigos (%)	40.0	76.0	76.7	71.9	8.7	11.1	$\chi^2 = 6.65$*	$\chi^2 = .23$	$\chi^2 = .04$
Uso del idioma español									
Como niño (%)	68.0	84.0	76.7	87.5	43.5	77.8	$\chi^2 = 1.75$	$\chi^2 = 1.40$	X2 = 3.06**
En casa (%)	100.0	100.0	100.0	100.0	100.0	100.0	–	–	–
Con amigos (%)	100.0	100.0	100.0	100.0	100.0	100.0	–	–	–

(continúa)

Table A.12 (continúa)

	Etiqueta de Identificación Indígena								Pruebas Estadísticas Intra-Grupo		
	Mixteco		Zapoteco			P'urhépecha					
	Sí (n = 25)	No (n = 25)	Sí (n = 43)	No (n = 32)		Sí (n = 23)	No (n = 9)		Mixteco	Zapoteco	P'urhépecha
	M (DE)	M (DE)	M (DE)	M (DE)		M (DE)	M (DE)				
Uso del idioma indígena											
Como niño (%)	32.0	12.0	20.9	3.1		56.5	22.2		$\chi^2 = 2.91**$	$\chi^2 = 5.03*$	$\chi^2 = 3.06**$
En casa (%)	20.0	8.0	4.7	.0		43.5	.0		$\chi^2 = 1.50$	$\chi^2 = 1.53$	$\chi^2 = 5.69*$
Con amigos (%)	12.0	.0	.0	.0		4.3	.0		$\chi^2 = 3.19**$	–	$\chi^2 = .40$
Bilingüismo	3.39 (.46)	3.50 (.49)	3.63 (.40)	3.60 (.33)		3.35 (.51)	3.14 (.75)		$t = .84$	$t = .32$	$t = .88$
Trilingüismo	27.55 (15.47)	19.20 (11.61)	25.05 (15.43)	21.16 (13.55)		33.53 (13.36)	24.92 (11.33)		$t = 2.16*$	$t = 1.14$	$t = 1.70**$
Interpretación de idiomas											
Inglés/Español	2.31 (.56)	2.15 (.72)	2.23 (.77)	2.08 (.77)		2.32 (.57)	1.94 (.74)		$t = .87$	$t = .87$	$t = 1.56$
Inglés/Español (%)	100.0	100.0	100.0	96.9		95.7	100.0		–	$\chi^2 = 1.36$	$\chi^2 = .40$
Indígena	1.48 (.60)	1.23 (.41)	1.33 (.63)	1.17 (.31)		1.85 (.62)	1.23 (.32)		$t = 1.76**$	$t = 1.42$	$t = 3.68*$
Indígena (%)	68.0	40.0	53.5	50.0		95.7	66.7		$\chi^2 = 1.33$	$\chi^2 = .06$	$\chi^2 = 4.97*$
Sentimientos sobre la interpretación											
Inglés/Español	3.10 (.67)	2.96 (.70)	3.23 (.56)	3.03 (.58)		3.05 (.62)	2.97 (.46)		$t = .73$	$t = 1.49$	$t = .36$
Indígena	2.81 (.50)	2.42 (.49)	2.65 (.55)	2.44 (.45)		2.57 (.62)	2.56 (.29)		$t = 2.76*$	$t = 1.74**$	$t = .09$

Nota. N = 157, *p < .05, **p < .10. M = media; DE = desviación estándar.

Tabla A.13 Comparaciones de perfiles académicos

	Mixteco (n = 50)	Zapoteco (n = 75)	P'urhépecha (n = 32)	Pruebas Estadísticas
	M (DE)	M (DE)	M (DE)	
Apoyo social para la educación				
Influencia educativa familiar	3.63 (1.15)	3.77 (.90)	3.49 (1.19)	F = .83
Apoyo de educadores	−.23 (1.17)	.08 (.95)	−.17 (.95)	F = 1.52
Compromiso académico				
Valoración de la educación	5.31 (.89)	5.37 (.70)	5.26 (.66)	F = .25
Autoconcepto académico	4.60 (.83)	4.70 (.80)	4.55 (.82)	F = .44
Actividades extracurriculares	4.71a (4.91)	5.55a (5.08)	1.47b (3.28)	F = 8.52*
Logros				
Promedio general (GPA)	3.19a (.55)	3.10a (.65)	2.62b (.66)	F = 7.97*
Premios académicos	3.10ab (4.58)	3.62a (5.30)	1.16b (3.21)	F = 3.09*
Rutas académicas				
ELD (%)	14.0ab	4.0b	34.4a	χ^2 = 17.89*
Honores/AP (%)	10.0ab	22.7b	.0a	χ^2 = 10.55*
Grupos de rendimiento académico				χ^2 = 7.44**
Excelentes (%)	38.0a	33.3ab	12.5b	
Promedio (%)	36.0	42.7	46.9	
Reprobados (%)	26.0	24.0	40.6	

(continúa)

Table A.13 (continúa)

	Mixteco (n = 50)	Zapoteco (n = 75)	P'urhépecha (n = 32)	Pruebas Estadísticas
	M (DE)	M (DE)	M (DE)	
Metas educativas				
Aspiraciones educativas				$\chi^2 = 37.53*$
Menos de licenciatura (%)	12.2a	16.0a	67.7b	
Licenciatura o más (%)	87.8a	84.0a	32.3b	
Expectativas educativas				$\chi^2 = 28.45*$
Menos de licenciatura (%)	36.0a	25.3a	80.6b	
Licenciatura o más (%)	64.0a	74.7a	19.4b	
Universidad después de la preparatoria (%)	87.5ab	96.0b	68.8a	$\chi^2 = 15.49*$
Aceptados en la universidad (%)	85.7a	22.2b	.0b	$\chi^2 = 9.98*$

Nota. N = 157. *p < .05, **p < .10. AP = colocación avanzada; ELD = desarrollo del idioma inglés; GPA = promedio de calificaciones; M = media; DE = desviación estándar. Las medias y porcentajes de filas que no comparten la misma letra superíndice son estadísticamente diferentes entre sí.

Tabla A.14 Perfiles académicos según la identificación indígena

	Etiqueta de Identificación Indígena						Pruebas Estadísticas Intra-Grupo		
	Mixteco		Zapoteco		P'urhépecha		Mixteco	Zapoteco	P'urhépecha
	Sí (n = 25)	No (n = 25)	Sí (n = 43)	No (n = 32)	Sí (n = 23)	No (n = 9)			
	M (DE)	M (DE)	M (DE)	M (DE)	M (DE)	M (DE)			
Apoyo social para la educación									
Influencia educativa familiar	3.75 (.85)	3.51 (1.37)	3.87 (.97)	3.63 (.79)	3.22 (1.18)	4.26 (.90)	t = .70	t = 1.15	t = 2.27*
Apoyo de los educadores	−.40 (1.09)	−.05 (1.23)	.02 (.89)	0.16 (1.04)	−.20 (1.02)	−.11 (.81)	t = 1.04	t = .62	t = .24
Compromiso académico									
Autoconcepto académico	4.71 (.76)	4.49 (.89)	4.88 (.72)	4.45 (.84)	4.55 (.86)	4.55 (.76)	t = .94	t = 2.35*	t = .01
Actividades extracurriculares	4.54 (4.87)	4.88 (5.04)	5.74 (4.98)	5.29 (5.29)	1.18 (2.99)	2.22 (4.02)	t = .24	t = .38	t = .81
Logros									
Promedio general (GPA)	3.36 (.44)	3.06 (.59)	3.07 (.67)	3.13 (.61)	2.60 (.64)	2.67 (.75)	t = 1.72**	t = .35	t = .29
Premios académicos	2.79 (3.53)	3.40 (5.45)	3.28 (5.42)	4.10 (5.18)	0.74 (2.72)	2.22 (4.24)	t = .46	t = .65	t = 1.18
Rutas académicas									
ELD (%)	20.0	8.0	4.7	3.1	43.5	11.1	χ^2 = 1.49	χ^2 = .11	χ^2 = 3.00**
Honores/AP (%)	4.0	16.0	27.9	15.6	.0	.0	χ^2 = 2.00	χ^2 = 1.58	–
Grupos de rendimiento académico							χ^2 = 6.35*	χ^2 = .41	χ^2 = 2.11
Excelentes (%)	52.0	24.0	34.9	31.3	13.0	11.0			
Promedio (%)	36.0	36.0	39.5	46.9	39.1	66.7			
Reprobados (%)	12.0	40.0	25.6	21.9	47.8	22.2			

(continúa)

Table A.14 (continúa)

	Etiqueta de Identificación Indígena						Pruebas Estadísticas Intra-Grupo		
	Mixteco		Zapoteco		P'urhépecha		Mixteco	Zapoteco	P'urhépecha
	Sí (n = 25)	No (n = 25)	Sí (n = 43)	No (n = 32)	Sí (n = 23)	No (n = 9)			
	M (DE)	M (DE)	M (DE)	M (DE)	M (DE)	M (DE)			
Metas educativas									
Aspiraciones educativas							$\chi^2 = .67$	$\chi^2 = 6.11*$	$\chi^2 = .01$
Menos de licenciatura (%)	8.3	16.0	7.0	28.1	68.2	66.7			
Licenciatura o más (%)	91.7	84.0	93.0	71.9	31.8	33.3			
Expectativas educativas							$\chi^2 = .00$	$\chi^2 = 2.41**$	$\chi^2 = .07$
Menos de licenciatura (%)	36.0	36.0	18.6	34.4	81.8	77.8			
Licenciatura o más (%)	64.0	64.0	81.4	65.6	18.2	22.2			
Universidad después de preparatoria (%)	95.8	79.2	97.7	93.8	60.9	88.9	$\chi^2 = 3.05**$	$\chi^2 = .74$	$\chi^2 = 2.36$
Aceptados en la universidad (%)	100.0	75.0	33.3	11.1	.0	.0	$\chi^2 = .87$	$\chi^2 = 1.29$	—

Nota: N = 157, *p < .05, **p < .10. AP = colocación avanzada; ELD = desarrollo del idioma inglés; GPA = promedio de calificaciones; M = media; DE = desviación estándar.

Tabla A.15 Bienestar psicológico

	Mixteco (n = 50)	Zapoteco (n = 75)	P'urhépecha (n = 32)	Pruebas Estadísticas
	M (DE)	M (DE)	M (DE)	
Depresión	1.59 (.66)	1.47 (.58)	1.65 (.57)	F = 1.19
Discriminación	2.16b (1.05)	2.56a (1.08)	1.88b (.82)	F = 5.59*
Vulnerabilidad a estereotipos	3.26ab (1.37)	2.87a (.95)	3.69b (1.04)	F = 5.70*

Nota: N = 157, *p < .05. M = media; DE = desviación estándar. Las medias de fila que no comparten la misma letra superíndice son estadísticamente diferentes entre sí.

Tabla A.16 Contacto dentro y fuera del grupo según la identidad indígena

	Etiqueta de Identificación Indígena						Pruebas Estadísticas Intra-Grupo		
	Mixteco		Zapoteco		Mixteco				
	Sí (n = 25)	No (n = 25)	Sí (n = 43)	No (n = 32)	Sí (n = 23)	No (n = 9)	Mixteco	Zapoteco	P'urhépecha
	M (DE)	M (DE)	M (DE)	M (DE)	M (DE)	M (DE)			
Mejor amigo indígena (%)	36.0	20.0	27.9	12.5	73.9	33.3	$\chi^2 = 1.59$	$\chi^2 = 2.60$	$\chi^2 = 4.55$*
Mejor amigo no hispano (%)	13.6	8.3	15.0	3.4	4.8	.0	$\chi^2 = .33$	$\chi^2 = 2.46$	$\chi^2 = .40$
Actividades con compañeros indígenas									
Pasar el rato	3.25 (1.29)	2.80 (1.47)	3.67 (1.05)	3.42 (1.39)	3.65 (1.53)	2.56 (1.33)	t = .94	t = .83	t = 1.50
Hablar sobre problemas	2.83 (1.43)	2.68 (1.55)	3.71 (1.17)	3.06 (1.48)	3.65 (1.53)	2.78 (1.48)	t = .34	t = 2.07*	t = 1.90**
Divertirse	3.21 (1.35)	2.84 (1.62)	4.14 (.98)	3.31 (1.35)	3.83 (1.34)	3.00 (1.60)	t = .86	t = 2.83*	t = 1.43
Actividades con compañeros no hispanos									
Pasar el rato	1.83 (.80)	2.19 (1.20)	2.35 (.90)	2.20 (.97)	1.25 (.37)	1.89 (.71)	t = 1.30	t = .66	t = 4.02*
Hablar sobre problemas	1.59 (.75)	1.86 (.99)	1.95 (.92)	1.96 (1.12)	1.43 (.54)	1.74 (.91)	t = 1.06	t = .09	t = 1.17
Divertirse	2.18 (1.10)	2.40 (1.38)	2.39 (2.27)	1.09 (1.20)	1.35 (.66)	1.77 (.87)	t = .70	t = .52	t = 1.44

Nota. N = 157, *p < .05, **p < .10. M = media; DE = desviación estándar.

Tabla A.17 Identificación indígena según el uso de la lengua indígena en casa

Uso de la Lengua Indígena en Casa

	Mixteco		Zapoteco		P'urhépecha		Pruebas Estadísticas Intra-Grupo		
	Sí (n = 7)	No (n = 43)	Sí (n = 2)	No (n = 73)	Sí (n = 10)	No (n = 22)	Mixteco	Zapoteco	P'urhépecha
	M (DE)	M (DE)	M (DE)	M (DE)	M (DE)	M (DE)			
Mejor amigo indígena (%)	85.7	18.6	100.0	19.2	80.0	54.4	$\chi^2 = 13.45*$	$\chi^2 = 7.58*$	$\chi^2 = 1.90$
Amigos indígenas	3.43 (.85)	2.88 (1.42)	4.50 (.24)	3.56 (1.14)	3.73 (1.19)	3.32 (1.46)	t = 1.40	t = 4.37*	t = .78
Etiqueta de identidad indígena (%)	71.4	46.5	100.0	56.2	100.0	59.1	$\chi^2 = 1.50$	$\chi^2 = 1.53$	$\chi^2 = 5.69*$
Identidad étnica	4.62 (.42)	4.31 (.79)	4.77 (.45)	4.46 (.65)	4.35 (.50)	4.33 (.86)	t = 1.02	t = .68	t = .04
Autoestima colectiva	5.37 (.52)	5.16 (.88)	5.90 (.0)	5.28 (.69)	4.80 (.46)	4.79 (.92)	t = .60	t = 7.74*	t = .06
Elevación étnica	4.63 (.52)	4.29 (.99)	4.89 (.63)	4.55 (.79)	4.47 (.67)	4.30 (1.10)	t = .89	t = .60	t = .44
Afinidad étnica	3.36 (.86)	3.00 (1.02)	2.75 (.82)	3.03 (.99)	3.43 (1.22)	3.59 (1.09)	t = .88	t = .40	t = .37
Características del pueblo de origen									
Población indígena	92.93 (16.51)	83.44 (23.58)	84.00 (21.21)	53.80 (25.92)	92.00 (19.80)	91.33 (26.56)	t = 1.01	t = 1.62*	t = .06
Hablantes de lengua indígena	65.59 (32.92)	38.89 (24.06)	61.88 (41.83)	35.92 (26.55)	45.16 (6.76)	42.18 (13.39)	t = 2.50*	t = 1.34	t = .58
Gobernanza indígena (%)	100	86.2	100	31.6	.0	.0	$\chi^2 = .93$	$\chi^2 = 3.91*$	–

Nota: N = 157, *p < .05. M = media; DE = desviación estándar.

Apéndice B

Fiabilidad interna de las escalas de medición

	Elementos	Fiabilidad Interna				Anclas y Rango	Ejemplos de ítems
		Mixteco	Zapoteco	P'urhépecha	General		
Vulnerabilidad a estereotipos	5	.86	.75	.74	.85	1 (totalmente en desacuerdo) a 6 (totalmente de acuerdo)	Los profesores a menudo esperan un rendimiento inferior de los mixtecos. Algunas personas creen que tengo menos capacidad académica porque soy mixteco.
Discriminación	8	.90	.93	.89	.92	1 (nunca) a 6 (una vez por semana o más)	A lo largo de su vida, ¿con qué frecuencia ha sentido: Tratado de manera grosera o irrespetuosa debido a su raza/etnicidad? Insultado o acosado por su raza/etnicidad?
Depresión	8	.89	.88	.81	.87	1 (rara vez o ninguna vez) a 4 (la mayoría o todo el tiempo)	Durante la última semana: Sentí que no podía deshacerme de los sentimientos de tristeza ni siquiera con ayuda de mi familia o amigos. Me sentí deprimido.
Identidad étnica	22	.90	.88	.91	.89	1 (totalmente en desacuerdo) a 6 (totalmente de acuerdo)	
Autoestima colectiva	10	.89	.86	.84	.86		Estoy orgulloso de mi cultura mixteca. Estoy feliz de ser mixteco.
Elevación étnica	9	.85	.81	.90	.85		Intento ayudar cuando sé de un estudiante mixteco que experimenta grandes dificultades en la escuela. Trabajar duro y sacar buenas calificaciones es parte de ser mixteco.

(continúa)

	Elementos	Fiabilidad Interna				Anclas y Rango	Ejemplos de ítems
		Mixteco	Zapoteco	P'urhépecha	General		
Afinidad étnica	6	.76	.82	.83	.79		Siento una necesidad natural de interactuar con mixtecos en los Estados Unidos. Me gustaría que mis amigos más cercanos fueran mayormente mixtecos.
Apoyo de los educadores	6	.81	.80	.75	.78	1 (totalmente en desacuerdo) a 4 (totalmente de acuerdo)	Mis profesores me ayudan a resolver problemas de la escuela o académicos. Mis profesores me dan el apoyo moral y emocional que necesito para hacer bien en la escuela.
Influencia educativa familiar	4	.78	.73	.90	.77	1 (sin influencia) a 5 (mucha influencia)	Influyó en la educación en la preparatoria: Madre. Influyó en la educación en la preparatoria: Padre.
Autoconcepto académico	9	.82	.85	.82	.83	1 (totalmente en desacuerdo) a 6 (totalmente de acuerdo)	Ser bueno en la escuela es una parte importante de quien soy. Hacer bien en tareas intelectuales es importante para mí.
Interpretación de idiomas							
Español–Inglés	22	.93	.96	.93	.95	1 (nunca) a 4 (siempre)	¿Tradujiste para tus padres usando inglés y español? ¿Tradujiste con el médico usando inglés y español?
Indígena	22	.96	.92	.94	.95	1 (nunca) a 4 (siempre)	¿Tradujiste para familiares (tíos, primos, abuelos) usando mixteco? ¿Tradujiste correspondencia (padres, familia, amigos) usando mixteco?
Sentimientos sobre la interpretación							
Español–Inglés	2	.87	.83	.81	.82	1 (nunca) a 4 (siempre)	Me siento bien cuando traduzco para otros usando inglés y español. Me siento avergonzado cuando traduzco para otros usando inglés y español.

Sobre los Autores

William Pérez, PhD, inmigrante de El Salvador y graduado universitario de primera generación, es profesor en la Escuela de Educación de la Universidad Loyola Marymount. Su investigación se centra en el compromiso cívico, el multilingüismo y la resiliencia académica de los estudiantes inmigrantes, indocumentados, indígenas y deportados en los EE. UU. y México. Ha recibido varios premios por su investigación de la *American Educational Research Association*, la *Association for the Study of Higher Education*, la *American Educational Studies Association* y el programa *Fulbright Scholars*. El impacto de su trabajo académico ha sido reconocido en el ranking anual de *Education Week* de los principales académicos universitarios en los EE. UU., que son los que más están influyendo en la política y la práctica educativa. Obtuvo su licenciatura en psicología en Pomona College y su doctorado en Desarrollo Infantil y Adolescente y Psicología Educativa en la Universidad de Stanford, donde también recibió el *Distinguished Scholar Alumni Award*.

Rafael Vásquez, PhD, es un zapoteco de segunda generación de Guëzh Bac (Tlacolula de Matamoros, Oaxaca). Es jefe de investigación en ciencias del comportamiento para el condado de Los Ángeles y forma parte de la junta directiva del Proyecto de Organización Comunitaria Mixteco/Indígena, A.C. Ha colaborado con varias organizaciones de migrantes indígenas, como la Federación Oaxaqueña de Comunidades Indígenas en California. Anteriormente, Vásquez fue becario *Fullbright García-Robles* en la Universidad Autónoma Benito Juárez de Oaxaca, México, y en los EE. UU. ha impartido numerosos cursos en el campo de los estudios Chicana/o/x. Sus publicaciones se centran en las experiencias educativas de los estudiantes indígenas mexicanos. Obtuvo su doctorado en Educación en Claremont Graduate University, donde también recibió el más alto honor estudiantil de la universidad – el premio *Mullin 'Dream and Believe'*. Recibió su maestría en Estudios Interdisciplinarios y su licenciatura en Estudios Chicano y Latino (ambos de la Universidad Estatal de California, Long Beach).

Glosario

Atole: Bebida de harina de maíz.

Baile de los viejitos: La Danza de los Viejitos es un baile folclórico de la región del Lago de Pátzcuaro en Michoacán, México, interpretado por 'viejitos.' Se lleva a cabo durante el período de Navidad y Año Nuevo. Según algunas versiones, el baile comenzó durante la colonización española de México como una forma de entretener a los españoles y evitar ser asesinados por ser considerados improductivos. Bailar para los españoles salvó vidas p'urhépechas (Pureco Sánchez, 2004).

Calenda: Una procesión religiosa nocturna que comienza alrededor de las 10 de la noche y termina a las 2 de la madrugada. Junto con las bandas de música zapoteca, los residentes y visitantes bailan por el pueblo como invitación a las festividades del santo patrón. Tiene lugar dos días antes de la principal fiesta patronal (Montes García y Montes García, 2014).

Cargo: Un puesto político o cívico.

Sistema de cargos: Un sistema local de servicio civil o público, a menudo presente en comunidades indígenas, que requiere que los miembros de la comunidad cumplan responsabilidades cívicas. El propósito del *sistema de cargos* es generalmente apoyar la prosperidad comunal sirviendo en diversos *cargos*, como oficial de policía (Linares, 2008).

Castillo: Una estructura pirotécnica similar a un edificio que se utiliza frecuentemente durante las festividades patronales.

Chaca: Término despectivo que busca ridiculizar el sonido del idioma p'urhépecha.

Chapulín: Saltamontes que forma parte de la gastronomía indígena del estado de Oaxaca, México (Torres, 2013).

Convivios: Reuniones sociales intencionadas y armoniosas caracterizadas por el respeto mutuo y la solidaridad.

Corunda: Alimento básico p'urhépecha similar a un tamal en forma triangular.

Corrido: Balada tradicional mexicana.

Guelaguetza: Un festival anual celebrado en la ciudad de Oaxaca y, cada vez más, en ciudades estadounidenses donde se han asentado inmigrantes indígenas oaxaqueños. El festival incluye bailes y vestimentas típicas de las diversas regiones del estado de Oaxaca. Su origen está asociado con el sistema comunal indígena cooperativo que sigue practicándose. Dentro de muchas comunidades, las relaciones sociales se basan en la reciprocidad, especialmente en el intercambio de trabajo o bienes. La *Guelaguetza* es una forma institucional de esta reciprocidad (Quijano, 2006).

Indio: Persona indígena. En México, el término *indio* tiene un legado de racismo y a menudo es sinónimo de bárbaro (Barabas, 2000).

Jarabe del valle: Danza del Valle que simboliza solemnidad y gratitud, bailada en bodas y mayordomías en la comunidad de Tlacolula de Matamoros y otras del Valle Central de Oaxaca.

Jaripeo: Corrida de toros o rodeo tradicional mexicano.

Mayordomo: Persona encargada de asumir los costos financieros y planificar las actividades religiosas específicas, generalmente relacionadas con las festividades patronales (Linares, 2008).

Mestizo: Término usado en México para describir a una persona de ascendencia racial mixta, comúnmente de ascendencia europea e indígena americana (Tilley, 2005).

Mixtecos: Los mixtecos son descendientes modernos de un grupo etnolingüístico de indígenas mesoamericanos cuyo territorio se extiende por los estados sureños mexicanos de Oaxaca, Puebla y Guerrero (Mindek, 2003).

Pueblo: Literalmente significa 'pueblo' en español; sin embargo, también significa 'gente.' En este contexto, significa pueblo y gente o la comunidad de origen (Urrieta y Martínez, 2011).

P'urhépechas: Los p'urhépechas son un grupo etnolingüístico moderno cuyo territorio de origen se extiende por la región lacustre y montañosa en el centro del estado de Michoacán en el centro de México (Pollard, 2012).

Quinceañera: Celebración tradicional que marca la transición de una niña de 15 años a la adultez.

Saberes: Conocimientos o entendimientos indígenas del mundo vinculados al conocimiento familiar, comunitario y espiritual (Urrieta, 2013).

Servicio: Un elemento central para la autosostenibilidad comunitaria indígena que a menudo implica formas de gobernanza y servicios comunales. Algunos de estos servicios incluyen la mayordomía y el tequio (Linares, 2008).

Sones y jarabes: Los sones representan sonidos o música, mientras que los jarabes son bailes populares, rítmicos y alegres, bailados con trajes pintorescos (Saldívar, 1989).

Tequio: Un sistema de ayuda mutua mediante el cual las personas realizan trabajos colectivos para el beneficio general de la comunidad. Estas actividades son consideradas obligatorias y no remuneradas (Linares, 2008).

Usos y costumbres: Sistema utilizado por las comunidades indígenas en México para seleccionar a sus autoridades gubernamentales basándose en sus propios métodos y tradiciones, en lugar del sistema político de tres partidos que emplean los municipios 'no indígenas' (Linares, 2008).

Zapotecos: Los zapotecos son un grupo etnolingüístico moderno descendiente de indígenas mesoamericanos cuyo territorio de origen se extiende por el estado mexicano de Oaxaca (Acosta Márquez, 2007).

Referencias Bibliográficas

Acevedo, M.L. and Restrepo, I. (1991) *Los valles centrales de Oaxaca*. Oaxaca, Mexico: Centro de Ecodesarrollo, Gobierno de Oaxaca.

Acosta Márquez, E. (2007) *Zapotecos del Istmo de Tehuantepec: Pueblos indígenas del México contemporáneo*. Mexico City, Mexico: Comisión Nacional para el Desarrollo de los Pueblos Indígenas.

Adams, G., Fryberg, S.A., Garcia, D.M. and Delgado-Torres, E.U. (2006) The psychology of engagement with indigenous identities: A cultural perspective. *Cultural Diversity and Ethnic Minority Psychology* 12 (3), 493–508.

Aguirre International (2005) *The California Farm Labor Force: Overview and Trends from the National Agricultural Workers Survey*. Burlingame, CA: Author.

Alderete, E., Vega, W.A., Kolody, B. and Aguilar-Gaxiola, S. (2000) Effects of time in the United States and Indian ethnicity on DSM-III–R psychiatric disorders among Mexican Americans in California. *Journal of Nervous and Mental Disease* 188, 90–100.

Amézcua Luna, J. and Sánchez Díaz, G. (2015) *Pueblos indígenas de México en el Siglo XXI: P'urepecha*. Comisión Nacional para el Desarrollo de los Pueblos Indígenas.

Anderson, W. (2004) P'urepecha Migration into the US Rural Midwest: History and Current Trends. In J. Fox and G. Rivera-Salgado (eds) *Indigenous Mexican Migrants in the United States* (pp. 355–383). San Diego, CA: Center for US Mexican Studies, University of California.

Angeles Trujano, C.Y. (2008) *Indigenous Routes: A Framework for Understanding Indigenous Migration*. Geneva: International Organization for Migration.

Azmitia, M., Cooper, C.R. and Brown, J. (2009) Support and guidance from families, friends, and teachers in Latino early adolescents' math pathways. *Journal of Early Adolescence* 29, 142–169.

Baca Zinn, M. (1982) Familism among Chicanos: A theoretical review. *Humboldt Journal of Social Relations* 10, 224–238.

Baquedano-López, P. (2021) Indigenous Maya families from Yucatán in San Francisco: Hemispheric mobility and pedagogies of diaspora. In X. Bada and S Gleeson (eds) *Accountability Across Borders* (pp. 239–259). University of Texas Press.

Baquedano-López, P. and Gong, N. (2022) Indigenous mobilities in diaspora. Literacies of spatial tense. In A. Norlund Shaswar and J. Rosén (eds) *Literacies in the Age of Mobility: Literacy Practices of Adult and Adolescent Migrants* (pp. 25–49). Springer International.

Baquedano-López, P. and Méndez, C.S. (2023) Stewards of the language: Liminality and transnational sovereignty. *International Journal of the Sociology of Language* 2023 (279), 41–69.

Barabas, A.M. (2000) La construcción del indio como bárbaro: De la etnografía al indigenismo. *Alteridades* 10 (19), 9–20.

Baremboin, D. (2013) Belonging out of place: Navigating 'illegality' and indigeneity in the Maya diaspora (Unpublished doctoral dissertation). University of Chicago, Chicago, IL.

Barillas-Chón, D.W. (2010) Oaxaqueño/a students' (un)welcoming high school experiences. *Journal of Latinos and Education* 9 (4), 303–320.

Barillas-Chón, D.W. (2019) Indigenous immigrant youth's understandings of power: Race, labor, and language. *AMAE Journal* 13 (2).

Barillas-Chón, D.W., Montes, P.D. and Landeros, J. (2021) Presencing while absent: Indigenous Latinxs and education. In *Handbook of Latinos and Education* (pp. 135–145). Routledge.

Barriga, R. (2008) A look at intercultural aspects: The case of an urban school with Indigenous children. *Revista Mexicana de Investigación Educativa* 13 (39), 1229–1254.

Barth, F. (1969) Introduction. In F. Barth (ed.) *Ethnic Groups and Boundaries*. Boston, MA: Little, Brown.

Bazán, C.O. (2010) The multicultural and multiethnic characteristics of migration from Mexico to the United States. *Revue internationale sur l'Autochtonie* 2, 28–34.

Beals, R.L. (1992) *Cherán: un pueblo al pie de la Sierra Tarasca*. México: El Colegio de Michoacán.

Berry, J.W. (2004) Fundamental psychological processes in intercultural relations. In D. Landis and J. Bennett (eds) *Handbook of Intercultural Research* (3rd ed, pp. 166–184). Thousand Oaks, CA: Sage.

Besserer, F. (1998, May) A space of view: Transnational spaces and perspectives. Paper presented at ICCCR International Conference, University of Manchester, Manchester, UK.

Besserer, F. (2002) Contesting community: Cultural struggles of a Mixtec transnational community. (Unpublished doctoral dissertation). Stanford University, Stanford, CA.

Besserer, F. (2004) *Topografías transnacionales: Hacia una geografía de la vida transnacional*. San Rafael, Mexico: Plaza y Valdés.

Bialystok, E., Craik, F.I.M., Klein, R. and Viswanathan, M. (2004) Bilingualism, aging, and cognitive control: Evidence from the Simon task. *Psychology and Aging* 19, 290–303.

Biolsi, T. (2005) Imagined geographies: Sovereignty, indigenous space, and American Indian struggle. *American Ethnologist* 32 (2), 239–259.

Blum, R.W., McNeely, C.A. and Rinehart, P.M. (2000) *Improving the Odds: The Untapped Power of Schools to Improve the Health of Teens*. Minneapolis: University of Minnesota, Center for Adolescent Health.

Bolanos, O. (2010) Reconstructing indigenous ethnicities: The Arapium and Jaraqui peoples of the lower Amazon, Brazil. *Latin American Research Review* 45 (3), 63–86.

Bonfil Batalla, G. (1996) *México Profundo: Reclaiming a Civilization*. Austin: University of Texas Press.

Brading, D.A. (1988) Manuel Gamio and official indigenismo in Mexico. *Bulletin of Latin American Research* 7, 75–89.

Brittain, C. (2002) *Transnational Messages: Experiences of Chinese and Mexican Immigrants in American Schools*. New York, NY: LFB Scholarly Publishing.

Buckner, R.L. (2004) Memory and executive function in aging and AD: Multiple factors that cause decline and reserve factors that compensate. *Neuron* 44, 195–208.

Buriel, R., Perez, W., DeMent, T.L., Chavez, D.V. and Moran, V.R. (1998) The relationship of language brokering to academic performance, biculturalism, and self-efficacy among Latino adolescents. *Hispanic Journal of Behavioral Sciences* 20, 283–296.

Burns, A. (1993) *Maya in Exile: Guatemalans in Florida*. Philadelphia, PA: Temple University Press.

Burns, M. (2006, May 1) The Mixtecs of Santa Maria. *Santa Maria Times*, p. 2.

Casanova, S.Y. (2010) Navigating identities: language and cultural influences on Mexican Maya immigrant adolescents. Unpublished manuscript, Stanford University, Stanford, CA.

Casanova, S.Y. (2011) Ethnic identity, acculturation, and perceived discrimination for indigenous Mexican youth: A cross-cultural comparative study of Yucatec Maya adolescents in the US and Mexico (Unpublished doctoral dissertation). Stanford University, Stanford, CA.

Casanova, S., O'Connor, B.H. and Anthony-Stevens, V. (2016) Ecologies of adaptation for Mexican Indigenous im/migrant children and families in the United States: Implications for Latino studies. *Latino Studies* 14, 192–213.

Casanova, S. (2019) Aprendiendo y Sobresaliendo: Resilient Indigeneity y Yucatec-Maya youth. *AMAE Journal*, 13 (2).

Casey-Cannon, S.L., Coleman, H.L.K., Knudtson, L.F. and Velazquez, C.C. (2011) Three racial and ethnic identity measures: Concurrent and divergent validity for diverse adolescents. *Identity* 11, 64–91. doi:10.1080/15283488.2011.540739.

Castañeda, Q.E. (2004) Estrategias identitarias en la esfera pública: Gubernamentalidad y ciudadanía. In J.A. Castillo-Cocom and Q.E. Castañeda (eds) *Estrategias identitarias: Educación y la antropología histórica en Yucatán*. Merida, México: Universidad Pedagógica Nacional.

Castles, S. and Miller, M. (2004) *La era de la migración: Movimientos internacionales de población en el mundo moderno*. Zacatecas, México: Universidad Autónoma de Zacatecas.

Chesterfield, R.A., Enge, K.I. and Rubio, F.E. (2002) Cross-cultural cognitive categorization of students by Guatemalan teachers. *Cross-Cultural Research* 36 (2), 103–122.

Christensen, H., Korten, A. E., Jorm, A.F., Henderson, A.S., Jacomb, P.A. and Rodgers, B. (1997) Education and decline in cognitive performance: Compensatory but not protective. *International Journal of Geriatric Psychiatry* 12, 323–330.

Clarke, C. (2000) *Class, Ethnicity, and Community in Southern Mexico*. Oxford, UK: Oxford University Press.

Cohen, J.H. (1999) *Cooperation and Community: Economy and Society in Oaxaca*. Austin: University of Texas Press.

Cohen, J.H. (2010) Oaxacan migration and remittances as they relate to Mexican migration patterns. *Journal of Ethnic and Migration Studies* 36 (1), 149–161.

Cokley, K.O. (2005) Racial(ized) identity, ethnic identity, and Afrocentric values: Conceptual and methodological challenges in understanding African American identity. *Journal of Counseling Psychology* 52, 517–526. doi:10.1037/0022-0167.52.4.517.

Comisión Nacional para el Desarrollo de los Pueblos Indígenas (CDI) (2009) *Monografia P'urhépecha*. Retrieved from http://www.cdi.gob.mx/index.php?option=com_content&view=article&id=604:P'urhépechas-purhepecha&catid=54:monografias-de-los-pueblos-indigenas&Itemid=62.

CONEVAL (2019) *La pobreza en la población indígena de México, 2008–2018*. Retrieved from https://www.coneval.org.mx/Medicion/MP/Documentos/Pobreza_Poblacion_indigena_2008-2018.pdf.

CONEVAL (2022) *Educación para la población indígena en México: El derecho a una educación intercultural y bilingüe*. Retrieved from https://www.coneval.org.mx/InformesPublicaciones/Documentos/Educacion_poblacion_indigena_pdf.

Connell, J.P. and Wellborn, J.G. (1991) Competence, autonomy, and relatedness: A motivational analysis of self-system processes. *Minnesota Symposium on Child Psychology* 23, 43–77.

Cooper, C.R. (2003) Bridging multiple worlds: Immigrant youth identity and pathways to college. *International Society for the Study of Behavioral Development Newsletter* 27, 1–4.

Cooper, C.R., Cooper, R.G., Azmitia, M., Chavira, G. and Gullatt, Y. (2002) Bridging multiple worlds: How African American and Latino youth in academic outreach programs navigate math pathways to college. *Applied Developmental Science* 6, 73–87.

Cooper, C.R., García Coll, C., Thorne, B. and Orellana, M.F. (2005) Beyond demographic categories: How immigration, ethnicity, and 'race' matter for children's emerging identities at school. In C.R. Cooper, C. García Coll, T. Bartko, H. Davis and C. Chatman (eds) *Developmental Pathways through Middle Childhood: Rethinking Contexts and Diversity as Resources* (pp. 181–206). Mahwah, NJ: Lawrence Erlbaum.

Cooper, C.R., Jackson, J.F., Azmitia, M. and Lopez, E.M. (1998) Multiple selves, multiple worlds: Three useful strategies for research with ethnic minority youth on identity, relationships, and opportunity structures. In V.C. McLoyd and L. Steinberg (eds) *Studying Minority Adolescents: Conceptual, Methodological, and Theoretical Issues* (pp. 111–125) Mahwah, NJ: Lawrence Erlbaum.

Cooper, C.R., Jackson, J.E., Azmitia, M., Lopez, E.M. and Dunbar N. (1995) Bridging students' multiple worlds: African American and Latino youth in academic outreach programs. In R.F. Macias and R.G. Garcia Ramos (eds) *Changing Schools for Changing Students: An Anthology of Research on Language Minorities* (pp. 245–267). Santa Barbara: University of California Linguistic Minority Research Institute.

Cornelius, W.A., Fitzgerald, D. and Lewin-Fischer, P.L. (eds) (2007) *Mayan Journeys: The New Migration from Yucatán to the United States*. La Jolla: Center for Comparative Immigration Studies, University of California, San Diego.

Cornell, S. and Hartman, D. (2007) *Ethnicity and Race: Making Identities in a Changing World* (2nd edn). Thousand Oaks, CA: Pine Forge Press.

Corntassel, J.J. (2003) Who is indigenous? 'Peoplehood' and ethnonationalist approaches to rearticulating indigenous identity. *Nationalism and Ethnic Politics* 9, 75–100.

Cortina, R. (2008) Latinos and education policy in the new globalized economy of the American south. *Latino(a) Research Review* 6 (3), 93–104.

Crawford, J. (1992) *Hold your Tongue: Bilingualism and the Politics of English only*. New York, NY: Addison-Wesley.

Cross Jr., W. E. (1995) The psychology of nigrescence: Revising the cross model. In G. Ponterotto, J.M. Casas, L.A. Suzuki and C.M. Alexander (eds) *Handbook of Multicultural Counseling* (pp. 93–122). Thousand Oaks, CA: Sage.

Cross Jr., W.E. and Cross, T.B. (2008) Theory, research, and models. In S.M. Quintana and C. McKown (eds) *Handbook of Race, Racism, and the Developing Child* (pp. 154–181). Hoboken, NJ: Wiley.

Cruz-Manjarrez, A. (2013) *Zapotecs on the Move: Cultural, Social and Political Processes in Transnational Perspective*. New Brunswick, NJ: Rutgers University Press.

Cruz Zúñiga, P. (2007) Inmigración de indígenas saraguros y otros ecuatorianos en Vera (Almería): Diagnóstico de las condiciones socioeconómicas y de residencia. *Estudios y Monografías*. Andalucía, España: Junta de Andalucía/Consejería de Gobernación.

Cummins, J. (1996) *Negotiating Identities: Education for Empowerment in a Diverse Society*. Ontario: California Association for Bilingual Education.

Cummins, J. (2003) *Language, Pedagogy, and Power*. Berkeley: University California Press.

De Genova, N. (2005) *Working the Boundaries: Race, Space, and 'Illegality' in Mexican Chicago*. Durham, NC: Duke University Press.

De la Peña, G. (2006) A new Mexican nationalism? Indigenous rights, constitutional reform and the conflicting meanings of multiculturalism. *Nations and Nationalism* 12 (2), 279–302.

Delugan, R.M. (2010) Indigeneity across borders: Hemispheric migrations and cosmopolitan encounters. *American Ethnologist* 37 (1), 83–97.

Diaz, R. and Klinger, C. (1991) Towards an explanatory model of the interaction between bilingualism and cognitive development. In E. Bialystok (ed.) *Language Processing in Bilingual Children*. Cambridge: Cambridge University Press.

Domínguez, E., Cooper, C.R., Chavira, G., Mena, D., Lopez, E.M., Dunbar, N. and Marshall, R. (2001) *It's All About Choices: Activities to Build Identity Pathways College and Careers*. Retrieved from https://bridgingworlds.ucsc.edu/docs-pdfs/ BMWA%20 its%20all%20about%20choices%20Instructor%20Manual.pdf.

Donlan, W. and Lee, J. (2010) Screening for depression among indigenous Mexican migrant farmworkers using the Patient Health Questionnaire-9. *Psychological Reports* 6 (2), 419–432.

Doremus, A. (2001) Indigenism, mestizaje, and national identity in Mexico during the 1940s and the 1950s. *Mexican Studies/Estudios Mexicanos* 17, 375–402.

Dorner, L.M., Orellana, M.F. and Li-Grining, C.P. (2007) 'I helped my mom,' and it helped me: Translating the skills of language brokers into improved standardized test scores. *American Journal of Education* 113, 451–478.

Dorner, L.M., Orellana, M.F. and Jimenez, R. (2008) 'It's one of those things that you do to help the family': Language brokering and the development of immigrant adolescents. *Journal of Adolescent Research* 23, 515–543.

Driedger, L. (1976) Ethnic identity: A comparison of ingroup evaluations. *Sociometry* 39, 131–141. doi:10.2307/2786213.

Duncan-Andrade, J. (2007) Gangtas, wankstas, and ridas: Defining, developing, and supporting effective teachers in urban schools. *International Journal of Qualitative Studies in Education* 20 (6), 617–638.

Durand, J., Massey, D.S. and Zenteno, R.M. (2001) Mexican immigration to the United States: Continuities and changes. *Latin American Research Review* 36 (1), 107–127.

Eccles, J. and Midgley, C. (1989) Stage/environment fit: developmentally appropriate classrooms for young adolescents. *Research on Motivation and Education* 3, 139–186.

England, N.C. (2003) Mayan language revival and revitalization politics: Linguists and linguistic ideologies. *American anthropologist* 105 (4), 733–743.

Equipo de Cronistas Oaxaqueños (ed.) (2013) *Voices of Indigenous Oaxacan Youth in the Central Valley: Creating our Sense of Belonging in California*. Santa Cruz: Center for Collaborative Research for an Equitable California.

Farquhar, S., Samples, J., Ventura, S., Davis, S., Abernathy, M., McCauley, L., Cuilwik, N. and Shadbeh, N. (2008) Promoting the occupational health of indigenous farmworkers. *Journal of Immigrant and Minority Health* 10, 269–280.

Farr, M. (2006) *Rancheros in Chicagoacan: Language and Identity in a Transnational Community*. Austin: University of Texas Press.

Fishman, J. (1967) Bilingualism with and without diglossia: Diglossia with and without bilingualism. *Journal of Social Issues* 23, 29–38.

Fishman, J.A. (ed.) (2001) *Can Threatened Languages Be Saved? Reversing Language Shift, Revisited: A 21st Century Perspective*. Clevedon: Multilingual Matters.

Flannery, K. and Marcus, J. (1983) *The Cloud People: Divergent Evolution of the Zapotec and Mixtec Civilizations*. New York, NY: Academic Press.

Flores-Crespo, P. and Nebel, M. (2005) Identity, education, and capabilities. Paper presented at the Fifth Conference on the Capability Approach, UNESCO, Paris, France.

Flores, N. and Schissel, J.L. (2014) Dynamic bilingualism as the norm: Envisioning a heterglossic approach to standards-based reform. *Tesol Quarterly* 48 (3), 454–479.

Flores, N. and Rosa, J. (2015) Undoing appropriateness: Raciolinguistic ideologies and language diversity in education. *Harvard Educational Review* 85 (2), 149–171.

Forte, M. (2010) *Indigenous Cosmopolitans: Transnational and Transcultural Indigeneity in the Twenty-First Century*. Frankfurt: Peter Lang.

Fox, J. and Rivera-Salgado, G. (eds) (2004) *Indigenous Mexican Migrants in the United States*. La Jolla: Center for US–Mexican Studies and Center for Comparative Immigration Studies, University of California, San Diego.

Fox, J. (2006) Reframing Mexican migration as a multi-ethnic process. *Latino Studies* 4, 39–61.

Fox, J. (2013) Introduction: Indigenous Oaxacan Immigrants and Youth-led Organizing in California. In Equipo de Cronistas Oaxaqueños (ed.) *Voices of indigenous Oaxacan youth in the Central Valley: Creating our sense of belonging in California* (pp. 8–26). Santa Cruz: Center for Collaborative Research for an Equitable California.

French, S.E., Seidman, E., Allen, L. and Aber, J.L. (2006) The development of ethnic identity during adolescence. *Developmental Psychology* 42, 1–10.

Friedlander, J. (1975) *Being Indian in Hueyapan: A Study of Forced Identity in Contemporary Mexico*. New York, NY: St. Martin's Press.

Fuligni, A.J. (ed.) (2007) *Contesting Stereotypes and Creating Identities: Social Categories, Social Identities, and Educational Participation*. New York, NY: Sage.

Gabbard, S., Kissam, E., Glasnapp, J., Nakamoto, J., Saltz, R. and Carroll, D.J. (2008) Identifying Indigenous Mexicans and Central Americans in survey research. Paper presented at the annual meeting of the American Association for Public Opinion Research, New Orleans, LA.

Gallimore, R., Goldenberg, C.N. and Weisner, T.S. (1993) The social construction and subjective reality of activity settings: Implications for community psychology. *American Journal of Community Psychology* 21, 537–559.

Gálvez-Hard, E. (2006) Building positive identity for Mexican Indigenous students in California schools: A participatory research study (Doctoral dissertation). Retrieved from ProQuest Dissertations and Theses database. (UMI No. 3238245).

Gamio, M. (1982) *Forjando Patria*. Mexico City, Mexico: Editorial Porrua. (Original work published 1916)

García, O. (2009) *Bilingual Education in the 21st Century: A Global Perspective*. Chichester: Wiley-Blackwell.

García Coll, C.T., Meyer, E.C. and Brillon, L. (1995) Ethnic and minority parenting. In M. Bornstein (ed.) *Handbook of Parenting: Vol. 2. Biology and Ecology of Parenting* (pp. 189–209). Hillsdale, NJ: Lawrence Erlbaum.

García Coll, C., Lamberty, G., Jenkins, R., McAdoo, H.P., Crnic, K., Wasik, B.H. and Garcia, H.V. (1996) An integrative model for the study of developmental competencies in minority children. *Child Development* 67, 1891–1914.

García Coll, C.T. and Magnuson, K. (2000) Cultural differences as sources of developmental vulnerabilities and resources: A view from developmental research. In S.J. Meisels and J.P. Shonkoff (eds) *Handbook of Early Childhood Intervention* (pp. 94–111). Cambridge: Cambridge University Press.

García Coll, C.T. and Szalacha, L.A. (2004) The multiple contexts of middle childhood. *Future of Children* 14, 81–97.

García Coll, C. and Marks, A.K. (2009) *Immigrant Stories: Ethnicity and Academics in Middle Childhood*. New York, NY: Oxford University Press.

Garduño, E., García, E. and Morán, P. (1989) *Mixtecos en Baja California: El caso de San Quintín*. Mexicali, Mexico: Universidad Autónoma de Baja California.

Gil Martínez, R. (2006) *Fronteras de pertenencia. Hacia la construcción del bienestar y el desarrollo comunitario transnacional de Santa María Tindú*. San Rafael, México: Plaza y Valdés, Universidad Autónoma Metropolitana, Fundación Rockefeller.

Gladwin, R.F. (2004) Issues of language use among the Guatemalan-Maya of southeast Florida. *Florida Foreign Language Journal* 2, 8–15.

Gonzales, R.G. (2015) *Lives in Limbo: Undocumented and Coming of Age in America*. University of California Press.

Gonzalez, R. (2009) Beyond affirmation: How the school context facilitates racial/ethnic identity among Mexican American adolescents. *Hispanic Journal of Behavioral Sciences* 31 (1), 5–31.

González, N., Moll, L.C. and Amanti, C. (eds) (2005) *Funds of Knowledge: Theorizing Practice in Households, Communities, and Classrooms*. Mahwah, NJ: Erlbaum Associates.

González Navarro, M. (1970) Mestizaje in Mexico during the national period. In M. Morner (ed.) *Race and Class in Latin America* (pp. 145–169). New York, NY: Columbia University Press.

Goodale, M. (2006) Reclaiming modernity: Indigenous cosmopolitanism and the coming of the second revolution in Bolivia. *American Ethnologist* 33 (4), 634–649.

Gorbold, A. (2009) Listening to the voices of indigenous students: The connection between education and economic opportunities (Doctoral dissertation). Retrieved from ProQuest Dissertations and Theses database. (UMI No. 1466035).

Gutierrez-Najera, L. (2010) Hayandose: Zapotec migrant expressions of membership and belonging. In A. Burgos, F. Guridy and G. Perez (eds) *Beyond el barrio: Everyday life in Latina/o América* (pp. 63–80). New York: New York University Press.

Hamel, R.E. (2008) Bilingual education for indigenous communities in Mexico. In *Encyclopedia of Language and Education* (pp. 1747–1758). Springer: US.
Hamel, R.E. and Francis, N. (2006) The teaching of Spanish as a second language in an indigenous bilingual intercultural curriculum. *Language, Culture and Curriculum* 19 (2), 171–188.
Hanson, R.D. (2008) Contemporary globalization and tribal sovereignty. In T. Biolsi (ed.) *A Companion to the Anthropology of American Indians* (pp. 284–303). Malden, MA: Blackwell.
Harris, M. (1964) *Patterns of Race in the Americas*. Westport, CT: Greenwood Press.
Harrison, A.O., Wilson, M.N., Pine, C.J., Chan, S.Q. and Buriel, R. (1990) Family ecologies of ethnic minority children. *Child Development* 61, 347–362.
Harry, B. (1992) Restructuring the participation of African American parents in special education. *Exceptional Children* 59, 123–131.
Havelock, E. (1977) The preliteracy of the Greeks. *New Literacy History* 8 (3), 369–391.
Hermans, H.J. and Dimaggio, G. (2007) Self, identity, and globalization in times of uncertainty: A dialogical analysis. *Review of General Psychology* 11, 31– 61. doi:10.1037/1089-2680.11.1.31.
Hernandez, D.J. (2004) Demographic change and the life circumstances of immigrant families. *The Future of Children* 14, 17–47.
Hernandez-Zavala, M., Patrinos, H.A., Sakellariou, C. and Shapiro, J. (2006) Quality of schooling and quality of schools for indigenous students in Guatemala, Mexico and Peru. Unpublished manuscript, World Bank, Washington, DC.
Hinduja, S. and Patchin, J.W. (2008) Personal information of adolescents on the internet: A quantitative content analysis of MySpace. *Journal of Adolescence* 21, 125–146.
Hollingshead, A.B. (1957) *Two Factor Index of Social Position* (mimeo). New Haven, CT: Author.
Hollingshead, A.B. (1971) Commentary on the indiscriminate state of social class measurement. *Social Forces* 49 (4), 563–567.
Holmes, S.M. (2006) An ethnographic study of the social context of migrant health in the United States. *PLoS Medicine* 3, 1776–1793.
Hornberger, N.H. (2001) Multilingual literacies, literacy practices, and the continua of biliteracy. In M. Martin-Jones and K.E. Jones (eds) *Multilingual Literacies: Reading and Writing Different Worlds* (pp. 353–388). John Benjamins.
Hornberger, N.H. (2002) Multilingual policies and the continua of biliteracy: An ecological approach. *Language Policy* 1 (1), 27–51.
Hornberger, N.H. (2007) Biliteracy, transnationalism, multimodality, and identity: Trajectories across time and space. *Linguistics and Education* 18 (3–4), 325–334.
Hornberger, N.H. (2008) *Can Schools Save Indigenous Languages? Policy and Practice on Four Continents*. New York, NY: Palgrave Macmillan.
Hornberger, N.H. (2009) Multilingual education policy and practice: Ten certainties (grounded in Indigenous experience). *Language Teaching* 42 (2), 197–211.
Hornberger, N.H. and Link, H. (2012) Translanguaging and transnational literacies in multilingual classrooms: A biliteracy lens. *International Jounral of Blilingual Education and Bilingualism* 15 (3), 261–278.
Huang, C.Y. and Stormshak, E.A. (2011) A longitudinal examination of early adolescence ethnic identity trajectories. *Cultural Diversity and Ethnic Minority Psychology* 17, 261–270.
Hughes, D., Rodriguez, J., Smith, E.P., Johnson, D.J., Stevenson, H.C. and Spicer, P. (2006) Parents' ethnic-racial socialization practices: A review of research and directions for future study. *Developmental Psychology* 42, 747–770. doi:10.1037/0012-1649.42.5.747.
Huizar Murillo, J. and Cerda, I. (2004) Indigenous Mexican migrants in the 2000 US census: 'Hispanic American Indians.' In J. Fox and G. Rivera-Salgado (eds) *Indigenous Mexican Migrants in the US* (pp. 279–302). La Jolla: Center for US– Mexican Studies and Center for Comparative Immigration Studies, University of California, San Diego.

Hulshof, M. (1991) Zapotec moves: Networks and remittances of US-bound migrants from Oaxaca, Mexico. *Netherlands Geographical Studies* 128. Amsterdam, The Netherlands.

Hyslop, G. (2021) Between stress and tone: Acoustic evidence of word prominence in Kurtöp. *Language Documentation* 15, 25.

Instituto Estatal Electoral y de Participación Ciudadana de Oaxaca (IEEPCO) (2022) Catálago de municipios sujetos al régimen de sistemas normativos indígenas 2022. Retrieved from https://www./ieepco.org.mx/sistemas-normativos.

Instituto Nacional de Estadística (INE) (2018) *X censo de población* [Tenth population census]. INE.

Instituto Nacional de Estadística, Geografía e Informática (INEGI) (2010) *Censo nacional de población y vivienda*. Retrieved from http://www.inegi.gob.mx/est/conteni-dos/espanol/sistemas/censo.

Instituto Nacional de Estadística, Geografía e Informática (INEGI) (2020) Censo de población y vivienda. Retrieved from http://www.inegi.org.mx/programas/ ccpv/2020#Datos_abiertos.

Instituto Nacional de Lenguas Indígenas (INALI) (2012) Lenguas indígenas nacionales en riesgo de desaparición: Variantes lingüísticas por grado de riesgo, 2000. Retrieved from http://inali.gob.mx/es/publicaciones-2012.html.

Instituto Nacional Indigenista (INI) (2000) Estado del desarrollo económico y social de los pueblos indígenas de México, 1996–1997. Instituto Nacional Indigenista: México.

Instituto National para el Federalismo y el Desarrollo Municipal (2005) Retrieved from http://www.snim.rami.gob.mx/.

Instituto Nacional para la Evaluación de la Educación (INEE) (2013) Breve panorama educativo de la población indígena. Retrieved from http://publicaciones.inee.edu. mx/detallePub.action?clave=P3B101.

Itzigsohn, J. and Giorguli Saucedo, S. (2002) Immigrant incorporation and sociocultural transnationalism. *International Migration Review* 36 (3), 766–798.

Iwamoto, D.K. and Liu, W.M. (2010) The impact of racial identity, ethnic identity, Asian values, and race-related stress on Asian Americans and Asian international college students' psychological well-being. *Journal of Counseling Psychology* 57, 79–91. doi:10.1037/a0017393.

Jarrett, R.L. (1997) Resilience among low-income African-American youth: An ethnographic perspective. *Ethos* 25, 1–12.

Jones, L. (Producer) (2008, March 24) A village away from home: five-part documentary. [Audio story]. Retrieved from https://beta.prx.org/stories/32076.

Katzman, R., Brown, T., Fuld, P., Peck, A., Schechter, R. and Schimmel, H. (1983) Validation of a short orientation-memory-concentration test of cognitive impairment. *American Journal of Psychiatry* 140, 734–739.

Kaunga, J.M.O. (2007) Migration of indigenous peoples in Kenya to urban areas. *Indigenous Affairs* 3 (7), 37–43.

Kave, G., Eyal, N., Shorek, A. and Cohen-Mansfield, J. (2008) Multilingualism and cognitive state in the oldest old. *Psychology and Aging* 23 (1), 70–78.

Kearney, M. (1986) From the invisible hand to the visible feet: Anthropological studies of migration and development. *American Review of Anthropology* 15, 331–361.

Kearney, M. (1995) The local and the global: Anthropology of globalization and transnationalism. *Annual Review of Anthropology* 24, 547–565.

Kearney, M. (2000) Transnational Oaxacan indigenous identity: The case of Mixtecs and Zapotecs. *Identities* 7 (2), 173–195.

Kearney, M. and Besserer, F. (2004) Oaxacan municipal governance in transnational context. In J. Fox and G. Rivera-Salgado (eds) *Indigenous Mexican Migrants in the United States* (pp. 449–466). La Jolla: University of California, San Diego.

Kearney, M. and Nagengast, C. (1989) *Anthropological Perspectives on Transnational Communities in Rural California*. Davis: California Institute for Rural Studies.

Kemper, R.V. (1976) *Campesinos en la ciudad: gente de Tzintzuntzan*. México. Mexico City: Secretaría de Educación Pública.

Kemper, R.V. (2010) *Tzitzuntzan, Michoacán: Cuatro décadas de investigaciones Antropológicas*. Zamora, México: El Colegio de Michoacán.

Kiang, L., Yip, T., Gonzales-Baken, M., Witkow, M. and Fuligni, A. (2006) Ethnic identity and the daily psychological well-being of adolescents from Mexican and Chinese backgrounds. *Child Development* 77 (5), 1338–1350.

Kiang, L., Witkow, M.R., Baldelomar, O. and Fuligni, A.J. (2010) Change in ethnic identity across the high school years among adolescents with Latin American, Asian, and European backgrounds. *Journal of Youth and Adolescence* 39, 683–693. https://doi.org/10.1007/s10964-009-9429-5.

Klaver, J. (1997) From the land of the sun to the city of the angels: The migration process of Zapotec Indians from Oaxaca, Mexico, to Los Angeles, California. *Netherlands Geographical Studies* 228. Amsterdam, The Netherlands: University of Amsterdam.

Klug, B.J. and Whitfield, P.T. (2003) *Widening the Circle: Culturally Relevant Pedagogy for American Indian Children*. New York, NY: Routledge Falmer.

Knight, A. (1990) Racism, revolution, and indigenismo: Mexico 1910–1940. In R. Graham (ed.) *The Idea of Race in Latin America, 1870–1940* (pp. 71–113). Austin: University of Texas Press.

Knight, G.P., Bernal, M.E., Garza, C.A. and Cota, M.K. (1993) A social cognitive model of the development of ethnic identity and ethnically based behaviors. In M.E. Bernal and G.P. Knight (eds) *Ethnic Identity: Formation and Transmission Among Hispanics and other Minorities* (pp. 213–234). Albany: State University of New York Press.

Kollnig, S. (2020) The 'good people' of Cochabamba city: Ethnicity and race in Bolivian middle-class food culture. *Latin American and Caribbean Ethnic Studies* 15 (1), 23–43.

Kovats, A.G. (2010) Invisible students and marginalized identities: The articulation of identity among Mixteco youth in San Diego, California (Master's thesis). San Diego State University, San Diego, CA.

Kovats Sánchez, G. (2018) Reaffirming Indigenous identity: Understanding experiences of stigmatization and marginalization among Mexican Indigenous college students. *Journal of Latinos and Education*. https://doi.org/10.1080/15348431.2018.1447484.

Krauss, M. (1997) The indigenous languages of the north: A report on their present state. Northern Minority Languages: Problems of Survival. *Senri Ethnological Studies* 44, 1–34.

Kroupa, K.T. (2013) Efforts of the revolution: Revitalizing Arikara language in an endangered language context. In L.T. Wyman, T.L. McCarty and S.E. Nicholas (eds) *Indigenous Youth and Multilingualism: Language Identity, Ideology, and Dynamic Cultural Worlds* (pp. 168–180). New York, NY: Routledge.

Ladson-Billing, G. (1995) Toward a theory of culturally relevant pedagogy. *American Educational Research Journal* 32 (3), 465–491.

LaFromboise, T., Coleman, H.L.K. and Gerton, J. (1993) Psychological impact of biculturalism: Evidence and theory. *Psychological Bulletin* 114, 395–412.

LeBaron, A. (2012) When Latinos are not Latinos: The case of Guatemalan Maya in the United States, the southeast and Georgia. *Latino Studies* 10 (1), 179–195.

Leco Tomás, C., Kido Cruz, A. and Molina Martinez, R. (2008) Educación, migración, e indigenas: Purépechas en Burnesville, Norte Carolina. *CIMEXUS* 3 (1), 107–129.

Leco Tomás, C. (2012) Conexiones transfronterizas: Kuinchikua Purépecha in the Cobden, Illinois, United States. *Revista CIMEXUS* 7 (2), 81–96.

Leco Tomás, C., Cruz, A.K. and Molina Martínez, R.M. (2013) Educación, migración e indígenas. Purhépechas en Burnesville, Norte Carolina. *CIMEXUS* 3 (1), 107–129.

Leco Tomás, C. (2020) *Educación: latinos purépechas en escuelas de Estados Unidos*. Universidad Michoacana de San Nicolás de Hidalgo.

Lee, T.S. (2013) Critical language awareness among native youth in New Mexico. In L.T. Wyman, T.L. McCarty and S.E. Nicholas (eds) *Indigenous Youth and Multilingualism: Language Identity, Ideology, and Dynamic Cultural Worlds* (pp. 130–159). New York, NY: Routledge.

Lestage, F. (1998) Entre el tercer y el primer mundo: Adaptación y genio inventivo de los migrantes indígenas en la frontera México-Estados Unidos. In H.J. Koenig (ed.) *El indio como sujeto y objeto de la historia latinoamericana. Pasado y presente* (pp. 167–175). Frankfurt: Vervuert Verlag.

Light, L. (1995) Which way Q'anjob'al? Status of native language survival in a Guatemalan Maya community of Los Angeles (Unpublished master's thesis), California State University, Long Beach, CA.

Linares, F.N. (2008) *Los pueblos indígenas de México*. Mexico City, Mexico: Comisión Nacional para el Desarrollo de los Pueblos Indígenas.

Lomnitz, C. (1992) *Exits from the Labyrinth: Culture and Ideology in the Mexican National Space*. Berkeley: University of California Press.

Lopez, F.H. and Munro, P. (1999) Zapotec immigration: The San Lucas Quiaviní experience. *Aztlán* 24 (1), 129–149.

Lorente Fernández, D. (2006) Infancia nahua y transmisión de la cosmovisión: Los ahuaques o espíritus pluviales en la Sierra de Texcoco, México. [Nahua childhood and transmission of worldview: The ahuaques or rain spirits in the Sierra of Texcoco, Mexico.] *Boletín de Antropología Universidad de Antioquia* 20, 152–168.

Loucky, J. and Moors, M.M. (eds) (2000) *The Maya Diaspora: Guatemalan Roots, New American Lives*. Philadelphia, PA: Temple University Press.

Machado-Casas, M. (2006) Narrating education of new Indigenous/Latina transnational communities in the South (Unpublished doctoral dissertation), University of North Carolina, Chapel Hill, NC.

Machado-Casas, M. (2009) The politics of organic phylogeny: The art of parenting and surviving as transnational multilingual Latino indigenous immigrants in the US. *The High School Journal* 92 (4), 82–99.

Machado-Casas, M. (2012) Pedagogies of the chameleon: Identity and strategies of survival for transnational indigenous Latino immigrants in the US South. *The Urban Review* 44 (5), 534–550.

Machado-Casas, M. and Flores, B. (2011) Trabajando y comunicando con nuestras comunidades indígenas inmigrantes. [Working and communicating with our indigenous immigrant communities.] In B.B. Flores, R.H. Sheets and E.R. Clark (eds) *Teacher Preparation for Bilingual Student Populations* (pp. 205–216). New York, NY: Routledge.

Magagnini, S. (2002, October 20) Struggling in El Norte, Mixtec Indians seek better life in the US. *The Sacramento Bee*, p. 4.

Makoni, S., Brutt-Griffler, J. and Mashir, P. (2007) The use of 'indigenous' and urban vernacular in Zimbabwe. *Language and Society* 3 (1), 25–49.

Manalo-Coelho, D. (2008) The Mixtec of Oaxaca in Santa Barbara County: Immigration's changing face (Master's thesis). Retrieved from ProQuest Dissertations and Theses database. (UMI No. 1451515).

Manly, J.J., Schupf, N., Tang, M.X. and Stern, Y. (2005) Cognitive decline and literacy among ethnically diverse elders. *Journal of Geriatric Psychiatry and Neurology* 18, 213–217.

Marino Flores, A. (1967) Indian population and its identification. In M. Nash (ed.) *Handbook of Middle American Indians* (pp. 12–25). Austin: University of Texas Press.

Martínez, J. (2003) El mapa migratorio de América Latina y el Caribe, las mujeres y el género. *Serie Población y desarrollo* 44 (LC/L 1974-P). Santiago, Chile: Economic Commission for Latin America and the Caribbean.

Martínez, R.A. and Mesinas, M. (2019) Linguistic motherwork in the Zapotec diaspora: Zapoteca mothers' perspectives on Indigenous language maintenance. *Association of Mexican American Educators Journal* 13 (2), 122–144.

McCarty, T.L. (2008) Native American languages as heritage mother tongues. *Language, Culture and Curriculum* 21 (3), 201–225.

McCarty, T.L., Romero-Little, M.E., Warhol, L. and Zepeda, O. (2013) Genealogies of language loss and recovery: Native youth language practices and cultural continuance. In L.T. Wyman, T.L. McCarty and S.E. Nicholas (eds) *Indigenous Youth and Multilingualism: Language Identity, Ideology, and Dynamic Cultural Worlds* (pp. 26–47). New York, NY: Routledge.

McNeely, C., Nonnemaker, J. and Blum, R. (2002) Promoting school connectedness: Evidence from the National Longitudinal Study of Adolescent Health. *Journal of School Health* 72, 138–146.

Menchaca Bishop, L. and Kelley, P. (2013) Indigenous Mexican languages and the politics of language shift in the United States. In *Comparative and International Education: Vol. 1. Language Issues in Contemporary Education* (pp. 97–113). Rotterdam: Sense.

Mendoza-Denton, N. (2008) *Homegirls: Language and Cultural Practice Among Latina Youth Gangs*. Malden, MA: Blackwell.

Mesinas, M. and Perez, W. (2016) Cultural involvement, Indigenous identity, and language: An exploratory study of Zapotec adolescents and their parents. *Hispanic Journal of Behavioral Sciences* 38 (4), 482–506.

Mesinas, M. (2012) The role of generational differences and cultural participation in the identity development of Zapotec descent migrants in Los Angeles (Unpublished bachelor's thesis). Scripps College, Claremont, CA.

Mindek, D. (2003) Mixtecos*: Pueblos indígenas del México contemporáneo*. Mexico City, Mexico: Comisión Nacional Para el Desarrollo de los Pueblos Indígenas.

Mines, R., Nichols, S. and Runsten, D. (2010) California's indigenous farmworkers (Final Report of the Indigenous Farmworker Study). Retrieved from https://www.alrb.ca.gov/content/pdfs/meetings/2015publicmeetings/IFS_Mines_Final_2010.pdf.

Modiano, N. (1988) Public Bilingual Education in Mexico. In C.B. Paulston (ed.) *International Handbook of Bilingualism and Bilingual Education* (pp. 313–327). New York, NY: Greenwood Press.

Montes García, O. and Montes García, N. (2014) La mayordomía en un barrio de la ciudad de Oaxaca. *Frontera Norte* 26 (52), 85–108.

Mörner, M. (1967) *Race Mixture in the History of Latin America*. Boston, MA: Little, Brown.

Mossakowski, K.N. (2003) Coping with perceived discrimination: Does ethnic identity protect mental health? *Journal of Health and Social Behavior* 44 (3), 318–331.

Mutersbaugh, T. (2002) Migration, common property, and communal labor: Cultural politics and agency in a Mexican village. *Political Geography* 21 (4), 473–494.

Nagengast, C., Stavenhagen, R. and Kearney, M. (1992) *Human Rights and Indigenous Workers: The Mixtecs in Mexico and the United States*. La Jolla: Center for US–Mexican Studies, University of California, San Diego.

Nahuatl Institute for Global Studies. (2004) *Mixtec Language and Culture* [Brochure]. La Jolla, CA: Author.

Nicolás, B. (2012) Reclamando lo que es nuestro: Identity formation among Zapotec youth in Oaxaca and Los Angeles (Master's thesis). Retrieved from ProQuest Dissertations and Theses database. (UMI No. 1514829).

Nicolás, B. (2017) Soy de Zoochina: Zapotecs across generations in diaspora re-creating identity and sense of belonging [Doctoral dissertation, University of California, Los Angeles]. https://escholarship.org/uc/item/3242z14x.

Nicolás, B. (2021) 'Soy de Zoochina': Transborder comunalidad practices among adult children of indigenous migrants. *Latino Studies* 19 (1), 47–69.

Njobdi, I. (2007) Indigenous migration from rural to urban areas. *Indigenous Affairs* (3), 44–50.

Oboler, S. (1995) *Ethnic Labels, Latino Lives: Identity and The Politics of (Re)presentation in the United States*. Minneapolis: University of Minnesota Press.

Oboler, S. (2006) *Latinos and Citizenship: The Dilemma of Belonging*. New York, NY: Palgrave Macmillan.

O'Donnell, J.L. (2010) The indigenous, national, and international language in higher education: Students' academic trajectories in Oaxaca, Mexico. *International Journal of Applied Linguistics* 20 (3), 386–416.
Ong, W. (2002) *Orality and Literacy: The Technologizing of the Word*. London: Routledge.
Orellana, M.F. (2009) *Translating Childhoods: Immigrant Youth, Language, and Culture*. New Brunswick, NJ: Rutgers University Press.
Oyarce, A.M., del Popolo, F. and Martinez Pizarro, J. (2009) International migration and indigenous peoples in Latin America: The need for a multinational approach in migration policies. *Revista Latinoamericana de Población* 3 (4–5), 143–163.
Pacheco, V. (2010) Framing culturally relevant pedagogies for Mixtec indigenous Mexican migrant students: A phenomenological analysis (Doctoral dissertation). Retrieved from ProQuest Dissertations and Theses database. (UMI No. 3498939).
Padilla, A.M. (2008) Social cognition, ethnic identity, and ethnic specific strategies for coping with threat due to prejudice and discrimination. In C. Willis-Esqueda (ed.) *Motivational Aspects of Prejudice and Racism* (pp. 7–42). New York, NY: Springer.
París Pombo, D. (2008) Estratificación laboral, migración transnacional y etnicidad. In L. Velasco Ortiz (ed.) *Migración, fronteras e identidades* étnicas *transnacionales*. Tijuana, Mexico: El Colegio de la Frontera Norte, M. A. Porrúa.
Parke, R.D. and Buriel, R. (1998) Socialization in the family: Ethnic and ecological perspectives. In W. Damon and N. Eisenberg (eds) *Handbook of Child Psychology: Vol. 3. Social, Emotional, and Personality Development* (3rd edn, pp. 463–552). New York, NY: Wiley.
Peñalosa, F. (1986) Trilingualism in the barrio: Mayan Indians in Los Angeles. *Language Problems and Language Planning* 10 (3), 229–252.
Pérez, C. (2009) Indigenous languages: Nahuatl, Quechua and Maya – A study of multi- lingual immigrant students and their families. *Multicultural Education* 17 (1), 22–26.
Pérez Báez, G. (2013) Family language policy, transnationalism, and the diaspora community of San Lucas Quiaviní of Oaxaca, Mexico. *Language Policy* 12, 27–45.
Perez, W., Vasquez, R. and Buriel, R. (2016) Zapotec, Mixtec, and Purepecha youth. In: H.S. Alim, J. Rickford and A. Ball (eds) *Raciolinguistics: How Language Shapes Our Ideas of Race* (pp. 255–272). New York, NY: Oxford University Press.
Perry, E. (2009) The declining use of the Mixtec language among Oaxacan migrants and stay-at-homes: The persistence of memory, discrimination, and social hierarchies of power. (Working paper No. 180). San Diego: Center for Comparative Immigration Studies, University of California, San Diego.
Phinney, J. (1992) The multigroup ethnic identity measure: A new scale for use with adolescents and young adults from diverse groups. *Journal of Adolescent Research* 2, 156–176.
Phinney, J.S. and Chavira, V. (1995) Parental ethnic socialization and adolescent coping with problems related to ethnicity. *Journal of Research on Adolescence* 5, 31–53.
Phinney, J.S., Dennis, J. and Osorio, S. (2005) Reasons to attend college among ethnically diverse college students. *Cultural Diversity and Ethnic Minority Psychology* 12, 347–366.
Pick, H., Wolfram, W. and López, J. (2011) *Indigenous Language Students from Spanish Speaking Countries: Educational Approaches*. Heritage Briefs Collection. Washington, DC: Center for Applied Linguistics.
Pollard, H.P. (2012) The Tarascan empire: Postclassic social complexity in western Mexico. In D.L. Nichols and C.A. Pool (eds) *The Oxford Handbook of Mesoamerican Archaeology* (pp. 434–448). New York, NY: Oxford University Press.
Poole, S. (2004) The changing face of Mexican migrants in California: Oaxacan Mixtecs and Zapotecs in perspective. Trans Border Institute Border Brief. Retrieved from http://catcher.sandiego.edu/items/peacestudies/Brief_Poole.pdf.

Portes, A. and Rumbaut, R. (2001) *Legacies: The Story of the Immigrant Second Generation*. Berkeley: University of California Press.

Pureco Sánchez, C.A. (2004) Tarhé Warhakwa. Una danza de viejos en Acachuén, un pueblo p'urhépecha. *Tlalocan* 14, 207–215.

Quijano, J.L. (2006) *La Guelaguetza en Oaxaca: Fiesta, relaciones interétnicas y procesos de construcción simbólica en el contexto urbano*. Tlalpan, Mexico: Centro de Investigaciones y Estudios Superiores en Antropología Social.

Quintana, S.M. (1998) Children's developmental understanding of ethnicity and race. *Applied and Preventive Psychology: Current Scientific Perspectives* 7, 27–45.

Quintana, S.M., Segura Herrera, T.A. and Nelson, M. (2010) Mexican American high school students' ethnic self-concepts and identity. *Journal of Social Issues* 66 (1), 11–28.

Ramirez, M. (1983) *Psychology of the Americas: Mestizo Perspectives on Personality and Mental Health*. New York, NY: Pergamon Press.

Riegelhaupt, F., Carrasco, R.L. and Brandt, E. (2003) Spanish: A language of indigenous peoples of the Americas. In J. Reyhner, O. Trujillo, R.L. Carrasco and L. Lockard (eds) *Nurturing Native Languages*. Flagstaff: Northern Arizona University.

Rivas-Drake, D. (2011) Public ethnic regard and academic adjustment among Latino adolescents. *Journal of Research on Adolescence* 21, 537–544. https://doi.org/10.1111/j.1532-7795.2010.00700.x.

Rivas-Drake, D. and Witherspoon, D. (2013) Racial identity from adolescence to young adulthood: Does prior neighborhood experience matter? *Child Development* 84, 1918–1932. https://doi.org/10.1111/cdev.12095.

Rivera-Salgado, G. (1999) Migration and political activism: Mexican transnational indigenous communities in a comparative perspective (Doctoral dissertation). University of California, Santa Cruz, CA.

Rivera-Salgado, G. (2005) Equal in dignity and rights: The struggle of indigenous peoples of the Americas in an age of migration. Inaugural address Prince Claus Chair in Development and Equity, University of Utrecht, Utrecht, The Netherlands.

Rivera-Salgado, G. and Rabadán, L.E. (2020) Asociaciones de inmigrantes, reproducción cultural y agencia entre inmigrantes mexicanos indígenas en Estados Unidos. *Migraciones. Publicación del Instituto Universitario de Estudios sobre Migraciones* (48), 161–186.

Roberts, D.F., Henriksen, L. and Foehr, U.G. (2004) Adolescents and media. In R.M. Lerner and L. Steinberg (eds) *Handbook of Adolescent Psychology* (2nd edn, pp. 487–521). Hoboken, NJ: Wiley.

Robson, J.P. (2019) Indigenous communities, migrant organizations, and the ephemeral nature of translocality. *Latin American Research Review* 54 (1), 103–120.

Rodriguez, C. (1975) A cost benefit analysis of subjective factors affecting assimilation: Puerto Ricans. *Ethnicity* 2, 66–80.

Roer-Strier, D. (2000) Socializing immigrant children. In E. Olshtain and G. Horenczyk (eds) *Language, Identity, and Immigration* (pp. 65–80). Jerusalem: Hebrew University Magnes Press.

Roeser, R., Eccles, J. and Strobel, K. (1998) Linking the study of schooling and mental health: Selected issues and empirical illustrations at the level of the individual. *Educational Psychologist* 33, 153–176.

Rogoff, B. (2003) *The Cultural Nature of Human Development*. Oxford University Press.

Romero, A.J. and Roberts, R.E. (2003) The impact of multiple dimensions of ethnic identity on discrimination and adolescents' self-esteem. *Journal of Applied Social Psychology* 33 (1), 2288–2305.

Romer, M. (2010) Socialización, identidad y estigma. El caso de los hijos de inmigrantes indígenas en la Ciudad de México. *Etnicidades urbanas en las américas. Procesos de inserción, discriminación y políticas multiculturalistas*, México, Publicaciones de la Casa Chata 207–226.

Rosa, J. (2019) *Looking Like a Language, Sounding Like a Race: Raciolinguistic Ideologies and the Learning of Latinidad*. Oxford University Press.

Rosa, J. and Flores, N. (2017) Do you hear what I hear? Raciolinguistic ideologies and culturally sustaining pedagogies. *Culturally Sustaining Pedagogies: Teaching and Learning for Justice in a Changing World* 175–190.

Roscoe, A. (1977) *Uhuru's Fire: African Literature East to South*. Cambridge: Cambridge University Press.

Ruiz, N.T. and Barajas, M. (2012, April) Multiple perspectives on the schooling of Mexican indigenous students in the United States. Paper presented at the 2012 annual meeting of the American Educational Research Association. Vancouver, BC, Canada.

Ruiz-Mallén, I., Barraza, L., Bodenhorn, B. and Reyes-García, V. (2009) School and local environmental knowledge, what are the links? A case study among indigenous adolescents in Oaxaca, Mexico. *International Research in Geographical and Environmental Education* 18 (2), 82–96.

Rumbaut, R.G. (2009) A language graveyard? The evolution of language competencies, preferences and use among young adult children of immigrants. In T.G. Wiley, J.S. Lee and R.W. Rumberger (eds) *The Education of Language Minority Immigrants in the United States* (pp. 35–71). Bristol: Multilingual Matters.

Runsten, D. and Kearney, M. (1994) *A Survey of Oaxacan Village Networks in California Agriculture*. Davis: California Institute for Rural Studies.

Rus, J. and Guzmán López, S. (eds) (1996) *Chamulas en California: El testimonio de Santos, Mariano y Juan Gómez López*. San Cristóbal de las Casas, Mexico: Instituto de Asesoría Antropológica para la Región Maya.

Saldívar, G. (1989) El jarabe, baile popular mexicano. *Anales del Museo Nacional de Arqueología, Historia y Etnografía, quinta época (1934–1945)* 2, 305–326.

Sampson, R.J., Raudenbush, S.W. and Earls, F. (1997) Neighborhoods and violent crime: A multilevel study of collective efficacy. *Science* 277, 918–924.

Sánchez, P. (2007) Cultural authenticity and transnational Latina youth: Constructing a metanarrative across borders. *Linguistics and Education* 18 (3–4), 258–282.

Sariego-Rodriguez, J.L. (2003) Políticas indigenistas y criterios de identificación de la población indígena en México. In F. Lartigue and A. Quesnal (eds) *Las dinámicas de la población indígena: cuestiones y debates actuales en Mexico* (pp. 71–83). Tlalpan, Mexico: Centro de investigación y Estudios Superiores en Antropología Social.

Scarmeas, N. and Stern, Y. (2003) Cognitive reserve and lifestyle. *Journal of Clinical and Experimental Neuropsychology* 25, 625–633.

Schilling-Estes, N. and Wolfram, W. (1999) Alternative models of dialect death. *Language*. 75 (3), 486–521.

Schmelkes, S. (2001) *Educación Intercultural*. Mexico City, Mexico: Coordinación General de Educación Intercultural Bilingüe, Secretaría de Educación Pública.

Schmelkes, S. (2009) Intercultural universities in Mexico: Progress and difficulties. *Intercultural Education* 20 (1), 5–17.

Seaton, E.K., Yip, T. and Sellers, R.M. (2009) A longitudinal examination of racial identity and racial discrimination among African American adolescents. *Child Development* 80, 406–417. https://doi.org/10.1111/j.1467–8624.2009.01268.x.

Sellers, R.M., Smith, M.A., Shelton, J.M. Rowley, S.A.J. and Chavous, T.M. (1998) Multidimensional model of racial identity: A reconceptualization of African American racial identity. *Personality and Social Psychology Review* 2, 18–39.

Sellers, R.M., Copeland-Linder, N., Martin, P.P. and Lewis, R.H. (2006) Racial identity matters: The relationship between racial discrimination and psychological functioning in African American adolescents. *Journal of Research on Adolescence* 16, 187–216. https://doi.org/10.1111/j.1532-7795.2006.00128.x.

Serrano-Carreto, E. and Fernandez-Ham, P. (2003) La fecundidad de las poblaciones indígenas de Mexico. In F. Lartigue and A. Quesnal (eds) *Las dinámicas de la población indígena: Cuestiones y debates actuales en México* (pp. 397– 428). Tlalpan, Mexico: Centro de investigación y Estudios Superiores en Antropología Social.

Shapiro, J. and Patrinos H.A. (2004, November) The effect of work among indigenous Guatemalan children. Paper presented at the Comparative and International Education Society Northeast Regional Conference, George Washington University, Washington, DC.

Skutnabb-Kangas, T. (2000) *Linguistic Genocide in Education – Or Worldwide Diversity and Human Rights?* New York, NY: Routledge.

Skutnabb-Kangas, T. and Robert, P. (1995) *Linguistic Human Rights: Overcoming Linguistic Discrimination*. Berlin: Mouton de Gruyer.

Smith, N.J. (1995) Linguistic genocide and the struggle for cultural and linguistic survival: A participatory research study with a Zapotec community in California (Doctoral dissertation). Retrieved from ProQuest Dissertations and Theses database. (UMI No. 9611509).

Smith, P.K., Bogin, B., Varela–Silva, M.I., Orden, B. and Loucky, J. (2002) Does immigration help or harm children's health? The Mayan case. *Social Science Quarterly* 83 (4), 994–1002.

Stavenhagen, R. (2002) Indigenous peoples and the state in Latin America: An ongoing debate. In R. Sieder (ed.) *Multiculturalism in Latin America: Indigenous Rights, Diversity, and Democracy*. New York, NY: Palgrave Macmillan.

Stephen, L. (1996) The creation and re-creation of ethnicity: Lessons from the Zapotecs and Mixtecs in Oaxaca. *Latin American Perspectives* 23 (2), 17–37.

Stephen, L. (2005) Negotiating global, national and local 'rights' in a Zapotec community. *Political and Legal Anthropology Review* 28, 133–150.

Stephen, L. (2007) *Transborder Lives: Indigenous Oaxacans in Mexico, California, and Oregon*. Durham, NC: Duke University Press.

Stephens, S. (1995) Introduction: Children and the politics of culture in 'late capitalism'. In S. Stephens (ed.) *Children and The Politics of Culture* (pp. 3–48). Princeton, NJ: Princeton University Press.

Stern, Y. (2002) What is cognitive reserve? Theory and research application of the reserve concept. *Journal of the International Neuropsychological Society* 8, 448–460.

Strunk, C. (2013) Circulating practices: Migration and translocal development in Washington DC and Cochabamba, Bolivia. *Sustainability* 5 (10), 4106–4123.

Stryker, S. and Serpe, R.T. (1982) Commitment, identity salience and role behavior. In W. Ickes and E. Knowles (eds) *Personality, Roles, and Social Behavior* (pp. 199–218). New York, NY: Springer-Verlag.

Suárez-Orozco, C., Motti-Stefanidi, F., Marks, A. and Katsiaficas, D. (2018) An integrative risk and resilience model for understanding the adaptation of immigrant-origin children and youth. *American Psychologist* 73 (6), 781.

Suárez-Orozco, C. (2001) Afterword: Understanding and serving the children of immigrants. *Harvard Educational Review* 71 (3), 579–590.

Suárez-Orozco, C. and Suárez-Orozco, M. (2001) *Children of Immigration*. Cambridge, MA: Harvard University Press.

Suárez Orozco, M.M. and Suárez Orozco, C. (1995) The cultural patterning of achievement motivation: A comparative study of Mexican, Mexican immigrant and non-Latino white youth in schools. In R. Rumbaut and W.A. Cornelius (eds) *California's Immigrant Children: Theory, Research, and Implications for Educational Policy* (pp. 161–190). La Jolla: Center for US–Mexican Studies, University of California, San Diego.

Swanson, B., Ballash, K. and Kost, M. (2006) No culture left behind: Reaching the P'urhépecha indigenous people. *ORTESOL Journal* 11, 1–14.

Tatum, B.D. (1987) *Assimilation Blues: Black Families in a White Community*. Westport, CT: Greenwood Press.

Tatum, B.D. (1997) *Why are all the Black Kids Sitting Together in the Cafeteria? And other Conversations about Race*. New York, NY: Basic Books.

Tay Coyoy, A. (1992) El aporte de los mayas al desarollo de Guatemala. In *Foro del Pueblo Maya* (pp. 19–30). Guatemala City, Guatemala: CEDIM.

Taylor, C. (1994) The politics of recognition. In A. Gutmann (ed.) *Multiculturalism: Examining the Politics of Recognition* (pp. 25–73). Princeton, NJ: Princeton University Press.

Tharp, R.G. (1989) Psycho cultural variables and constants: Effects on teaching and learning in schools. *American Psychologist* 44, 349–359.
Tharp, R.G. and Gallimore, R. (1988) *Rousing Minds to Life: Teaching, Learning and Schooling in Social Context*. Cambridge: Cambridge University Press.
Tilley, V.Q. (2005) Mestizaje and the 'ethnicization' of race in Latin America. In P. Spickard (ed.) *Race and Nation: Ethnic Systems in the Modern World* (pp. 53–68). New York, NY: Routledge.
Torres, R.E. (2013) Importancia de la gastronomía prehispánica en el México actual. *Culinaria* 6, 23–36.
Trueba, E. (2004) *The New Americans: Immigrants and Transnationals at Work*. New York, NY: Rowman y Littlefield.
Umaña-Taylor, A.J., Yazedjian, A. and Bamaca-Gomez, M.Y. (2004) Developing the Ethnic Identity Scale using Eriksonian and social identity perspectives. *Identity* 4, 9–38. https://doi.org/10.1207/S1532706XID0401_2.
Umaña-Taylor, A.J., Gonzales-Backen, M.A. and Guimond, A.B. (2009) Latino adolescents' ethnic identity: Is there a developmental progression and does growth in ethnic identity predict growth in self-esteem? *Child Development* 80, 391–405. https://doi.org/10.1111/j.1467-8624.2009.01267.x.
Umaña-Taylor, A.J., Zeiders, K.H. and Updegraff, K.A. (2013) Family ethnic socialization and ethnic identity: A family-driven, youth-driven, or reciprocal process? *Journal of Family Psychology* 27, 137–146. https://doi.org/10.1037/a0031105.
Umaña-Taylor, A.J., Lee, R.M., Rivas-Drake, D., Syed, M., Seaton, E., Quintana, S.M., Cross Jr.,W.E., Schwartz, S.J., Yip, T. y Racial Identity in the 21st Century Study Group. (2014) Ethnic and racial identity during adolescence and into young adulthood: An integrated conceptualization. *Child Development* 85, 21–39. https://doi.org/10.1111/cdev.12196.
UN (2023) *Why Indigenous languages matter: The international decade on Indigenous languages 2022–2032*. United Nations Department of Economic and Social Affairs, Policy Brief No. 151. https://www.un.org/development/desa/dpad/wp-content/uploads/sites/45/publication/PB151.pdf.
Urrieta, L. (2009) *Working from Within: Chicana and Chicano Activist Educators in Whitestream Schools*. University of Arizona Press.
Urrieta Jr., L. (2003) Las identidades tambien lloran, Identities also cry: Exploring the human side of Indigenous Latina/o identities. *Educational Studies* 34, 147–168.
Urrieta Jr., L.. and Martínez, S. (2011) Diasporic community knowledge and school absenteeism. *Interventions* 13 (2), 256–277.
Urrieta Jr., L. (2013) Familia and comunidad-based saberes: Learning in an indigenous heritage community. *Anthropology and Education Quarterly* 44 (3), 320–335.
Urrieta Jr., L. (2015) Learning by observing and pitching in and the connections to native and indigenous knowledge systems. In M. Correa-Chávez, R. Mejía-Arauz and B. Rogoff (eds) *Advances in Child Development and Behaviour* (vol. 49, pp. 357–379). Academic Press.
Urrieta Jr., L. (2017) Identity, violence, and authenticity: Challenging static conceptions of indigeneity. *Latino Studies* 15 (2), 254–261.
US Census Bureau. (2021) *2021 ACS 1-Year Estimates Selected Population Profiles* [Data file and code book]. Retrieved from https://data.census.gov/table?t=00&g=0400000US06&tid=ACSSPP1Y2021.S0201&tp=true.
Valdés, G. (2003) *Expanding the Definition of Giftedness: The Case of Young Interpreters from Immigrant Communities*. Mahwah, NJ: Lawrence Erlbaum.
Valkenburg, P.M., Schouten, A.P. and Peter, J. (2005) Adolescents' identity experiments on the internet: Consequences for social competence and self-concept unity. *Communication Research* 35, 208–231.
Varese, S. (2003) Oaxcalifornia: Migración indígena transnacional, diáspora, identidades y derechos colectivos. In F. Morin and R. Santana (eds) *Lo transnacional: Instrumento y desafío para los pueblos indígenas*. Quito, Ecuador: Ediciones Abya-Yala.

Vasconcelos, J. (1925) *The Cosmic Race: A Bilingual Edition*. Baltimore, MD: Johns Hopkins University Press.
Velasco, P. (2010) Indigenous students in bilingual Spanish–English classrooms in New York: A teacher's mediation strategies. *International Journal of the Sociology of Language* 206, 255–271.
Velasco Ortiz, M.L. (2005) *Mixtec Ttransnational Identity*. University of Arizona Press.
Velasco Ortiz, L. (2008) Mixtec transnational identity. *Journal of Latin American Anthropology* 11 (2), 475–477.
Villarreal, A. (2010) Stratification by skin color in contemporary Mexico. *American Sociological Review* 75 (5), 652–678.
Warner, L.R. and Shields, S.A. (2013) The intersections of sexuality, gender, and race: Identity research at the crossroads. *Sex Roles* 68, 603–810. https://doi.org/10.1007/s11199-013-0281-4.
Watson, K. (2006) Language, education and ethnicity: Whose rights will prevail in an age of globalisation? *International Journal of Educational Development* 27 (3), 252–265.
Weisner, T.S. (1984) Ecocultural niches of middle childhood: A cross-cultural perspective. In W.A. Collins (ed.) *Development During Middle Childhood: The Years from Six to Twelve* (pp. 335–369). Washington, DC: National Academy Press.
Weisner, T.S., Gallimore, R. and Jordan, C. (1988) Unpackaging cultural effects on classroom learning: Native Hawaiian peer assistance and child-generated activity. *Anthropology and Education Quarterly* 19, 327–351.
West, R. (1945) *Cultural Geography of the Modern Tarascan Area*. Smithsonian Institute: Washington, DC.
Whiting, B.B. (1976) The problem of the packaged variable. In K. Riegel and J. Meacham (eds) *The Developing Individual in a Changing World: Historical and Cultural Issues* (Vol. 1, pp. 303–309). The Hague, The Netherlands: Mouton.
Whitten, N. (2007) The longue dureé of racial fixity and the transformative conjunctures of racial blending. *Journal of Latin American and Caribbean Anthropology* 12 (2), 356–383.
Wong-Fillmore, L. (1991) When learning a second language means losing the first. *Early Childhood Research Quarterly* 6, 323–346.
Wurm, S.A. (1991) Language death and disappearance: Causes and circumstances. In R.H. Robins and E.M. Uhlenbeck (eds) *Endangered Languages* (pp. 1–18). Oxford: Berg.
Wyman, L.T. (2012) *Youth Culture, Language Endangerment and Linguistic Survivance*. Bristol: Multilingual Matters.
Wyman, L.T. (2013a) Indigenous youth migration and language contact. *International Multilingual Research Journal* 7 (1), 66–82.
Wyman, L.T. (2013b) Youth linguistic survivance in transforming settings: A Yup'ik example. In L.T. Wyman, T.L. McCarty and S.E. Nicholas (eds) *Indigenous Youth and Multilingualism: Language Identity, Ideology, and Dynamic Cultural Worlds* (pp. 90–110). New York, NY: Routledge.
Yazzie-Mintz, T. (2007) From a place deep inside: Culturally appropriate curriculum as the embodiment of Navajo-ness in classroom pedagogy. *Journal of American Indian Education* 46 (3), 72–93.
Yoshioka, H. (2010) Indigenous Language Usage and Maintenance Patterns among Indigenous Peoples in the Era of Neoliberal Multiculturalism in Mexico and Guatemala. *Latin American Research Review* 45 (3), 5–34.
Young, S., Gomez, N. and Maxwell, A.E. (2019) Providing health education to Mixtec farmworkers in California via workshops and radio: A feasibility study. *Health Promotion Practice* 20 (4), 520–528.
Zabin, C., Kearney, M., Garcia, A., Runsten, D. and Nagengast, C. (1993) *Mixtec Migrants in California Agriculture: A New Cycle of Poverty*. Davis: California Institute for Rural Studies.
Zahniser, D., Wick, J., Oreskes, B., Smith, D., and Arellano, G. (2022, October 9) Racist remarks in leaked audio of L.A. council members spark outrage, disgust. Los Angeles Times. Retrieved from https://www.latimes.com.

Índice

abuelos 19, 25, 59, 60, 62, 63, 74, 76, 83, 93, 95, 105, 157
   comunicación con 2, 12, 34, 35, 39, 40, 41, 45, 46
   mixtecos 1, 5, 7, 13–15, 21, 23–4, 26–8, 33, 47, 51–70, 72, 74, 77–82, 84, 87–91, 96–8, 101–2, 104, 107–10, 118–19, 121–7, 133–6, 156–7, 160
   p'urhépechas 1, 5, 13–15, 24, 33, 42, 48, 52, 81–2, 86–8, 96–7, 99–127, 136
   zapotecos 1, 5, 11–15, 21–4, 26–8, 33, 42, 44, 46, 52–3, 63–4, 80–93, 96–8, 101, 104, 107, 109–10, 118–19, 121–8, 131, 136
Academia de la Lengua Mixteca 135
acento 11, 42, 64
Acevedo, M.L. 29
acoso escolar (bullying) 107
actividades culturales, participación en 36, 55–57, 76–7, 83–4, 86, 91, 94, 97–8, 103–4, 118, 122–3
   véase también música y danza; celebraciones patronales; eventos religiosos 26, 28, 85, 102
Actividades de Puentes entre Múltiples Mundos 41–2, 44
actividades extracurriculares 69, 91, 98, 149, 151
aculturación 8, 18, 25, 48, 130
Adams, G. 131
adolescentes migrantes yucateco-mayas 7–8
afirmación 5, 8–9, 30, 60, 105, 107

agencia y resistencia 40, 122, 125
   construcción activa y negociación de la identidad 33
   mixtecos 1, 5, 7, 13–15, 21, 23–4, 26–8, 33, 47, 51–70, 72, 74, 77–82, 84, 87–91, 96–8, 101–2, 104, 107–10, 118–19, 121–7, 133–6, 156–7, 160
   p'urhépechas 1, 5, 13–15, 24, 33, 42, 48, 52, 81–2, 86–8, 96–7, 99–127, 136
   marco teórico 15, 31–3, 38
   zapotecos 1, 5, 11–15, 21–4, 26–8, 33, 42, 44, 46, 52–3, 63–4, 80–93, 95–8, 101, 104, 107, 109–10, 118–19, 121–8, 131, 136
Aguirre International 19, 25
ajuste académico 8
alimentos tradicionales 57, 85, 94, 123
Anderson, W. 99, 100, 101
apariencia, cambio de 21, 38, 42, 96
aprendizaje cultural transnacional 36
arte 9, 55, 133
asimilación 18, 121
asimilación cultural 18
asociaciones de pueblos de origen 7, 42, 53, 56–7, 77–8, 84–7, 97, 100, 104, 139
autoconcepto académico 91, 98, 149, 151, 157
autoestima 35, 58–9, 86–7, 97, 104, 119, 124, 142–5, 155–6
autoestima colectiva 58–9, 86–7, 97, 104, 119, 124, 142–5, 155–6

Autónomos 9
Avance Mediante la Determinación Individual (AVID) 70, 91, 112
Azmitia, M. 46

Baca Zinn, M. 46
Baile de los Viejitos 114
Baquedano-López, P. 33, 40
Barajas, M. 11, 41, 44, 106
Barillas-Chón, D.W. 33, 40, 122, 132
Barth, F. 30
baloncesto 28, 75, 93, 114, 117
Bazán, C.O. 23
Berry, J.W. 130
Besserer, F. 7, 26, 29, 80
Bialystok, E. 11
Blum, R.W. 35
Bolanos, O. 30
Brittain, C. 121
Buriel, R. 7, 10
burlas 122, 126

California 1, 5, 13, 23–4, 26–8, 44, 47, 51, 54, 56, 72, 74, 75, 80–1, 84, 101, 114–15, 134–6, 158
  masa crítica de oaxaqueños indígenas 26
cargos (cargos públicos) 29, 80–1, 100
Casanova, S. 7–9, 13, 32, 42–3, 47
Casey-Cannon, S.L. 6
Castañeda, Q.E. 18, 41
castellanización 18
categorías demográficas, limitaciones de 31, 45, 131
categorías ocupacionales 52
celebraciones a la Virgen María 114, 116, 129
Cerda, I. 23
chacas (término despectivo) 64, 74, 108, 110, 114
Chavira, V. 43
ciudadanía 68, 81
ciudadano al corriente ('resident in good standing') 81
civilizaciones precoloniales 19
Cobden, Illinois 100, 101
Cohen, J.H. 29
color de piel 2, 64, 77, 89, 91, 96, 108, 118, 126

cohesión social 36
Comisión Nacional para el Desarrollo de los Pueblos Indígenas 99, 100
comités (comités municipales) 2, 29, 57
competencia lingüística 9, 11–12, 35, 37
  mixtecos 1, 5, 7, 13–15, 21, 23–4, 26–8, 33, 47, 51–70, 72, 74, 77–82, 84, 87–91, 96–8, 101–2, 104, 107–10, 118–19, 121–7, 133–6, 156–7, 160
  multilingüe 2, 4–5, 132
  el multilingüismo aumenta la competencia 11
  competencia en lenguas indígenas y la identidad étnica 88
  p'urhépechas 1, 5, 13–15, 24, 33, 42, 48, 52, 81–2, 86–8, 96–7, 99–127, 136
  zapotecos 1, 5, 11–15, 21–4, 26–8, 33, 42, 44, 46, 52–3, 63–4, 80–93, 96–8, 101, 104, 107, 109–10, 118–19, 121–8, 131, 136
competencias biculturales 41
comunidades transfronterizas 6
comunidades transnacionales 7, 26–8, 30, 100, 128
concepto de identidad cultural 33
conciencia crítica, surgimiento de 28, 32, 42–3, 49
Condado de Los Ángeles, migración indígena hacia 24, 158
CONEVAL (Consejo Nacional de Evaluación de la Política de Desarrollo Social) 20
conexiones con el pueblo 33, 39, 72–3, 75–6, 85, 93–5, 100–1, 114, 129, 139, 145, 155, 159
  véase también conexiones/visitas a los pueblos de origen 85
Connell, J.P. 35
construcción de identidad transnacional 33
contexto sociocultural 33
contexto sociopolítico 34
Cooper, C.R. 41, 45
cooperaciones (cuotas) 81
cursos AP (colocación avanzada) 69–70, 91–2, 111, 126
Cornelius, W.A. 32

Cornell, S. 30
Corntassel, J.J. 19
Cortina, R. 23, 48, 100
Crawford, J. 121
Cross, W.E., Jr. 6, 29
Cruz-Manjarrez, A. 7, 26, 80
Cummins, J. 121
cohesión familiar 40
conexiones/visitas a los pueblos de origen 33, 36, 39, 45, 48, 86

danzas 28, 56–7, 76, 83, 85, 99
 véase también música y danza 26
danza de los viejitos 100
datos censales 81
definición de poblaciones indígenas 82
de Genova, N. 25
deporte 55, 75, 116
desarrollo de identidad etnocultural 4
desplazamiento 128
'dialectos' 13, 18, 22, 38, 74
diversidad lingüística en México 1, 45, 102
diversidad lingüística en las escuelas de EE. UU. 1, 7, 10, 33, 39–40, 49–50, 158
Díaz, R. 99
discriminación 1–2, 5–6, 8, 10, 12–13, 15, 17, 19, 24, 35–6, 39–45, 60–2, 64–6, 74, 77–8, 89, 91, 94, 107–10, 114, 118, 122, 125–6, 130–2, 153, 156
 véase también agencia y resistencia 40, 122, 125
 desafiando la 32, 46, 50
 conciencia crítica, surgimiento de 28, 32, 42–3, 49
 por parte de familia/amigos
  por no usar el idioma "correctamente" 62, 88
 identidades fluidas como protección ante 122
 modelo integrador de competencias del desarrollo 40
discriminación intraétnica 5
 mixtecos 1, 5, 7, 13–15, 21, 23–4, 26–8, 33, 47, 51–70, 72, 74, 77–82, 84, 87–91, 96–8, 101–2, 104, 107–10, 118–19, 121–7, 133–6, 156–7, 160
 de otros mexicanos 63, 114
 percibida por los compañeros 13, 43

Distrito Escolar de Madera 135
diversidad cultural, beneficios de la 40
docentes 35, 47, 65
 capacitación profesional 132
 desconocimiento del origen cultural de los estudiantes 10, 38
Domínguez, E. 136
Dorner, L.M. 10
doble marginación 46
Driedger, L. 8
Durand, J. 23

Eccles, J. 35
educación 9, 11, 14, 18, 21, 35, 46–8, 66–8, 70–2, 76, 79–80, 91–2, 98–9, 101–2, 110–14, 117, 119–20, 127–8, 130, 134–5
 programas de educación bilingüe 47, 99, 135
 ideologías de deficiencia cultural 10, 38
 bajo nivel educativo entre migrantes indígenas 17
 mixtecos 1, 5, 7, 13–15, 21, 23–4, 26–8, 33, 47, 51–70, 72, 74, 77–82, 84, 87–91, 96–8, 101–2, 104, 107–10, 118–19, 121–7, 133–6, 156–7, 160
 p'urhépechas 1, 5, 13–15, 24, 33, 42, 48, 52, 81–2, 86–8, 96–7, 99–127, 136
 sistema educativo estadounidense 6, 34
 valoración de la educación 149
 zapotecos 1, 5, 11–15, 21–4, 26–8, 33, 42, 44, 46, 52–3, 63–4, 80–93, 96–8, 101, 104, 107, 109–10, 118–19, 121–8, 131, 136
Educación para Dotados y Talentosos (GATE) 70, 91, 112
educación superior 46, 48, 70–2, 79, 92, 98, 111, 113–14, 120, 127–8, 136
 acceso educativo en general 66, 91, 110, 126
 mixtecos 1, 5, 7, 13–15, 21, 23–4, 26–8, 33, 47, 51–70, 72, 74, 77–82, 84, 87–91, 96–8, 101–2, 104, 107–10, 118–19, 121–7, 133–6, 156–7, 160

p'urhépechas 1, 5, 13–15, 24, 33, 42, 48, 52, 81–2, 86–8, 96–7, 99–127, 136
zapotecos 1, 5, 11–15, 21–4, 26–8, 33, 42, 44, 46, 52–3, 63–4, 80–93, 96–8, 101, 104, 107, 109–10, 118–19, 121–8, 131, 136
empoderamiento 118, 134
Encuesta sobre el Idioma del Hogar 108
escuelas 1–3, 5, 10, 16, 20, 22, 34–6, 38, 41, 45, 48–9, 52, 75, 81, 90, 101, 110, 121, 125, 132–3, 136
   asimilación 18, 121
   discriminación 1–2, 5–6, 8, 10, 12–13, 15, 17, 19, 24, 35–6, 39–45, 60–2, 64–6, 74, 77–8, 89, 91, 94, 107–10, 114, 118, 122, 125–6, 130–2, 153, 156
   formación de identidad étnico-racial (ERI) 6, 34, 130
   mixtecos 1, 5, 7, 13–15, 21, 23–4, 26–8, 33, 47, 51–70, 72, 74, 77–82, 84, 87–91, 96–8, 101–2, 104, 107–10, 118–19, 121–7, 133–6, 156–7, 160
   "conexión escolar" 35
   como herramientas estratégicas para la revitalización lingüística 47, 130
   identidades raciales de los docentes 6, 76
   sistema educativo estadounidense 6, 34
Equipo de Cronistas Oaxaqueños 9, 129, 133
escritura 47
Estados Unidos 2, 5–8, 10, 12–13, 15, 17, 21, 23–30, 32–4, 36–8, 42, 44–8, 51–4, 56–8, 61, 63–4, 66, 68–9, 72–4, 76, 80–4, 86–7, 89, 93–7, 99–103, 105, 107
   sistema educativo 6, 18, 21, 34, 46, 131, 136
   contexto sociocultural y sociopolítico 34, 39, 49, 125
estatura baja 64

estereotipos 8–9, 30, 41, 43, 63–4, 66, 78, 84, 89–91, 96, 107, 109, 118, 126, 153, 156
conciencia crítica 42–3, 49
recomendaciones para futuras investigaciones 5, 130
mexicanos indígenas en general 46, 76, 96, 133
mixtecos 1, 5, 7, 13–15, 21, 23–4, 26–8, 33, 47, 51–70, 72, 74, 77–82, 84, 87–91, 96–8, 101–2, 104, 107–10, 118–19, 121–7, 133–6, 156–7, 160
p'urhépechas 1, 5, 13–15, 24, 33, 42, 48, 52, 81–2, 86–8, 96–7, 99–127, 136
zapotecos 1, 5, 11–15, 21–4, 26–8, 33, 42, 44, 46, 52–3, 63–4, 80–93, 96–8, 101, 104, 107, 109–10, 118–19, 121–8, 131, 136
estigmatización 8, 10, 43, 61
estrés y depresión 42
etiquetas de identidad multiétnica 58
eventos religiosos 28, 85, 102
   mixtecos 1, 5, 7, 13–15, 21, 23–4, 26–8, 33, 47, 51–70, 72, 74, 77–82, 84, 87–91, 96–8, 101–2, 104, 107–10, 118–19, 121–7, 133–6, 156–7, 160
   p'urhépechas 1, 5, 13–15, 24, 33, 42, 48, 52, 81–2, 86–8, 96–7, 99–127, 136
   construcción de identidad transcultural 91
   zapotecos 1, 5, 11–15, 21–4, 26–8, 33, 42, 44, 46, 52–3, 63–4, 80–93, 96–8, 101, 104, 107, 109–10, 118–19, 121–8, 131, 136
exclusión sistemática 110

familia extendida 72–3
familismo 46
Farquhar, S. 24–5
Farr, M. 42
festival Guelaguetza 28
   importancia de 9–10, 23, 32, 36, 38, 49, 55, 69, 78, 83, 110, 114, 119, 126–8

Fernandez-Ham, P. 42, 129
Fishman, J.A. 11, 25
Flannery, K. 26
Flores, N. 9–11, 18–19, 34, 38–9, 46, 48–9, 51, 83, 85, 95
Flores-Crespo, P. 11
fortalezas adaptativas 48
Forte, M. 5
Fox, J. 17–18, 23, 28, 30, 41, 129
Francis, N. 99
French, S.E. 8, 130
Fuligni, A.J. 46
formación de identidad diaspórica 6, 15, 30, 34, 36–7, 55, 76, 83, 129–30

Gallimore, R. 34
Gálvez-Hard, E. 41, 132
García, O. 32–3, 40, 122
García Coll, C. 2–3, 6, 34–6, 40–2, 45–6, 110
género 14, 58, 143–4
　　inmersión cultural 58–9, 77, 87, 97, 104, 119, 143
Giurguli Saucedo, S. 26
Gladwin, R.F. 25, 132–3
　　véase también gobernanza indígena 57–9, 81, 123, 139–41, 144–5, 155
Gonzalez, N. 9, 38, 43
González Navarro, M. 19
Gorbold, A. 20–2
Grupo Juvenil Tequio 1–2, 5
Gutierrez-Nájera, L. 13

hablantes mayas guatemaltecos 25, 31
Hamel, R.E. 99
Hanson, R.D. 130
Harrison, A.O. 46
Harry, B. 35
Hartman, D. 30
Havelock, E. 47
Hernandez, D.J. 31
heteroglosia 38
Hinduja, S. 130
hip hop 9, 75, 114
Hollingshead, A.B. 52
Holmes, S.M. 24–5
　　identificación con el pueblo de origen 73, 139, 145, 155

Hornberger, N.H. 9, 23, 37–40, 48, 132
Huizar Murillo, J. 23
habilidades metalingüísticas 11, 41

identidad chicana/o 158
identidades situacionales 122
identidad étnico-racial (ERI) 6
identidad localizada basada en la comunidad 26
ideología mestiza 18, 129
ideologías de deficiencia cultural 10, 38
identidad mexicana 23, 122
identidad mexicoamericana 76
identidad michoacana 105
identidad mixtepense
identidades multiculturales 43
identidad nacional 18, 45, 129
identidad racioétnica transcultural 37, 55, 83, 102, 121–2
　　mixtecos 1, 5, 7, 13–15, 21, 23–4, 26–8, 33, 47, 51–70, 72, 74, 77–82, 84, 87–91, 96–8, 101–2, 104, 107–10, 118–19, 121–7, 133–6, 156–7, 160
　　p'urhépechas 1, 5, 13–15, 24, 33, 42, 48, 52, 81–2, 86–8, 96–7, 99–127, 136
　　zapotecos 1, 5, 11–15, 21–4, 26–8, 33, 42, 44, 46, 52–3, 63–4, 80–93, 96–8, 101, 104, 107, 109–10, 118–19, 121–8, 131, 136
identidad tricultural 15, 135
ideologías monolingües 10–11, 15, 136
ideologías translingües 121, 136
idiomas con acento prosódico 95
idioma español 18, 24, 60, 146–7
　　véase también intermediación lingüística 10, 15, 61–2, 88, 98, 106, 125, 131
　　aculturación al español 25, 61, 94, 106
　　y las designaciones de "analfabetismo" 53, 82, 139
　　analfabetismo 53, 82, 139
　　uso general entre migrantes 134
　　los mexicanos indígenas no necesariamente dominan el español 11

como idioma fuera del hogar 20, 44, 83
mixtecos 1, 5, 7, 13–15, 21, 23–4, 26–8, 33, 47, 51–70, 72, 74, 77–82, 84, 87–91, 96–8, 101–2, 104, 107–10, 118–19, 121–7, 133–6, 156–7, 160
ideologías monolingües 10–11, 15, 136
como parte del multilingüismo emergente 10, 39, 47, 88
p'urhépechas 1, 5, 13–15, 24, 33, 42, 48, 52, 81–2, 86–8, 96–7, 99–127, 136
instrucción en español 21
bilingüismo español-inglés 88, 98, 124
idioma inglés 10, 38, 47, 52, 60, 62, 69, 91, 111–12, 126
véase también intermediación lingüística 10, 15, 61–2, 88, 98, 106, 125, 131
en las escuelas de California 13, 28, 47, 51, 114, 135–6, 158
como idioma fuera del hogar 20, 44, 83
desplazamiento lingüístico hacia el inglés 128
bajo nivel de inglés entre migrantes indígenas 134
mixtecos 1, 5, 7, 13–15, 21, 23–4, 26–8, 33, 47, 51–70, 72, 74, 77–82, 84, 87–91, 96–8, 101–2, 104, 107–10, 118–19, 121–7, 133–6, 156–7, 160
p'urhépechas 1, 5, 13–15, 24, 33, 42, 48, 52, 81–2, 86–8, 96–7, 99–127, 136
zapotecos 1, 5, 11–15, 21–4, 26–8, 33, 42, 44, 46, 52–3, 63–4, 80–93, 96–8, 101, 104, 107, 109–10, 118–19, 121–8, 131, 136
idioma mixteco 59–60, 63–4, 74, 78, 123, 125, 134–5
ocultar/negar identidad etnoracial 5, 8, 32, 42, 51, 59, 64, 77, 89, 108
número de hablantes 21, 51, 53, 59, 77–8, 123

transmisión de los padres 4, 12, 14, 47, 52, 54–5, 57, 67, 77, 81, 86, 101, 119, 123, 133, 137
estadísticas 137–9, 141–55
idioma tonal 11, 47, 140
uso en la infancia 145
talleres 135
idioma p'urhépecha 105, 108–9, 116, 118
descripción del idioma 15–16, 51, 90, 101
como marcador de identidad étnica 1, 6, 8, 15, 26, 43, 58–9, 78, 87, 130–1
uso exclusivo en el hogar 25, 41, 59–60, 88, 105, 109, 134
orgullo en el idioma 12, 58–9, 62, 95, 98, 105, 108, 118–19
acento y entonación 42, 64
uso durante la infancia 59–60, 62, 77, 87–8, 97–8, 105–7, 119, 124, 145
idiomas tonales 11, 47
idioma zapoteco 87, 98
como idioma del hogar 108
transmisión intergeneracional 9, 38, 63
índices de uso 11, 52, 60, 88, 97–8, 101, 104, 119, 123–4
estadísticas/número de hablantes 21, 51, 53, 59, 77–8, 123, 137–9, 141–55
idioma tonal 11
uso durante la infancia 59–60, 62, 77, 87–8, 97–8, 105–7, 119, 124, 145
uso fuera del hogar 20, 44, 83
y la identidad zapoteca 3, 6, 9
influencias transnacionales 9, 129–30
inmersión cultural 58–9, 77, 87, 97, 104, 119, 143
acceso educativo 66, 91, 110, 126
mixtecos 1, 5, 7, 13–15, 21, 23–4, 26–8, 33, 47, 51–70, 72, 74, 77–82, 84, 87–91, 96–8, 101–2, 104, 107–10, 118–19, 121–7, 133–6, 156–7, 160
p'urhépechas 1, 5, 13–15, 24, 33, 42, 48, 52, 81–2, 86–8, 96–7, 99–127, 136

zapotecos 1, 5, 11–15, 21–4, 26–8, 33, 42, 44, 46, 52–3, 63–4, 80–93, 96–8, 101, 104, 107, 109–10, 118–19, 121–8, 131, 136
instrumento de encuesta 14
insultos racializados 41
interacciones entre hermanos 12
interacciones entre pares 91
intercambio cultural 27–8
intermediación cultural 61

lazos transnacionales 85, 104
Link, H. 38
logro académico 14
    mixtecos 1, 5, 7, 13–15, 21, 23–4, 26–8, 33, 47, 51–70, 72, 74, 77–82, 84, 87–91, 96–8, 101–2, 104, 107–10, 118–19, 121–7, 133–6, 156–7, 160
    p'urhépechas 1, 5, 13–15, 24, 33, 42, 48, 52, 81–2, 86–8, 96–7, 99–127, 136
    zapotecos 1, 5, 11–15, 21–4, 26–8, 33, 42, 44, 46, 52–3, 63–4, 80–93, 96–8, 101, 104, 107, 109–10, 118–19, 121–8, 131, 136
López, F.H. 18, 21, 24–5, 135
Lorente Fernández, D. 130

Machado-Casas, M. 10, 15, 39, 43–4, 122, 132, 135
Magnuson, K. 35
Makoni, S. 9, 37
Manalo-Coelho, D. 25
Marcus, J. 26
marginalización sistémica 40
Marks, A. 2–3
Martínez, J. 4
maya 7–9, 13, 19–21, 25, 42, 131
    hablantes mayas guatemaltecos 25, 131
    estadísticas 137–9, 141–55
mazahua 19–20, 101–2, 141
McCarty, T.L. 9, 37, 136
McNeely, C. 35
medidas de afinidad étnica 58, 85, 97, 104, 142–5, 156–7

medidas de identidad étnica 58, 131
Menchaca Bishop, L. 12, 13, 133
Méndez, C.S. 40
Mendoza-Denton, N. 9, 38
Mesinas, M. 11, 12, 33, 40
microagresiones 91, 122, 125–6, 132
Midgley, C. 35
migración 3–5, 7, 9, 11–13, 23–6, 29–32, 34, 38, 46, 80–1, 99–102, 125, 128, 130, 136
    de trabajadores agrícolas 24
    a California 72
    y el desarrollo de una red más amplia de grupos indígenas 130
    enfoque de la mayoría de las investigaciones sobre migración latinx 26, 32
    contexto global 3, 5
    Ley de Reforma y Control de la Inmigración (IRCA) de 51
    comunidades indígenas 4, 9, 13, 19, 28–9, 33, 38, 81, 121, 158
    estatus migratorio legal 14, 72, 79, 120, 128
    asentamiento permanente en EE. UU. 51
    estadísticas 137–9, 141–55
Mines, R. 12
Mixteco Indígena Community Organizing 1, 134, 158
Project 1, 134, 158
mixtecos 1, 5, 7, 13–15, 21, 23–4, 26–8, 33, 47, 51–70, 72, 74, 77–82, 84, 87–91, 96–8, 101–2, 104, 107–10, 118–19, 121–7, 133–6, 156–7, 160
    agencia y resistencia 40, 122, 125
    estadísticas 137–9, 141–55
    en el estudio 81
    escuelas con apoyo 41, 45, 52, 81, 90, 101
mixtecos 1, 5, 7, 13–15, 21, 23–4, 26–8, 33, 47, 51–70, 72, 74, 77–82, 84, 87–91, 96–8, 101–2, 104, 107–10, 118–19, 121–7, 133–6, 156–7, 160
modelo de continuos de biliteracidad 34
modelos de desarrollo infantil 6, 40, 158
Mossakowski, K.N. 43
movilidad social 80

'muerte cívica' 29
multiculturalismo 4
multiétnicidad en México 7, 9, 11–13, 17, 19–20, 22–3, 27, 29, 33, 42, 44, 47, 51–60, 64, 69, 72, 74, 78, 80–2, 85–6, 93–4, 97, 99–105, 108–9, 112, 114, 119, 123, 127–9, 135, 138
multilingüismo 3–4, 6, 9–12, 15, 31–4, 37–40, 45, 49, 51, 60–1, 78, 87–8, 105–6, 122, 124
   véase también multilingüismo dinámico 37, 51, 60, 87–8, 105, 122, 124
   rendimiento cognitivo 10
   contexto 2–5, 7–9, 14, 25, 27–8, 33, 36, 38–42, 48–9, 80, 1212, 125–6, 128–9, 131
multilingüismo emergente 10, 39, 47, 88
   investigación futura recomendada 130
marcadores de identidad 34, 46
   arquitectura lingüística 45
   alfabetización en dos idiomas facilita un tercero 106
   diversidad multilingüe 2, 5, 132
   desarrollo de identidad multilingüe 32–3
   como estrategia para "pasar" 44, 77, 109
   marco teórico 15, 31–3, 38
multilingüismo dinámico 37, 51, 60, 87–8, 105, 122, 124
   mixtecos 1, 5, 7, 13–15, 21, 23–4, 26–8, 33, 47, 51–70, 72, 74, 77–82, 84, 87–91, 96–8, 101–2, 104, 107–10, 118–19, 121–7, 133–6, 156–7, 160
   p'urhépechas 1, 5, 13–15, 24, 33, 42, 48, 52, 81–2, 86–8, 96–7, 99–127, 136
   marco teórico 15, 31–3, 38
   zapotecos 1, 5, 11–15, 21–4, 26–8, 33, 42, 44, 46, 52–3, 63–4, 80–93, 96–8, 101, 104, 107, 109–10, 118–19, 121–8, 131, 136
multilingüismo emergente 10, 39, 47, 88
multimodalidad 38

Munro, P. 18, 21, 24, 25, 135
música y danza 26, 85
   festival Guelaguetza 28
   importancia de 9–10, 23, 32, 36, 38, 49, 55, 69, 78, 83, 110, 114, 119, 126–8
   jarabes 28, 83, 129
   mixtecos 1, 5, 7, 13–15, 21, 23–4, 26–8, 33, 47, 51–70, 72, 74, 77–82, 84, 87–91, 96–8, 101–2, 104, 107–10, 118–19, 121–7, 133–6, 156–7, 160
   p'urhépechas 1, 5, 13–15, 24, 33, 42, 48, 52, 81–2, 86–8, 96–7, 99–127, 136
   resiliencia y agencia 43
   construcción de identidad transcultural 91
   zapotecos 1, 5, 11–15, 21–4, 26–8, 33, 42, 44, 46, 52–3, 63–4, 80–93, 96–8, 101, 104, 107, 109–10, 118–19, 121–8, 131, 136
Mutersbaugh, T. 29

Nagengast, C. 18, 22, 26, 28
nahuas 13, 23–4, 136
náhuatl 20–1, 23, 53, 101–2, 140–1
narrativas 36, 47, 72
narrativas y prácticas culturales 36
Nebel, M. 11
negación de identidad etnoracial 5, 32, 51, 59
   véase ocultar/negar identidad etnoracial 5, 8, 32, 42, 51, 59, 64, 77, 89, 108
Nicolás, B. 32–3, 46, 129
No Me Llames Oaxaquita 1, 5

Oaxaca 1, 19–24, 26, 28, 29, 42, 44, 51, 53–7, 63–6, 72, 74–5, 80
   festival Guelaguetza 28
   diversidad lingüística 1, 45, 102
   región mixteca 51
   identidad oaxaqueña 13, 22, 28, 55, 58–9, 66, 71, 76, 83–4, 95–6
   "Oaxacalifornia" 3, 27
   misa oaxaqueña 28, 85, 95
   Oaxaquitas 24, 65

obligaciones sociales 29
   véase también usos y costumbres 3, 53, 57, 73, 82, 102, 104, 118, 125
ocultar/negar identidad etnoracial 8, 42, 64, 77, 89, 108
   mixtecos 1, 5, 7, 13–15, 21, 23–4, 26–8, 33, 47, 51–70, 72, 74, 77–82, 84, 87–91, 96–8, 101–2, 104, 107–10, 118–19, 121–7, 133–6, 156–7, 160
   p'urhépechas 1, 5, 13–15, 24, 33, 42, 48, 52, 81–2, 86–8, 96–7, 99–127, 136
   zapotecos 1, 5, 11–15, 21–4, 26–8, 33, 42, 44, 46, 52–3, 63–4, 80–93, 96–8, 101, 104, 107, 109–10, 118–19, 121–8, 131, 136
O'Donnell, J.L. 11, 106
Oficina de Educación para Migrantes 134
Oficina del Censo de EE. UU. 21, 117
Ong, W. 47
Orellana, M.F. 10
organizaciones cívico-políticas 26–7, 100
orgullo en la identidad 78, 130
orgullo étnico 40, 87, 97

Padilla, A.M. 43
Pacheco, V. 47, 132–4
paisajes lingüísticos 32, 46
"pasar" por mexicano 45, 65
Patchin, J.W. 130
pedagogía culturalmente pertinente 135
"Pedagogía del Camaleón" 15, 43–4
pelota mixteca 28
Peñalosa, F. 25
pérdida del idioma patrimonial 107
Pérez, C. 12, 133, 135
Pérez, W. 11, 32–3
Pérez Báez, G. 12
periódicos binacionales 26
   acceso educativo 66, 91, 110, 126
      mixtecos 1, 5, 7, 13–15, 21, 23–4, 26–8, 33, 47, 51–70, 72, 74, 77–82, 84, 87–91, 96–8, 101–2, 104, 107–10, 118–19, 121–7, 133–6, 156–7, 160
      p'urhépechas 1, 5, 13–15, 24, 33, 42, 48, 52, 81–2, 86–8, 96–7, 99–127, 136
      zapotecos 1, 5, 11–15, 21–4, 26–8, 33, 42, 44, 46, 52–3, 63–4, 80–93, 96–8, 101, 104, 107, 109–10, 118–19, 121–8, 131, 136
Phinney, J. 6
Pick, H. 133
pirekua 99
pobreza 17, 19–20, 53, 77, 82, 102, 118, 125, 139
   poblaciones indígenas en general 121
   mixtecos 1, 5, 7, 13–15, 21, 23–4, 26–8, 33, 47, 51–70, 72, 74, 77–82, 84, 87–91, 96–8, 101–2, 104, 107–10, 118–19, 121–7, 133–6, 156–7, 160
   p'urhépechas 1, 5, 13–15, 24, 33, 42, 48, 52, 81–2, 86–8, 96–7, 99–127, 136
   marco teórico 15, 31–3, 38
   zapotecos 1, 5, 11–15, 21–4, 26–8, 33, 42, 44, 46, 52–3, 63–4, 80–93, 96–8, 101, 104, 107, 109–10, 118–19, 121–8, 131, 136
Poole, S. 17, 23, 51, 80
Portes, A. 15, 41
prácticas translingües 121
preservación cultural 130
Programa de Educación Migrante 79
programas de enriquecimiento 70, 79, 98, 128
   véase también AVID (Avance Mediante la Determinación Individual); cursos AP (colocación avanzada) 69–70, 75, 79, 91–2, 111–12, 126, 128, 150, 152
Programa Bracero 51, 99
programas de educación bilingüe 47, 99, 135
programas de radio 26
p'urhépechas 1, 5, 13–15, 24, 33, 42, 48, 52, 81–2, 86–8, 96–7, 99–127, 136
   agencia y resistencia 40, 122, 125
   estadísticas 137–9, 141–55

Quintana, S.M. 6, 8, 43, 129

Rabadán, L.E. 28
racialización 36
raciolingüística 9–10, 13, 20, 23, 34, 39, 46, 48–9, 66, 121
racismo 10, 34, 39–41, 46, 48
    escuelas 1–3, 5, 10, 16, 20, 22, 34–6, 38, 41, 45, 48–9, 52, 75, 81, 90, 101, 110, 121, 125, 132–3, 136
    y estereotipos 30
    estrategias para evitarla 55, 64, 89, 108, 126
    exclusión sistemática 110
    por parte de docentes 2, 12, 24, 28, 35, 42, 81, 105, 107, 111, 114, 127
racismo 10, 34, 39–41, 46, 48
racismo sistémico 34
Ramírez, M. 41
rap trilingüe 9
recaudación de fondos 57
recolección de datos cualitativos 14
recolección de datos etnográficos 14, 53, 134
recursos culturales indígenas 33, 55–6, 77, 94, 97, 122–3
redes transnacionales 4, 7, 26, 36, 40, 130
reformas agrarias 18
Región de la Meseta P'urhépecha 99
regiones de refugio 18
relaciones con los padres 7
rendimiento cognitivo 10
repertorios lingüísticos 38
"reracialización" 25
resiliencia 41, 43, 49, 51, 62, 64, 89, 107
resistencia 30, 40, 46, 122, 125
    véase también agencia y resistencia
    resistencia cultural 40, 46, 122, 125
    véase también agencia y resistencia 40, 122, 125
responsabilidades comunitarias 29
Restrepo, I. 29
revitalización lingüística 47, 130
Riegelhaupt, F. 132
rituales públicos 27
Rivas-Drake, D. 8

Rivera-Salgado, G. 7, 17–18, 23–4, 27–30, 41, 51, 81, 135
Robert, P. 121
Roberts, D.F. 130
Roberts, R.E. 43
Robson, J.P. 80–1
Rodríguez, C. 36
Roer-Strier, D. 121
Roeser, R. 35
Rogoff, B. 32, 36, 48
rol protector de la identidad étnica 43
Romero, A.J. 43
Rosa, J. 9, 23, 25, 32, 34, 39, 45–6, 48–9
Roscoe, A. 47
Ruiz, N.T. 11, 41, 44, 106
Ruiz-Mallén, I. 22
Rumbaut, R. 12, 15, 41
Runsten, D. 51

Sampson, R.J. 36
San Lucas Quiaviní 21, 90, 93–4, 140
Sánchez, P. 122
Santa Ana del Valle 95
Sariego-Rodríguez, J.L. 18
Schilling-Estes, N. 135
Schmelkes, S. 18, 22, 99
Seaton, E.K. 8
separación familiar 53, 77, 125
Sellers, R.M. 6, 8, 48
Serrano-Carreto, E. 42, 129
servicio (servicio comunitario) 29
Skutnabb-Kangas, T. 38, 121
Smith, N.J. 42, 44–5, 131
socialización 4, 7–8, 12, 36, 39, 41–2, 47, 55–6, 60, 83–4, 97, 102, 121, 123
    socialización étnica familiar 7, 83
    socialización parental 83, 123
    resiliencia y agencia 43
    socialización lingüística transnacional 12, 39
socialización étnica familiar 7, 83
socialización lingüística transnacional 39
socialización parental 83, 123
supuestos racializados 48–9
sones y jarabes 83, 129
Stephen, L. 2–4, 7, 9, 17, 23–5, 27, 31, 41, 45, 80, 122, 133
Stephens, S. 5, 39, 128
Suárez-Orozco, C. 32, 34–5, 41, 48, 121

Subcomisión de las Naciones
  Unidas para la Prevención de la
  Discriminación y la Protección de
  las Minorías 19
Swanson, B. 42, 48, 133
Szalacha, L.A. 35, 40

Tatum, B.D. 36, 41, 45, 110
Taylor, C. 29
teoría ecocultural 34
teoría de sistemas ecológicos 34, 46
teorías del desarrollo adolescente 128
tequio (trabajo comunal) 29
términos despectivos 1, 5, 108
Tharp, R.G. 35
trabajadores agrícolas 1, 23–4, 51
  en México 7, 9, 11–13, 17, 19–23,
    27, 29, 33, 42, 44, 47, 51–60,
    64, 69, 72, 74, 78, 80–3, 85–6,
    93–4, 97, 99–105, 108–9, 112,
    114, 119, 123, 127–9, 135,
    138
  migración de 100, 136
  mixtecos 1, 5, 7, 13–15, 21, 23–4,
    26–8, 33, 47, 51–70, 72, 74,
    77–82, 84, 87–91, 96–8, 101–2,
    104, 107–10, 118–19, 121–7,
    133–6, 156–7, 160
  p'urhépechas 1, 5, 13–15, 24, 33,
    42, 48, 52, 81–2, 86–8, 96–7,
    99–127, 136
  zapotecos 1, 5, 11–15, 21–4, 26–8,
    33, 42, 44, 46, 52–3, 63–4,
    80–93, 96–8, 101, 104, 107,
    109–10, 118–19, 121–8, 131,
    136
tradición oral 47
traducción 26, 61, 78, 110
  véase también intermediación
    lingüística 10, 15, 61–2, 88, 98,
    106, 125, 131
  mixtecos 1, 5, 7, 13–15, 21, 23–4,
    26–8, 33, 47, 51–70, 72, 74,
    77–82, 84, 87–91, 96–8, 101–2,
    104, 107–10, 118–19, 121–7,
    133–6, 156–7, 160
  p'urhépechas 1, 5, 13–15, 24, 33,
    42, 48, 52, 81–2, 86–8, 96–7,
    99–127, 136

zapotecos 1, 5, 11–15, 21–4, 26–8,
  33, 42, 44, 46, 52–3, 63–4,
  80–93, 96–8, 101, 104, 107,
  109–10, 118–19, 121–8, 131,
  136
translanguaging (translenguaje) 15, 33,
  40, 74, 88, 122, 124
transnacionalismo sociocultural 26
trayectorias de honor 2–3, 16
trilingüismo emergente 39
tu'un jaan ('el idioma rico' en mixteco) 13
trilingüismo 10, 12, 15, 25, 39, 62, 88,
  106–7, 119, 130, 146, 148
  ventajas del 15, 50
  trilingüismo emergente 39
  implicaciones para el acceso
    educativo 46, 122, 128
  mixtecos 1, 5, 7, 13–15, 21, 23–4,
    26–8, 33, 47, 51–70, 72, 74,
    77–82, 84, 87–91, 96–8, 101–2,
    104, 107–10, 118–19, 121–7,
    133–6, 156–7, 160
  p'urhépechas 1, 5, 13–15, 24, 33,
    42, 48, 52, 81–2, 86–8, 96–7,
    99–127, 136
  zapotecos 1, 5, 11–15, 21–4, 26–8,
    33, 42, 44, 46, 52–3, 63–4,
    80–93, 96–8, 101, 104, 107,
    109–10, 118–19, 121–8, 131,
    136
Trueba, E. 122

Umaña-Taylor, A.J. 6–8
Urrieta, L. 32, 36, 46
usos y costumbres 3, 53, 57, 73, 82, 102,
  104, 118, 125

Valdés, G. 10
Valkenburg, P.M. 130
  recomendaciones para futuras
    investigaciones 5, 130
  mixtecos 1, 5, 7, 13–15, 21, 23–4,
    26–8, 33, 47, 51–70, 72, 74,
    77–82, 84, 87–91, 96–8, 101–2,
    104, 107–10, 118–19, 121–7,
    133–6, 156–7, 160
  p'urhépechas 1, 5, 13–15, 24, 33,
    42, 48, 52, 81–2, 86–8, 96–7,
    99–127, 136

marco teórico 15, 31–3, 38
zapotecos 1, 5, 11–15, 21–4, 26–8, 33, 42, 44, 46, 52–3, 63–4, 80–93, 96–8, 101, 104, 107, 109–10, 118–19, 121–8, 131, 136

Varese, S. 23
Vasconcelos, José 18
Velasco, P. 47, 133, 135
Velasco Ortiz, L. 5, 24
Velasco Ortiz, M.L. 39, 51
vecindarios 35–6, 41, 108, 125
vecindarios segregados 35–6, 45
vergüenza 44, 46, 61–2
vestimenta/ropa 18, 42, 69, 99–100, 116
vínculos emocionales 53
vínculos familiares 55
visitas a los pueblos de origen 86

Weisner, T.S. 32, 34
Wellborn, J.G. 35
Whiting, B.B. 31

Whitten, N. 30
Witherspoon, D. 8
Wolfram, W. 135
Wong-Fillmore, L. 9, 38
Wyman, L.T. 9, 11, 38

xenofobia 34

Young, S. 51

Zabin, C. 51
zapotecos 1, 5, 11–15, 21–4, 26–8, 33, 42, 44, 46, 52–3, 63–4, 80–93, 96–8, 101, 104, 107, 109–10, 118–19, 121–8, 131, 136
  ocultar/negar identidad etnoracial 8, 42, 64, 77, 89, 108
  pérdida de lengua indígena 12
  gobernanza indígena 57–9, 78, 81, 123, 139–40, 144–5, 155
  estadísticas 137–9, 141–55
  en el estudio 81